COLLECTION
COMPLETE
DES ŒUVRES
de Monsieur
DE VOLTAIRE,
NOUVELLE ÉDITION,

Augmentée de ses dernieres Pieces de Théâtre, & enrichie de 61 Figures en taille-douce.

TOME TREIZIEME.

A AMSTERDAM,
Aux Dépens de la Compagnie.

M. DCC. LXIV.

ESSAI
SUR LES
GUERRES CIVILES
DE FRANCE,

Avec un Discours particulier sur la mort de Messieurs de Guise.

Tome XIII.

AVERTISSEMENT.

COmme il a été fait mention d'un *Essai sur les Guerres Civiles de France* au XVI. Siecle dans les *Notes sur le Poëme de la Henriade*; on a cru devoir le joindre ici en entier, avec un *Discours particulier sur la mort du Duc & du Cardinal de Guise*, qui y a un si grand raport. Car ces Seigneurs furent les Auteurs & les Promoteurs de *la Ligue*, qui, pour détroner le Roi, & exclure les Princes légitimes de la Succession à la Couronne, dans le dessein d'y faire parvenir la Maison de Lorraine, inonda le Royaume de sang & de toute sorte de crimes. Messieurs de Guise furent à la vérité les victimes de leur ambition. Mais le parti du Roi n'en fut pas plus fort, pour cela, ni sa vie plus en sûreté, puisque ce Prince périt enfin par la main d'un scélérat, nommé Jacques Clément, Jacobin. Henri de Bourbon, Roi de Navarre, lui succéda par le droit de naissance. Mais il fut obligé de faire la conquête de son Royaume à la pointe de l'épée, comme on le voit dans le Poëme, dont il est le Héros.

Le *Discours* sur la mort de Messieurs de Guise n'avoit jamais été encore imprimé. Il l'a été sur un Manuscrit du tems, tiré de la Bibliothéque d'un Avocat Général, connu pour s'être rendu célébre dans un des premiers Parlemens de France. Le Lecteur y trouvera des particularités de ce grand événement, qui méritoient d'être rendues publiques. L'Auteur de cet Ecrit est *Henri Miron*, Médecin de Henri III ; il étoit alors de Quartier auprès de ce Prince, à qui il fut toujours inviolablement attaché, par devoir & par reconnoissance. Miron étant à la suite de la Cour, avoit été témoin de la plûpart des faits raportés dans ce *Discours*. Il avoit entr'autres enfans, *Chiron Miron*, que Henri III avoit nommé à l'Evêché d'Angers à l'âge de 18 ans. Comme son pere étoit zêlé pour le service du Roi, & éloigné de se prêter aux desseins de Messieurs de Guise, on suscita à Charles Miron un Procès, au sujet de son Evêché, comme on le voit dans cette Piece. Le prétexte étoit sa trop grande jeunesse, & la Loi établie par le Concordat, le Concile de Trente, & l'Ordonnance de Blois, qui fixent à 27 ans l'âge de ceux qui seront Promûs aux Evêchés. Afin de gagner Henri Miron, le Duc de Guise lui promit en vain son crédit dans les Etats de Blois, pour le succès du Procès de son fils ; ce Médecin fut inébranlable. Il lui fallut employer une autre ruse, pour éloigner d'auprès du Roi un si fidele sujet, ainsi qu'on le voit dans cet Ecrit, également curieux & intéressant.

ESSAI
SUR LES
GUERRES CIVILES
DE
FRANCE. *

HENRI *le Grand* naquit le 13 Décembre 1553. à *Pau*, petite Ville, Capitale du *Béarn*. Antoine de *Bourbon*, Duc de *Vendôme*, son pere, étoit du Sang-Roïal de *France* & Chef de la Branche de *Bourbon*, ainsi apellée d'un Fief de ce nom, qui tomba

* Tiré de Manuscrits curieux, traduit de l'Anglois de M. DE VOLTAIRE.

tomba dans leur Maison par un Mariage avec l'Héritiére de *Bourbon*.

La Maison de *Bourbon*, depuis *Loüis IX*. jusqu'à *Henri IV*. avoit presque toujours été négligée, & réduite à un tel degré de pauvreté, que le fameux Prince de *Condé*, frére d'*Antoine* de *Navarre* & oncle d'*Henri le Grand*, n'avoit que six cens livres de rente de son patrimoine.

La mere d'*Henri* étoit *Jeanne* d'*Albret*, fille d'*Henri* d'*Albret*, Roi de *Navarre*, Prince sans mérite, mais bon homme, plutôt indolent que paisible, qui soutint avec trop de résignation la perte de son Roïaume, enlevé à son pere en 1512. par une Bulle du Pape Jules II. apuïée des armes de l'*Espagne*. *Jeanne*, fille d'un Prince si foible, eut encore un plus foible époux, auquel elle aporta en mariage la Principauté de *Béarn*, & le vain titre de Roi de *Navarre*.

Ce Prince, qui vivoit dans un tems de factions & de guerres civiles, où la fermeté d'esprit est si nécessaire, ne fit voir qu'incertitude & irrésolution dans sa conduite. Il ne sçut jamais de quel Parti, ni de quelle Religion il étoit. Sans talent pour la Cour, & sans capacité pour l'emploi de Général d'Armée, il passa toute sa vie à favoriser ses Ennemis, & à ruiner ses Serviteurs; joüé par *Catherine* de *Médicis*, amusé & accablé par les *Guises*, & toujours dupe de lui-même. Il reçut une blessure

sure mortelle au siége de *Roüen* en 1562. où il combatit pour la cause de ses Ennemis, contre l'intérêt de sa propre Maison. Il fit voir en mourant, le même esprit inquiet & flotant qui l'avoit agité pendant sa vie.

Jeanne d'*Albret* étoit d'un caractère tout oposé : pleine de courage & de résolution, redoutée de la Cour de *France*, chérie des *Protestans*, estimée des deux Partis. Elle avoit toutes les qualités qui font les grands Politiques, ignorant cependant les petits artifices de l'intrigue & de la cabale. Une chose remarquable est qu'elle se fit *Protestante*, dans le même-tems que son époux devint *Catholique*, & fut aussi constamment atachée à la nouvelle Religion, qu'*Antoine* étoit chancelant dans la sienne. Ce fut par-là qu'elle se vit à la tête d'un Parti, tandis que son époux étoit le jouet de l'autre.

Jalouse de l'éducation de son fils, elle voulut seule en prendre le soin. *Henri* aporta en naissant toutes les excellentes qualités de sa mere, & il les porta dans la suite à un plus haut dégré de perfection. Il n'avoit hérité de son pere qu'une certaine facilité d'humeur, qui dans *Antoine* dégénéra en incertitude & en foiblesse, mais qui dans *Henri* fut bienveillance & bon naturel.

Il ne fût pas élevé, comme un Prince, dans cet orgueil lâche & efféminé, qui énerve le corps, affoiblit l'esprit & endurcit le cœur.

Sa nourriture étoit grossiére, & ses habits simples & unis. Il alla toujours nuë tête. On l'envoïoit à l'école avec de jeunes gens de même âge; il grimpoit avec eux sur des rochers, & sur le sommet des montagnes voisines, suivant la coutume du païs & des tems.

Pendant qu'il étoit ainsi élevé au milieu de ses Sujets, dans une sorte d'égalité, sans laquelle il est facile à un Prince d'oublier qu'il est né homme, la fortune ouvrit en *France* une scène sanglante, & au travers des débris d'un Roïaume presque détruit, & sur les cendres de plusieurs Princes enlevés par une mort prématurée, lui fraïa le chemin d'un Trône, qu'il ne put rétablir dans son ancienne splendeur qu'après en avoir fait la conquête.

Henri II. Roi de *France*, Chef de la branche des *Valois*, fut tué à *Paris* le 10. Juillet 1559. dans un Tournois, qui fut en *Europe* le dernier de ces romanesques & périlleux divertissemens.

Il laissa quatre fils, *François II. Charles IX. Henri III.* & le Duc *d'Alençon*. Tous ces indignes descendans de *François I.* montérent successivement sur le Trône, excepté le Duc *d'Alençon*, & moururent heureusement à la fleur de leur âge & sans postérité.

Le règne de *François II.* fut court, mais remarquable. Ce fut alors qu'éclatérent ces factions, & que commencérent ces calamités,

qui

qui pendant trente ans fucceffivement ravagérent le Roïaume de *France*.

Il époufa le 19. Avril 1558. la célèbre & malheureufe *Marie Stuart*, Reine d'*Ecoffe*, que fa beauté & fa foibleffe conduifirent à de grandes fautes & à de plus grands malheurs, & enfin à une mort déplorable. Elle étoit maîtreffe abfoluë de fon jeune époux, Prince de feize ans, fans vices & fans vertus, né avec un corps délicat & un efprit foible.

Incapable de gouverner par elle-même, elle fe livra fans réferve au Duc de *Guife*, frére de fa mere. Il influoit fur l'efprit du Roi par fon moïen, & jettoit par-là les fondemens de la grandeur de fa propre Maifon. Ce fut dans ce tems que *Catherine* de *Médicis*, veuve du feu Roi, & mere du Roi régnant, laiffa échaper les premiéres étincelles de fon ambition, qu'elle avoit habilement étoufée pendant la vie d'*Henri II*. Mais fe voïant incapable de l'emporter fur l'efprit de fon fils, & fur une jeune Princeffe qu'il aimoit paffionnément, elle crut qu'il lui étoit plus avantageux d'être pendant quelque-tems leur inftrument, & de fe fervir de leur pouvoir, pour établir fon autorité, que de s'y opofer inutilement. Ainfi les *Guifes* gouvernoient le Roi & les deux Reines. Maîtres de la Cour, ils devinrent les maîtres de tout le Roïaume : l'un en *France* eft toujours une fuite néceffaire de l'autre.

A 4 La

La Maison de *Bourbon*, gémissoit sous l'opression de la Maison de *Lorraine* ; & *Antoine*, Roi de *Navarre*, souffrit tranquilement plusieurs affronts d'une dangereuse conséquence. Le Prince de *Condé*, son frére, encore plus indignement traité, tâcha de secouer le joug, & s'associa pour ce grand dessein à l'Amiral de *Coligni*, Chef de la Maison de *Châtillon*. La Cour n'avoit point d'ennemi plus redoutable. *Condé* étoit plus ambitieux, plus entreprenant, plus actif ; *Coligni* étoit d'une humeur plus posée, plus mesuré dans sa conduite, plus capable d'être Chef d'un Parti ; à la vérité aussi malheureux à la guerre que *Condé*, mais réparant souvent par son habileté ce qui sembloit irréparable ; plus dangereux après une défaite, que ses ennemis après une victoire ; orné d'ailleurs d'autant de vertus, que des tems si orageux & l'esprit de faction pouvoient le permettre.

Les *Protestans* commençoient alors à devenir nombreux : ils s'aperçurent bien-tôt de leurs forces.

La superstition, les secrétes fourberies des Moines de ce tems-là, le pouvoir immense de *Rome*, la passion des hommes pour la nouveauté, l'ambition de *Luther* & de *Calvin*, la politique de plusieurs Princes, servirent à l'accroissement de cette secte, libre à la vérité de superstition, mais tendant aussi impétueusetueufement à l'Anarchie, que la Religion de *Rome* à la tirannie.

Les *Proteſtans* avoient eſſuïé en *France* les perſécutions les plus violentes, dont l'éfet ordinaire eſt de multiplier les Proſélites. Leur ſecte croiſſoit au milieu des échafauts & des tortures. *Condé*, *Coligni*, les deux frères de *Coligni*, leurs Partiſans, & tous ceux qui étoient tirannifez par les *Guiſes*, embraſſérent en même-tems la Religion *Proteſtante*. Ils unirent avec tant de concert leurs plaintes, leur vengeance & leurs intérêts, qu'il y eut en même-tems une révolution dans la Religion & dans l'Etat.

La premiére entrepriſe fut un complot pour arrêter les *Guiſes* à *Amboiſe* en 1560. & pour s'aſſurer de la perſonne du Roi. Quoique ce complot eût été tramé avec hardieſſe, & conduit avec ſecret, il fut découvert au moment où il alloit être mis en exécution. Les *Guiſes* punirent les Conſpirateurs de la maniére la plus cruelle, pour intimider leurs ennemis, & les empêcher de former à l'avenir de pareils projets. Plus de ſept cens *Proteſtans* furent exécutez; *Condé* fut fait priſonnier & accuſé du crime de lèze-Majeſté. On lui fit ſon procès, & il fut condanné à mort.

Pendant le cours de ſon procès, *Antoine* Roi de *Navarre*, ſon frère, leva en *Guyenne*, à la ſollicitation de ſa femme & de *Coligni*, un

A 5 nombre

nombre infini de Gentils-hommes, tant *Protestans* que *Catholiques*, attachez à sa Maison. Il traversa la *Gascogne* avec son Armée; mais sur un simple message qu'il reçut de la Cour en chemin, il les congédia tous en pleurant. *Il faut que j'obéisse*, dit-il, *mais j'obtiendrai votre pardon du Roi. Allez, & demandez pardon pour vous-même*, lui répondit un vieux Capitaine; *notre sûreté est au bout de nos épées*. Là-dessus la Noblesse qui le suivoit, s'en retourna avec mépris & indignation.

Antoine continua sa route, & arriva à la Cour. Il y sollicita pour la vie de son frére, n'étant pas sûr de la sienne. Il alloit tous les jours chez le Cardinal de *Guise*, qui le recevoit assis & couvert, pendant qu'il étoit debout & nuë tête.

Tout étoit prêt alors pour la mort du Prince de *Condé*, lorsque le Roi tomba tout d'un coup malade, & mourut le 5. Décembre 1560. Les circonstances & la promtitude de cet événement, le penchant des hommes à croire que la mort précipitée des Princes n'est point naturelle, donnérent cours au bruit commun que *François II*. avoit été empoisonné.

Sa mort donna un nouveau tour aux affaires. Le Prince de *Condé* fut mis en liberté; son Parti commença à respirer; la Religion *Protestante* s'étendit de plus en plus; l'autorité des *Guises* baissa, sans cependant être abatuë; *Antoine*

toine de *Navarre* recouvra une ombre d'autorité, dont il se contenta ; *Marie Stuart* fut renvoïée en *Ecosse*, & *Catherine* de *Médicis*, qui commença alors à joüer le premier rôle sur le théâtre, fut déclarée Régente du Roïaume pendant la Minorité de *Charles IX.* son second fils.

Elle se trouva elle-même embarassée dans un labirinthe de difficultez insurmontables, & partagée entre les deux Religions, & différentes factions, qui étoient aux prises l'une avec l'autre, & disputôient le pouvoir souverain.

Cette Princesse résolut de les détruire par leurs propres armes, s'il étoit possible. Elle nourrit la haine des *Condés* contre les *Guises*; elle jetta la semence des guerres civiles ; indifférente & impartiale entre *Rome* & *Genève*, uniquement jalouse de sa propre autorité.

Les *Guises*, qui étoient zélés *Catholiques*, parce que *Condé* & *Coligni* étoient *Protestans*, furent long-tems à la tête des troupes. Il y eut plusieurs batailles livrées ; le Roïaume fut ravagé en même-tems par trois ou quatre armées.

Le Connétable *Anne* de *Montmorenci*, fut tué à la journée de *S. Denis* le 10. Novembre 1567. dans la quatre-vingtiéme année de son âge. *François*, Duc de *Guise*, fut assassiné par *Poltrot*, au siége d'*Orléans* en 1563. *Henri III.* alors Duc d'*Anjou*, grand Prince dans sa jeunesse, quoique Roi de peu de mérite dans la maturité de l'âge, gagna les batailles de *Jarnac*, contre *Condé*, de *Moncontour* & *Coligni*, les 13. Mars, & 3. Octobre 1569.

La conduite de *Condé*, & sa mort funeste à la Bataille de *Jarnac*, sont trop remarquables, pour n'être pas détaillées. Il avoit été blessé au bras deux jours auparavant. Sur le point de donner bataille à son ennemi, il eut le malheur de recevoir un coup de pié d'un cheval fougueux, sur lequel étoit monté un de ses Officiers. Le Prince, sans marquer aucune sensibilité, dit à ceux qui étoient autour de lui : *Messieurs, aprenez par cet accident qu'un cheval fougueux est plus dangereux qu'utile dans un jour de bataille. Allons*, poursuivit-il, *le Prince de Condé, avec une jambe cassée & le bras en écharpe, ne craint point de donner bataille, puisque vous le suivez.* Le succès ne répondit point à son courage : il perdit la bataille ; toute son armée fut mise en déroute. Son cheval aïant été tué sous lui, il se tint tout seul, le mieux qu'il put, apuïé contre un arbre, à demi évanoüi, à cause de la douleur que lui causoit son mal, mais toujours intrépide, & le visage tourné du côté de l'ennemi. *Montesquiou*, Capitaine-des-Gardes du Duc d'*Anjou*, passa par-là, quand ce Prince infortuné étoit en cet état, & demanda qui il étoit. Comme on lui dit que c'étoit le Prince de *Condé*, il le tua de sang froid.

Après la mort de *Condé*, *Coligni* eut sur les bras tout le fardeau du Parti. *Jeanne d'Albret*,

alors

alors veuve, confia son Fils à ses soins. Le jeune *Henri*, alors âgé de seize ans, alla avec lui à l'Armée, & partagea les fatigues de la guerre. Le travail & les adversités furent ses guides & ses maîtres.

Sa mere & l'Amiral n'avoient point d'autre vûë que de rendre en *France* leur Religion indépendante de l'Eglise de *Rome*, & d'assurer leur propre autorité contre le pouvoir de *Catherine* de *Médicis*.

Catherine s'étoit déja débarassée de plusieurs de ses rivaux. *François*, Duc de *Guise*, qui étoit le plus dangereux & le plus nuisible de tous, quoiqu'il fût de même Parti, avoit été assassiné devant *Orléans*. *Henri* de *Guise*, son fils, qui joua depuis un si grand rôle dans le monde, étoit fort jeune.

Le Prince de *Condé* étoit mort; *Charles IX*. son fils, avoit pris le pli qu'elle vouloit, étant aveuglément soumis à ses volontés. Le Duc d'*Anjou*, qui fut depuis *Henri III*. étoit absolument dans ses intérêts; elle ne craignoit d'autres ennemis que *Jeanne* d'*Albret*, *Coligni* & les *Protestans*. Elle crut qu'un seul coup pouvoit les détruire tous, & rendre son pouvoir immuable.

Elle pressentit le Roi & même le Duc d'*Anjou* sur son dessein. Tout fut concerté, & les piéges étant préparés, une paix avantageuse fut proposée aux *Protestans*. *Coligni*, fatigué de la guerre civile, l'accepta avec chaleur. *Charles*, pour ne laisser aucun sujet de soupçon, donna sa sœur en mariage au jeune *Henri* de de *Navarre*. *Jeanne d'Albret*, trompée par des aparences si séduisantes, vint à la Cour avec son fils, *Coligni* & tous les Chefs des *Protestans*. Le mariage fut célébré avec pompe le 18. Août 1572. toutes les maniéres obligeantes, toutes les assurances d'amitié, tous les sermens si sacrés parmi les hommes, furent prodigués par *Catherine*, & par le *Roi*. Le reste de la Cour n'étoit occupée que de fêtes, de jeux & de mascarades. Enfin une nuit, qui fut la veille de la *St. Barthélemi*, au mois d'Août 1572. le signal fut donné à minuit. Toutes les maisons des *Protestans* furent forcées & ouvertes en même-tems. L'Amiral de *Coligni*, allarmé du tumulte, sauta de son lit. Une troupe d'assassins entra dans sa chambre; un certain *Besme*, *Lorrain*, qui avoit été élevé Domestique dans la Maison de *Guise*, étoit à leur tête; il plongea son épée dans le sein de l'Amiral, & lui donna un coup de revers sur le visage.

Le jeune *Henri*, Duc de *Guise*, qui forma ensuite la Ligue *Catholique*, & qui fut depuis assassiné à *Blois*, étoit à la porte de la Maison de *Coligni*, atendant la fin de l'assassinat, & cria tout haut: *Besme, cela est-il fait ?* Immédiatement après, les assassins jettérent le corps

par

par la fenêtre. *Coligni* tomba, & expira aux piés de *Guise*, qui lui marcha sur le corps; non qu'il fût ennivré de ce zèle *Catholique* pour la persécution, qui dans ce tems avoit infecté la moitié de la *France*; mais il y fut poussé par l'esprit de vengeance, qui bien qu'il ne soit point en général si cruel que le faux-zèle pour la Religion, mène souvent à de plus grandes bassesses.

Cependant tous les amis de *Coligni* étoient attaqués dans *Paris:* hommes, femmes, enfans, tout étoit massacré, sans distinction: toutes les rues étoient jonchées de corps morts. Quelques Prêtres tenant un crucifix d'une main, & une épée de l'autre, couroient à la tête des meurtriers, & les encourageoient au nom de Dieu de n'épargner ni parens, ni amis.

Le Maréchal de *Tavanne*, soldat ignorant & superstitieux, qui joignoit la fureur de la Religion à la rage du Parti, couroit à cheval dans *Paris*, criant aux Soldats, *du sang, du sang: la saignée est aussi salutaire dans le mois d'Août que dans le mois de Mai.*

Le Palais du Roi fut un des principaux Téâtres du carnage: car le Prince de *Navarre* logeoit au Louvre, & tous ses Domestiques étoient *Protestans*. Quelques-uns d'entr'eux furent tués dans leur lit avec leurs femmes; d'autres s'enfuïoient tout nuds, & étoient

pour-

poursuivis par les Soldats sur les escaliers de tous les apartemens du Palais, & même jusqu'à l'antichambre du Roi. La jeune femme d'*Henri* de *Navarre*, éveillée par cet affreux tumulte, craignant pour son époux & pour elle-même, saisie d'horreur & à demi morte, sauta brusquement de son lit, pour se jetter aux piés du Roi son frére. A peine eut-elle ouvert la porte de sa chambre, que quelques-uns de ses Domestiques *Protestans* coururent s'y réfugier. Les Soldats entrérent après eux, & les poursuivirent en presence de la Princesse. Un d'eux qui s'étoit caché sous son lit, y fut tué, deux autres furent percés de coups de hallebarde à ses piés ; elle fut elle-même couverte de sang.

Il y avoit un jeune Gentilhomme, qui étoit fort avant dans la faveur du Roi, à cause de son air noble, de sa politesse & d'un certain tour heureux qui régnoit dans sa conversation. C'étoit le Comte de *la Rochefoucault*, bisaïeul du Marquis de *Montendre*, qui est venu en *Angleterre*, pendant une persécution moins cruelle, mais aussi injuste. *La Rochefoucault* avoit passé la soirée avec le Roi dans une douce familiarité, où il avoit donné l'essor à son imagination. Le Roi sentit quelques remords, & fut touché d'une sorte de compassion pour lui. Il lui dit deux ou trois fois de ne point retourner chez lui, & de coucher dans sa cham-

GUERRES CIVILES. 17

chambre; mais *la Rochefoucault* répondit qu'il vouloit aller trouver sa femme. Le Roi ne l'en pressa pas davantage, & dit, *qu'on le laisse aller ; je vois bien que Dieu a résolu sa mort.* Ce jeune homme fut massacré deux heures après.

Il y en eut fort peu qui échapérent de ce massacre général. Parmi ceux-ci, la délivrance du jeune *la Force* est un exemple illustre de ce que les hommes apellent destinée. C'étoit un enfant de dix ans. Son pere, son frére aîné & lui furent arrêtés en même-tems par les Soldats du Duc d'*Anjou*. Ces meurtriers tombérent sur tous les trois tumultuairement, & les frapérent au hazard. Le pere & les enfans couverts de sang, tombérent à la renverse, les uns sur les autres. Le plus jeune, qui n'avoit reçu aucun coup, contrefit le mort, & le jour suivant il fut délivré de tout danger. Une vie si miraculeusement conservée dura quatre-vingt-cinq ans. Ce fut le célèbre Maréchal de *la Force*, oncle de la Duchesse de *la Force*, qui est presentement en *Angleterre*.

Cependant plusieurs de ces infortunées victimes fuïoient du côté la riviére. Quelques-uns la traversoient à la nage, pour gagner le Fauxbourg *S. Germain*. Le Roi les aperçut de sa fenêtre, qui avoit vuë sur la riviére, &, ce qui est presque incroïable, quoique cela ne soit que trop vrai, il tira sur eux avec une

cara-

carabine. *Catherine* de *Médicis*, sans trouble & avec un air serain & tranquile au milieu de cette boucherie, regardoit du haut d'un balcon qui avoit vûë sur la ville, enhardissoit les assassins, & rioit d'entendre les soupirs des mourans & les cris de ceux qui étoient massacrés. Ses Filles-d'honneur vinrent dans la rüe, avec une curiosité éfrontée, digne des abominations de ce siécle; elles contemplérent le corps nud d'un Gentilhomme nommé *Soubise*, qui avoit été soupçonné d'impuissance, & qui venoit d'être assassiné sous les fenêtres de la Reine.

La Cour qui fumoit encore du sang de la Nation, essaïa quelques jours après de couvrir un forfait si énorme par les formalitez des loix. Pour justifier ce massacre, ils imputérent calomnieusement à l'Amiral une conspiration qui ne fut crüe de personne. On ordonna au Parlement de procéder contre la mémoire de *Coligni*. Son corps fut pendu par les piés, avec une chaîne de fer au gibet de *Montfaucon*. Le Roi lui-même eut la cruauté d'aller jouïr de ce spectacle horrible. Un de ses Courtisans l'avertissant de se retirer, parce que le corps sentoit mauvais, le Roi répondit, *le corps d'un ennemi mort sent toûjours bon.*

Il est impossible de savoir s'il est vrai que l'on envoïa la tête de l'Amiral à *Rome*. Ce qu'il y a de bien certain, c'est qu'il y a à *Rome* dans le

Vatican un tableau où est représenté le *Massacre de la St. Barthélemi*, avec ces paroles ; *le Pape aprouve la mort de Coligni.*

Le jeune *Henri* de *Navarre* fut épargné, plutôt par politique que par compassion, de la part de *Catherine*, qui le retint prisonnier jusqu'à la mort du Roi, pour être sa caution de la soumission des *Protestans* qui voudroient se révolter.

Jeanne d'Albret étoit morte subitement le 6. Juin deux mois & demi auparavant. Quoique peut-être sa mort eût été naturelle, ce n'est pas toutefois une opinion ridicule de croire qu'elle avoit été empoisonnée.

Quoiqu'il en soit, l'exécution ne fut pas bornée à la ville de *Paris*. Les mêmes ordres de la Cour furent envoïés à tous les Gouverneurs des Provinces de *France*. Il n'y eut que deux ou trois Gouverneurs qui refusérent d'obéïr aux ordres du Roi. Un entr'autres, apellé *Montmorin*, Gouverneur d'*Auvergne*, écrivit à Sa Majesté la Lettre suivante, qui mérite d'être transmise à la postérité.

SIRE,

J'ai reçu un ordre, sous le sceau de Votre Majesté, de faire mourir tous les Protestans *qui sont dans ma Province. Je respecte trop Votre Majesté pour ne pas croire que ces Lettres sont supposées ;*

sées ; & si, ce qu'à Dieu ne plaise, l'ordre est véritablement émané d'elle, je la respecte aussi trop pour lui obéir.

Ces massacres portérent au cœur des *Protestans* la rage & l'épouvente. Leur haine irréconciliable sembla prendre de nouvelles forces ; l'esprit de vengeance les rendit plus forts & plus redoutables.

Peu de tems après, le Roi fut attaqué d'une étrange maladie, qui l'emporta au bout de deux ans, le 30. Mai 1574. Son sang couloit toujours, & perçoit au travers des pores de sa peau ; maladie incompréhensible, contre laquelle échoua l'art & l'habileté des Médecins, & qui fut regardée comme un éfet de la vengeance Divine.

Durant la maladie de *Charles*, son frére le Duc d'*Anjou*, avoit été élu Roi de *Pologne* le 9. Mai 1573. Il devoit son élévation à la réputation qu'il avoit aquise étant Général, & qu'il perdit en montant sur le Trône.

Dès qu'il aprit la mort de son frére, il s'enfuit de *Pologne*, & se hâta de venir en *France* se mettre en possession du périlleux héritage d'un Roïaume déchiré par des factions fatales à ses Souverains, & inondé du sang de ses habitans. Il ne trouva en arrivant que Partis & troubles qui augmentérent à l'infini.

Henri, alors Roi de *Navarre*, se mit à la tête

tête des *Protestans*, & donna une nouvelle vie à ce Parti. D'un autre côté, le jeune Duc de *Guise* commençoit à fraper les yeux de tout le monde par ses grandes & dangereuses qualités. Il avoit encore un génie plus entreprenant que son pére ; il sembloit d'ailleurs avoir une heureuse occasion d'ateindre à ce faîte de grandeur, dont son pere lui avoit fraïé le chemin.

Le Duc d'*Anjou*, alors *Henri III.* étoit regardé comme incapable d'avoir des enfans, à cause des infirmités qui étoient les suites des débauches de sa jeunesse. *Henri de Navarre* étoit légitime héritier de la Couronne. *Guise* essaïa de se l'assurer à lui-même, du moins après la mort d'*Henri III.* & de l'enlever à la Maison des *Capets*, comme les *Capets* l'avoient usurpée sur la Maison de *Charlemagne*, & comme le pere de *Charlemagne* l'avoit ravie à son légitime Souverain.

Jamais si hardi projet ne parut si bien & si heureusement concerté. *Henri de Navarre*, & toute la Maison de *Bourbon*, étoit *Protestante*, *Guise* commença à se concilier la bienveillance de la Nation, en afectant un grand zèle pour la Religion *Catholique*. Sa libéralité lui gagna le Peuple ; il avoit tout le Clergé à sa dévotion, des amis dans le Parlement, des espions à la Cour, des serviteurs par tout le Roïaume. Sa premiére démarche politique fut

fut une affociation, fous le nom de *Sainte Ligue*, contre les *Proteftans*, pour la fûreté de la Religion *Catholique*.

La moitié du Roïaume entra avec empreffement dans cette nouvelle confédération. Le Pape *Sixte V.* donna fa bénédiction à la *Ligue*, & la protégea comme une nouvelle milice *Romaine*. *Philippe II.* Roi d'*Efpagne*, felon la politique des Souverains, qui concourent toujours à la ruine de leurs voifins, encouragea la *Ligue* de toutes fes forces, dans la vûë de mettre la *France* en piéces & de s'enrichir de fes dépouilles.

Ainfi *Henri III.* toujours ennemi des *Proteftans*, fut trahi lui-même par des *Catholiques*, affiégé d'ennemis fecrets & déclarez, & inférieur en autorité à un fujet, qui foumis en aparence, étoit réellement plus Roi que lui.

La feule reffource pour fe tirer de cet embarras, étoit peut-être de fe joindre avec *Henri de Navarre*, dont la fidélité, le courage & l'efprit infatigable étoient l'unique barriére qu'on pouvoit opofer à l'ambition de *Guife*, & qui pouvoit retenir dans le Parti du Roi tous les *Proteftans*, ce qui eût mis un grand poids de plus dans fa balance.

Le Roi dominé par *Guife*, dont il fe défioit, mais qu'il n'ofoit offenfer, intimidé par le Pape, trahi par fon Confeil, & par fa mauvaife politique, prit un parti tout opofé. Il fe mit
lui-

lui-même à la tête de la *Sainte Ligue*. Dans l'espérance de s'en rendre le maître, il s'unit avec *Guise* son sujet rebelle, contre son successeur & son beaufrere, que la nature & la bonne politique lui désignoient pour son Allié.

Henri de *Navarre* commandoit alors en *Gascogne* une petite armée, tandis qu'un grand corps de troupes accouroit à son secours de la part des Princes *Protestans* d'*Allemagne*; il étoit déjà sur les frontieres de *Lorraine*.

Le Roi s'imagina qu'il pourroit tout à la fois réduire le *Navarrois*, & se débarrasser de *Guise*. Dans ce dessein, il envoya le *Lorrain* avec une très-petite & très foible armée contre les *Allemands*, par lesquels il faillit à être mis en déroute.

Il fit marcher en même-tems *Joyeuse*, son Favori, contre le *Navarrois*, avec la fleur de la Noblesse *Françoise*, & avec la plus puissante armée qu'on eût vue depuis *François I*. Il échoua dans tous ses desseins. *Henri* de *Navarre* défit entierement à *Coutras* cette armée si redoutable le 20 Octobre 1587, & *Guise* remporta la victoire sur les *Allemands* à Auneau, le 24 Novembre ensuivant.

Le *Navarrois* ne se servit de sa victoire que pour offrir une paix sûre au Royaume, & son secours au Roi. Mais quoique vainqueur, il se vit refusé, le Roi craignant plus ses propres sujets que ce Prince.

Guise

Guise retourna victorieux à *Paris*, & y fut reçu comme le sauveur de la Nation. Son Parti devint plus audacieux, & le Roi plus méprisé; ensorte que *Guise* sembloit plutôt avoir triomphé du Roi que des *Allemands*.

Le Roi, sollicité de toutes parts, sortit, mais trop tard, de sa profonde létargie. Il essaya d'abattre la *Ligue*; il voulut s'assurer de quelques Bourgeois les plus séditieux; il osa défendre à *Guise* l'entrée de *Paris*; mais il éprouva à ses dépens ce que c'est que de commander sans pouvoir. *Guise*, au mépris de ses ordres, vint à *Paris* en 1588, les Bourgeois prirent les armes; les Gardes du Roi furent arrêtez, & lui-même fut emprisonné dans son Palais.

Rarement les hommes sont assez bons ou assez méchans. Si *Guise* avoit entrepris dans ce jour sur la liberté ou la vie du Roi, il auroit été le maître de la *France*; mais il le laissa échaper, après l'avoir assiégé, & en fit ainsi trop ou trop peu.

Henri III. s'enfuit à *Blois*, où il convoqua les Etats-Généraux du Royaume. Ces Etats ressembloient au Parlement de la *Grande-Bretagne*, quant à leur convocation; mais leurs opérations étoient différentes. Comme ils étoient rarement assemblez, ils n'avoient point de régles pour se conduire. C'étoit en général une Assemblée de gens incapables,

faute

faute d'expérience, de savoir prendre de justes mesures, ce qui formoit une véritable confusion.

Guise, après avoir chassé son Souverain de sa Capitale, osa venir le braver à *Blois*, en présence d'un Corps qui representoit la Nation. *Henri* & lui se réconciliérent solemnellement; ils allérent ensemble au même Autel: ils y communiérent ensemble. * L'un promit par serment d'oublier toutes les injures passées; l'autre d'être obéïssant & fidèle à l'avenir; mais dans le même-tems le Roi projettoit de faire mourir *Guise*, & *Guise* de faire détrôner le Roi.

Guise avoit été susfisamment averti de se défier d'*Henri*; mais il le méprisoit trop pour le croire assez hardi d'entreprendre un assassinat. Il fut la dupe de sa sécurité : le Roi avoit résolu de se venger de lui, & de son frére le Cardinal de *Guise*, le compagnon de ses ambitieux desseins, & le plus hardi promoteur de la *Ligue*. Le Roi fit lui-même provision de poignards, qu'il distribua à quelques *Gascons*, qui s'étoient offerts d'être les ministres de sa vengeance. Ils tuérent *Guise* dans le cabinet du Roi, le 23. Décembre 1588. mais

---

* *De la main du Cardinal de Guise, qui dit la Messe, & divisa la Sainte-Hostie en trois. Il se communia d'une; & des deux autres, il en communia le Roi, & le Duc de Guise.*

B

mais ces mêmes hommes qui avoient tué le Duc, ne voulurent point tremper leurs mains dans le sang de son frére, parce qu'il étoit Prêtre & Cardinal, comme si la vie d'un homme qui porte une robe longue & un rabat, étoit plus sacrée que celle d'un homme qui porte un habit court & une épée.

Le Roi trouva quatre soldats, qui, au raport du *Jésuite Maimbourg*, n'étant pas si scrupuleux que les *Gascons*, tuérent le lendemain le Cardinal pour cent écus chacun. (*) Ce fut sous l'apartement de *Catherine* de *Médicis*, que les deux fréres furent tuez; mais elle ignoroit parfaitement le dessein de son fils, n'aïant plus alors la confiance d'aucun Parti, & étant même abandonnée par le Roi.

Si une telle vengeance eût été revétuë des formalitez de la loi, qui sont les instrumens naturels de la justice des Rois, ou le voile naturel de leur iniquité, la *Ligue* en eût été épouventée : mais manquant de cette forme solennelle, cette action fut regardée comme un affreux assassinat, & ne fit qu'irriter le Parti. Le sang des *Guises* fortifia la *Ligue*, comme la mort de *Coligni* avoit fortifié les *Protestans*. Plusieurs Villes de *France* se révoltérent ouvertement contre le Roi.

Il

(*) *Voïez le Discours particulier contenant la Mort de Messieurs de Guise*, pag. 37. & suiv.

Il vint d'abord à *Paris*; mais il en trouva les portes fermées, & tous les habitans sous les armes.

Le fameux Duc de *Mayenne*, cadet du feu Duc de *Guise*, étoit alors dans *Paris*. Il avoit été éclipsé par la gloire de *Guise* pendant sa vie; mais après sa mort, le Roi le trouva aussi dangereux ennemi que son frére. Il avoit toutes ses grandes qualitez, auxquelles il ne manqua que l'éclat & le lustre.

Le Parti des *Lorrains* étoit très-nombreux dans *Paris*. Le grand nom de *Guise*, leur magnificence, leur libéralité, leur zèle aparent pour la Religion *Catholique*, les avoient rendus les délices de la Ville. Prêtres, Bourgeois, Femmes, Magistrats, tout se ligua fortement avec *Mayenne*, pour poursuivre une vengeance qui leur paroissoit légitime.

La Veuve du Duc presenta une Requête au Parlement contre *Henri*, comme contre un Meurtrier. Le Procès commença, suivant le cours ordinaire de la Justice: deux Conseillers furent nommez pour marquer les chefs d'accusation contre le Roi. Mais le Parlement n'alla pas plus loin, les principaux étant singuliérement attachez aux intérêts du Roi.

La *Sorbonne* ne suivit point cét exemple de modération: soixante & dix Docteurs publiérent un Ecrit le 7. Janvier 1589. par lequel ils déclarérent *Henri de Valois* déchu de son droit à la Couronne, & les Sujets dispensés du serment de fidélité.

Mais l'autorité Roïale n'avoit pas d'ennemis plus dangereux que ces Bourgeois de *Paris*, nommés *les Seize*, non à cause de leur nombre, puisqu'ils étoient *quarante*, mais à cause des *seize Quartiers de Paris*, dont ils s'étoient partagé le gouvernement. Le plus considérable de tous ces Bourgeois étoit un certain *le Clerc*, qui avoit usurpé le grand nom de *Bussi*. C'étoit un citoïen hardi, & un méchant soldat, comme tous ses compagnons. Ces *Seize* avoient aquis une autorité absoluë, & devinrent dans la suite aussi insuportables à *Mayenne*, qu'ils avoient été terribles au Roi.

D'ailleurs les Prêtres, qui ont toujours été les trompettes de toutes les Révolutions, tonnoient en Chaire, & assûroient, de la part de Dieu, que celui qui tueroit le Tiran, entreroit infailliblement en Paradis. Les noms sacrés & dangereux de *Jéhu* & de *Judith*, & tous ces assassinats consacrés par l'Ecriture-Sainte, frapoient par-tout les oreilles de la Nation. Dans cette afreuse extrêmité, le Roi fut enfin forcé d'implorer le secours de ce même *Navarrois*, qu'il avoit autrefois refusé. Ce Prince fut plus sensible à la gloire de protéger son beau-frére & son Roi, qu'à la victoire qu'il avoit remportée sur lui.

Il mena son armée au Roi; mais avant que
ses

GUERRES CIVILES.

ses troupes fussent arrivées, il vint le trouver acompagné d'un seul Page. Le Roi fut étonné de ce trait de générosité, dont il n'auroit pas été lui-même capable. Quoiqu'il en soit, les deux Rois marchérent vers *Paris*, à la tête d'une puissante armée. La Ville n'étoit point en état de se défendre. La *Ligue* touchoit au moment de sa ruïne entiére, lorsqu'un jeune Religieux de l'Ordre de *St. Dominique*, changea toute la face des affaires.

Son nom étoit *Jâques Clément*; il étoit né dans un village de *Bourgogne*, apellé *Sorbonne*, âgé de vingt-quatre ans. Sa farouche piété, & son esprit noir & mélancolique, se laissérent bien-tôt entraîner au fanatisme, par les importunes clameurs des Prêtres. Il se chargea d'être le Libérateur & le Martir de la *Sainte Ligue*. Il communiqua son projet à ses Amis & à ses Supérieurs : tous l'encouragérent, & le canonisérent d'avance. *Clément* se prépara à son parricide, par des jeûnes & par des priéres continuelles pendant des nuits entiéres. Il se confessa, reçut les Sacremens, puis acheta un couteau. Il alla à *S. Cloud*, où étoit le *Quartier du Roi*, & demanda à être presenté à ce Prince, sous prétexte de lui révéler un secret, dont il lui importoit d'être promtement instruit. Aïant été conduit devant Sa Majesté, il se prosterna avec une modeste rougeur sur le front, & il lui remit une Lettre, qu'il disoit

B 3 être

être écrite par *Achilles* de *Harlai*, premier Président. Tandis que le Roi lit, le Moine le frape dans le ventre, le 1. Août 1589. & laisse le couteau dans la place. Ensuite avec un regard assuré, & les mains sur sa poitrine, il lève les yeux au Ciel, atendant paisiblement les suites de son assassinat. Le Roi se lève, arrache le couteau de son ventre, & en frape le Meurtrier au front. Plusieurs Courtisans accoururent au bruit. Leur devoir exigeoit qu'ils arrêtassent le Moine, pour lui donner la question, pour l'interroger & tâcher de découvrir ses complices; mais ils le tuérent sur le champ, avec une précipitation qui les fit soupçonner d'avoir été trop instruits de son dessein. *Henri* de *Navarre* fut alors Roi de *France* par le droit de sa naissance, reconnu d'une partie de l'Armée, & abandonné par l'autre.

Le Duc d'*Epernon*, & quelques autres, quittérent l'armée, alléguant qu'ils étoient trop bons *Catholiques* pour prendre les armes pour un Roi qui n'alloit point à la Messe. Ils espéroient secrettement que le renversement du Roïaume, l'objet de leurs desirs & de leur espérance, leur donneroit ocasion de se rendre Souverains dans leur païs.

Cependant le meurtre de *Clément* fut aprouvé à *Rome*, & lui adoré à *Paris*. La *Sainte Ligue* reconnut pour son Roi le Cardinal de *Bourbon*, vieux Prêtre, oncle d'*Henri IV.*

pour

pour faire voir au monde que ce n'étoit pas la Maison de *Bourbon*, mais les Hérétiques, que sa haine poursuivoit.

Ainsi le Duc de *Mayenne* fut assez sage pour ne pas usurper le titre de Roi, & cependant il s'empara de toute l'autorité Roïale, pendant que le malheureux Cardinal de *Bourbon*, apellé *Roi* par la *Ligue*, fut gardé prisonnier par *Henri IV.* le reste de sa vie, qui dura encore deux ans. La *Ligue* plus apuïée que jamais par le Pape, secouruë des *Espagnols*, & forte par elle-même, étoit parvenuë au plus haut point de sa grandeur, & faisoit sentir à *Henri IV.* cette haine que le faux-zèle inspire, re, & ce mépris que font naître les heureux succès.

Henri avoit peu d'amis, peu de Places importantes, point d'argent & une petite armée; mais son courage, son activité, sa politique supléoient à tout ce qui lui manquoit. Il gagna plusieurs batailles, & entr'autres, celle d'*Ivry* sur le Duc de *Mayenne*, une des plus remarquables qui ait jamais été donnée, le 14. Mars 1590. Les deux Généraux montrèrent dans ce jour toute leur capacité, & les Soldats tout leur courage. Il y eut peu de fautes commises de part & d'autre. *Henri* fut enfin redevable de la victoire à la supériorité de ses connoissances & de sa valeur. Mais il avoua que *Mayenne* avoit rempli tous les devoirs d'un grand

grand Général : *Il n'a péché*, dit-il, *que dans la cause qu'il soutenoit.*

Il se montra après la victoire aussi modéré qu'il avoit été terrible dans le combat. Instruit que le pouvoir diminuë souvent, quand on en fait un usage trop étendu, & qu'il augmente en l'emploïant avec ménagement, il mit un frein à la fureur du soldat armé contre l'ennemi ; il eut soin des blessés, & donna la liberté à plusieurs prisonniers ; cependant tant de valeur & tant de générosité ne touchérent point les Ligueurs.

Les Guerres Civiles de *France* étoient devenuës la quérelle de toute l'*Europe*. Le Roi *Philippe II.* étoit vivement engagé à défendre la *Ligue* : la Reine *Elizabeth* donnoit toutes sortes de secours à *Henri*, non parce qu'il étoit *Protestant*, mais parce qu'il étoit ennemi de *Philippe II.* dont il lui étoit dangereux de laisser croître le pouvoir. Elle envoïa à *Henri* cinq mille hommes, sous le commandement du Comte d'*Essex* son Favori, auquel elle fit depuis trancher la tête.

Le Roi continua la guerre avec différens succès. Il prit d'assaut tous les Fauxbourgs de *Paris* dans un seul jour. Il eût peut-être pris de même la Ville, s'il n'eût pensé qu'à la conquérir ; mais il craignit de donner sa Capitale en proïe aux Soldats, & de ruiner une Ville qu'il avoit envie de sauver. Il assiégea *Paris*, il leva le siége, il le recommença ; enfin il le bloqua, & coupa toutes les communications à la Ville, dans l'espérance que les *Parisiens* seroient forcés par la disette des vivres à se rendre sans éfusion de sang.

Mais *Mayenne*, les Prêtres, & *les Seize* tournérent les esprits avec tant d'art, les envenimérent si fort contre les Hérétiques, & remplirent leur imagination de tant de fanatisme, qu'ils aimérent mieux mourir de faim, que de se rendre & d'obéïr.

Les Moines & les Religieux donnérent un spectacle, qui, bien que ridicule en lui-même, fut cependant un ressort merveilleux pour animer le Peuple. Ils firent une espèce de revuë militaire, marchant par rang & de file, & portant des armes rouillées par-dessus leurs capuchons, aïant à leur tête la figure de la *Vierge Marie*, branlant des épées, & criant qu'ils étoient tous prêts à combattre & à mourir pour la défense de la Foi; ensorte que les Bourgeois voïant leurs Confesseurs armés, croïoient éfectivement soutenir la cause de Dieu.

Quoiqu'il en soit, la disette dégénéra en famine universelle. Ce nombre prodigieux de Citoïens n'avoit d'autre nourriture que les Sermons des Prêtres, & que les Miracles imaginaires des Moines, qui, par ce pieux artifice, avoient dans leurs Couvens toutes choses en abondance, tandis que toute la Ville étoit sur le point de mourir de faim. Les misérables *Parisiens*, trompés d'abord par l'espérance d'un prompt secours, chantoient dans les ruës des *Ballades* & des *Lampons* contre *Henri* : folie qu'on ne pourroit atribuer à quelqu'autre Nation avec vraisemblance, mais qui est assez conforme au génie des *Français*, même dans un état si affreux. Cette courte & déplorable joïe fut bien-tôt entiérement étoufée par la misére la plus réelle & la plus étonnante. Trente mille hommes moururent de faim dans l'espace d'un mois. Les malheureux Citoïens, pressés par la famine, essaïérent de faire une espèce de pain avec les os des morts, lesquels étant brisés & bouillis, formoient une sorte de gelée. Mais cette nourriture si peu naturelle ne servoit qu'à les faire mourir plus promtement. On conte, & cela est attesté par les témoignages les plus autentiques, qu'une femme tua & mangea son propre enfant. Au reste, l'inflexible opiniâtreté des *Parisiens* étoit égale à leur misére. *Henri* eut plus de compassion pour leur état qu'ils n'en avoient eux-mêmes: son bon naturel l'emporta sur son intérêt particulier.

Il souffrit que ses Soldats vendissent en particulier toutes sortes de provisions à la Ville. Ainsi on vit arriver ce qu'on n'avoit pas encore vû, que les assiégés étoient nourris par les assiégeans. C'étoit un spectacle bien singulier que

que de voir les soldats, qui du fonds de leurs tranchées, envoïoient des vivres aux Citoïens, qui leur jettoient de l'argent de leurs remparts. Plusieurs Officiers, entraînés par la licence si ordinaire à la soldatesque, troquoient un aloïau pour une fille ; ensorte qu'on ne voïoit que femmes qui descendoient dans des baquets, & des baquets qui remontoient pleins de provisions. Par-là une licence hors de saison règna parmi les Officiers ; les Soldats amassèrent beaucoup d'argent ; les assiégés furent soulagés, & le Roi perdit la Ville ; car dans le même-tems une armée d'*Espagnols* vint des *Païs-Bas*. Le Roi fut obligé de lever le siège, & d'aller à sa rencontre, au travers de tous les dangers & de tous les hazards de la guerre, jusqu'à ce qu'enfin les *Espagnols* aïant été chassés du Roïaume, il revint une troisième fois devant *Paris*, qui étoit toujours plus opiniâtré à ne point le recevoir.

Sur ces entrefaites, le Cardinal de *Bourbon*, ce fantôme de la Roïauté, mourut le 9. Mai 1590. On tint une Assemblée à *Paris*, qui nomma les Estats-Généraux du Roïaume pour procéder à l'élection d'un nouveau Roi. L'*Espagne* influoit fortement sur ces Etats ; *Mayenne* avoit un Parti considérable qui vouloit le mettre sur le Trône. Enfin *Henri*, ennuïé de la cruelle nécessité de faire éternellement la guerre à ses sujets, & sachant d'ailleurs que ce n'étoit pas fa perfonne, mais fa Religion qu'ils haïffoient, réfolut de rentrer au giron de l'Eglife *Romaine*, en 1593. Peu de femaines après *Paris* lui ouvrit fes portes. Ce qui avoit été impoffible à fa valeur & à fa magnanimité, il l'obtint facilement, en allant à la Meffe, & en recevant l'abfolution du Pape, le 17. Septembre 1595,

Tout le Peuple changé dans ce jour falutaire
Reconnoît fon vrai Roi, fon vainqueur & fon pere.
Dès-lors on admira ce règne infortuné,
Et commencé trop tard & trop tôt terminé.
L'Efpagnol en trembla. Juftement defarmée,
Rome, adopta Bourbon ; Rome s'en vit aimée.
La Difcorde rentra dans l'éternelle nuit.
A reconnaître un Roi Mayenne fut réduit ;
Et foumettant enfin fon cœur & fes Provinces,
Fut le meilleur fujet du plus jufte des Princes.

VOLTAIRE, HENRIADE,
fin du dernier Chant.

DISCOURS

DISCOURS
PARTICULIER
CONTENANT

Le deſſein, procédé & exécution au vray qu'a tenu le Roy HENRY III. en la Mort de Meſſieurs de Guiſe, à Blois le 23. Décembre 1588.

D'AUTANT que pluſieurs ont raconté & laiſſé par eſcript à & l'advanture, hors des termes de la vérité, à la procédure & l'exécution du deſſein du Roy HENRY III. ſur la perſonne du feu Duc de Guiſe ; & l'entrepriſe étant ſi remarquable pour la conduite, pour la fin & pour la ſuite, j'eſtime que chacun eſt obligé de contribuer ce qu'il en a pour en faire ſçavoir la vérité à la poſtérité, par où les ſubjets puiſſent apprendre que c'eſt choſe très-dangereuſe d'entreprendre contre ſon Roy, & à un Roy de lâcher

cher si bas les resnes de son authorité à qui que ce soit, que l'envie en puisse venir à ses subjets ambitieux & courageux d'eslever la leur sur telle occasion aux dépens de la sienne.

Autrefois je vous ay fait entendre ce que j'en sçavois, l'ayant appris sur les lieux où même j'étois encore, servant pour lors mon Quartier chez le Roy : depuis vous avez desiré de le voir par écrit, de façon que me laissant emporter à vôtre desir & à celuy que j'ay de vous complaire, pour le respect que je dois à nôtre ancienne amitié, je vous diray sans fard & sans passion, ce qui en est venu à ma connoissance, reçû par la propre bouche de quelques-uns de ceux qui ont vû joüer, & par celle de quelques autres qui ont été du nombre des joüeurs de cette tragédie, & principalement par le recit d'un personnage qui est un de mes amis intimes, en qui le Roy se confioit entiérement de ses affaires plus secrettes, & en un tems où la fidélité des hommes étoit tellement débauchée, que celle de quelques-uns, ses plus obligez, non sans subjet (ce disoit-on) luy étoit fort suspecte : voyre celle de mon amy le fut à la fin, non pour aucune faute, mais par l'artifice & les feintes carresses que le Duc de Guise luy faisoit en presence du Roy, à dessein de le perdre, comme il le fit par cette voye, puis qu'il ne l'avoit pu gaigner à soy par tout autre moyen:
ce

ce qui parut, en ce que Sa Majesté ayant pris ombrage de telles privautez, luy commanda d'aller à Paris sur une affaire simulée, où étant arrivé il reçut peu de jours après un billet de la part du Roy, portant congé, pareil à d'autres qui furent envoyez à quelques-uns de ceux dont il s'étoit toujours auparavant servi en la conduite de ses affaires. Cependant arriva la mort du Duc de Guise, & luy péu de tems après revint à Blois : l'ayant sçeu, je le fus saluer en son logis, où après quelques discours tenus sur les choses passées pendant son absence, & particuliérement sur les motifs du funeste accident, je le priay de m'en dire ce qui luy plairoit, étant vray-semblable qu'il en sçavoit, pour avoir si longuement participé au secret des affaires. Je vous estime trop discret & de mes amis, dit-il, pour vous refuser, & vous celer ce que j'en ay pu sçavoir, ou par science, ou par conjecture, sur quelques propos tenus à diverses fois en certains lieux où je me suis trouvé : il n'y a plus de danger, puisque par les effets, les résolutions sont manifestes.

Vous sçavez que le Duc de Guise étant à Soissons, le Roy fut adverti qu'il avoit résolu de venir à Paris, appellé & pressé par quelques-uns des principaux de ses Conjurez, qui luy faisoient entendre que sans son assistance & le secours de sa personne propre ils étoient en dan-

danger d'être tous, ou pendus, ou perdus. Sur cet advis Sa Majesté, par le conseil de la Royne sa mere, dépescha le Sieur de Belliévre pour luy faire très-exprès commandement de n'entreprendre ce voyage, sur peine de desobéyssance. Le Duc s'étant plaint de cette rigueur, le prie de supplier de sa part très-humblement Sa Majesté de luy pardonner s'il desobéyssoit en cette occasion, où il desiroit très-ardemment de Sa Majesté qu'il luy fust permis d'accomplir son voyage, qui n'avoit d'autre but que pour luy donner asseurance de sa fidélité, & l'informer au vray de la droiture de ses actions, que la mauvaise volonté de ses ennemis avoit eu le pouvoir de luy rendre doubteuses. Le Sieur de Belliévre étant de retour, asseura le Roy que le Duc de Guise obéyroit, bien qu'il sçeut tout le contraire, ayant dit premiérement, & dit la vérité à la Royne, mere du Roy, laquelle, disoit-on, joüoit le double sur le dessein de ce voyage, d'autant qu'elle desiroit ce Duc auprès du Roy, pour s'en servir à reprendre & maintenir l'authorité qu'elle avoit eüe quelques années auparavant au maniement des affaires, & pour s'en fortifier contre les insolences & les desseins du Duc d'Espernon, qui l'avoit réduite à telle extrêmité, que, quoy-qu'il en pust arriver, elle s'étoit résoluë à sa ruine, s'aydant de l'occasion presente,

en

en ce que peu de jours auparavant il eſtoit parti de Paris & de la Cour pour aller en Normandie. Or, comme vous ſçavez, vous y étiez le lendemain, après le retour de Mr. de Belliévre, le Duc de Guiſe, lui neufvième, arriva dans Paris ſur le midy, & alla deſcendre en l'Hoſtel de la Royne-Mere. Un Gentilhomme qui l'avoit vû, part auſſi-toſt pour en donner advis à Mr. de Villeroy, qu'il trouve à table n'ayant qu'à demy diſné, & luy dit à l'oreille: *Monſieur de Guiſe eſt arrivé; je l'ay vû deſcendre chez la Royne, mere du Roy.* Le Sieur de Villeroy tout eſbahy; *Cela ne peut être*, dit-il. *Monſieur,* dit le Gentilhomme, *je l'ai vû; & s'il eſt vray que vous me voyez, il eſt vray que je l'ay vû.* Il ſe leve ſoudain de table, va au Louvre, trouve le Roy dedans ſon Cabinet qui n'en ſçavoit rien, & n'avoit lors auprès de ſoy que le Sieur du Halde, l'un de ſes premiers Valets-de-Chambre, & voyant arriver le Sieur de Villeroy à heure induë, comme eſtonné, luy demanda; *Qu'y a-t'il, Monſieur de Villeroy? Sortez du Halde.* SIRE, dit-il, *Monſieur de Guiſe eſt arrivé; j'ay cru qu'il étoit important au ſervice de Vôtre Majeſté de l'en advertir.* Il eſt arrivé, *dit le Roy:* comment le ſçavez-vous? *Un Gentilhomme de mes amis me l'a dit, & l'avoir vû mettre pied à terre luy neufvième chez la Royne vôtre Mere.* Il eſt venu, *dit encore le Roy?* Puis contre ſa coutume jura, diſant, *Par la mort dieu il en mourra.*

mourra. Où est logé le Colonel Alphonse ? En la ruë de St. Honoré, *dit le Sieur de Villeroy: Envoyez-le querir*, dit le Roy, *& qu'on luy dise qu'il s'en vienne soudain parler à moy.* Le Roy donc étant ainsi adverti de cette venuë contre son espérance, sur l'asseurance du contraire qu'on luy avoit donnée, se résoult toutesfois de le recevoir & l'écouter ; la Royne sa mere, laquelle depuis deux ans & plus auparavant n'avoit point mis le pied dedans le Louvre, se fait mettre en sa chaise & s'y fait porter, le Duc de Guise marchant à pied à son côté, elle le presenta au Roy en la chambre de la Royne: d'abord le Roy blesmit, & mordant ses lévres, le reçoit & luy dit, *Qu'il trouvoit fort étrange qu'il eust entrepris de venir en la Cour, contre sa volonté & son commandement.* Il s'en excuse & en demande pardon au Roy, fondé sur le desir qu'il avoit de representer luy-même à Sa Majesté la vérité & la sincérité de ses actions, & de les deffendre contre les calomnies & impostures de ses ennemis, qui par divers moyens en avoient détourné la créance qu'en devoit prendre Sa Majesté. La Royne-Mere s'entremet là-dessus : la Royne aussi : il est reçû : le Roy se retire en sa chambre : luy aussi peu de temps après, accompagnant la Royne-Mere jusques en son logis, s'en va à l'Hostel de Guise. Cependant le Roy merveilleusement outré en son courage & de l'audace

incroya-

incroyable de ce Duc, entre en foi-même : puis après plusieurs inquiétudes de discours faits sur les menées de ce hardy entrepreneur, ayant jugé que sa venuë n'étoit que pour donner un Corps à sa Conjuration desja bien avancée dedans Paris, se résoult à le faire mourir avant cette vuide, & l'effectuer le matin ensuivant dedans la Sale du Louvre lorsqu'il viendroit à son lever, par le ministére de ses 45. Gentilshommes ordinaires, & de faire auffi-toft jetter le corps par les fenestres dans la cour, l'exposant à la vûë d'un chacun, pour servir d'exemple à tout le monde & de terreur à tous les Conjurez. Mais le bon Prince s'étant ouvert de son entreprise à deux Seigneurs, de ses plus obligez & plus confidens, en fut détourné par eux, luy ayant représenté qu'il n'y avoit apparence que le Duc de Guise fust si téméraire & dépourvû de sens, d'être venu en si petite compagnie & contre sa volonté, s'exposer à un danger tant apparent, sans être asseuré de forces suffisantes pour l'en garentir, en cas que Sa Majesté voulût entreprendre sur sa personne ; de façon que le matin venu, je partis de mon logis pour aller au lever du Roy, où trouvant d'entrée le Sieur de Loignac ; *Eh bien, Monsieur*, luy dis-je, *à quoy en sommes-nous ?* Mon amy, *dit-il*, tout est gâté : Villequier & la Guiche ont tellement intimidé le Roy, qu'il a changé d'avis : j'en
crains

crains une mauvaise issuë. Voyant cela, je me retiray chez moy ; & s'il vous en souvient, je vous rencontray en mon chemin sous le Charnier St. Innocent.

Le Duc, qui appréhendoit grandement cette matinée, résolu toutesfois, au péril de sa vie, d'aller trouver le Roy, fut adverti par ces deux ingrats & malheureux perfides, qu'il pouvoit seurement entreprendre sans aucune crainte de danger, comme il advint. Or les affaires ayant pris un autre train par ce changement d'advis, survint cette malheureuse Journée des Barricades, qui mit le Roy hors sa Ville Capitale, laissant dedans Mr. de Guise maître absolu, sans y avoir pensé. Dès-lors le Roy se repentant d'avoir failli l'occasion de se venger d'un si hardi & pressant ennemi, prend en soy-même nouvelle résolution de le faire par un autre moyen. Ce fut en l'aveuglant par toute sorte de confiance que Sa Majesté luy faisoit paroître vouloir prendre en luy par le maniement entier des affaires, joignant ses volontez à ses desseins, & mesmement en ce que sur toutes choses le Duc desiroit la guerre contre les Hérétiques. Pour cet effet demandoit l'Assemblée-Générale des Estats, affin de le faire consentir à une si sainte entreprise ; en somme, il se comportoit en telle façon, comme un chacun sçait, qu'il tâchoit à lui faire perdre toute sorte d'ombrage & de deffiance ;

deffiance, par la confiance qu'il témoignoit d'avoir en ses bons conseils & en sa suffisance.

Le Roy au sortir de Paris se retira à Chartres, où toutes ces affaires furent composées & l'accord fait : le Duc le vint trouver : le Roy lui pardonne & le reçoit en sa bonne grace : le terme approchant pour l'Assemblée-Générale des Estats ordonnée à Blois, le Roy part de Chartres pour y aller, accompagné du Duc de Guise, qui depuis cette heure ne l'abandonna plus. Or ce fut en ce lieu & sur ce théâtre qu'il fit paroître à découvert le vol de son ambition, si long-temps couvert du crespe de pieté ; & sous ce même voyle, va s'élevant de jour en jour si haut, qu'il va touchant desja, celuy semble, du bout du doigt la souveraine authorité, se voyant fortifié par l'accord précédent de la Charge de Lieutenant-Général pour Sa Majesté aux Camps & Armées de France, & Maistre des Estats, ayant par ses menées disposé les affections de la plus grande partie de cette Compagnie, composée de ses Conjurez, à s'unir à soy & à suivre étroitement les siennes : mais ce qui luy donnoit plus d'asseurance à la poursuite de ses desseins, ce fut l'opinion qu'il avoit conçuë de cette grande, bien que dissimulée, insensibilité de Sa Majesté contre ses violences, qui paroissoit telle, que même elle avoit trouvé place dans la créance d'une grande partie de ses plus passionnez & meilleurs

leurs serviteurs, qui le tenoient entiérement perdu & eux enveloppez, comme ils étoient aussi tous résolus de se perdre, plûtost que de faillir & de s'envelopper à la ruine de leur Maistre & leur Roy. Bref, il se laissa tellement piper à cette opinion, qu'il se mocquoit & faisoit littiére de tous les avis à ce qu'il eust à se donner de garde des entreprises de Sa Majesté, de telle sorte qu'il souloit dire qu'il étoit trop poultron, comme il le dit un jour à la Princesse de Lorraine, maintenant grande Duchesse, & presque de même à la Royne, qui l'entendit & l'exhorta d'y prendre garde, disant : *Madame, il n'oseroit*, à laquelle toutesfois ses mouvements ne déplaisoient point, d'autant qu'ils étoient entrepris pour la grandeur de la Maison dont elle estoit issuë. Sur ces entrefaites, la Royne-Mere reconnoît manifestement avoir failli & s'être abusée, en ce qu'elle avoit fait venir auprès de Sa Majesté un si rude joüeur, lequel au lieu de le servir, comme il avoit promis, s'estoit rendu le maistre du Roy & d'elle, en telle sorte que l'un ny l'autre n'avoit plus de pouvoir, & s'en repent & se met à penser comme elle pourra démesler cette fusée & se sauver. Elle & le Roy, du danger present, où l'appetit de se venger d'un Gentilhomme l'avoit portée plus outre que son dessein & son espérance : elle commence donc à ourdir cette toile à petit bruit, ayant affaire

à un

à un cault ennemi, continuë en cette façon, jufques à ce qu'elle jugea être temps d'en trencher le fil & de fe préparer à l'exécution contre l'opinion commune, ainfi que vous pourrez conjecturer fur ce que je vous diray ci-après. Mais avant que d'en venir-là, il faut que vous fçachiez que le Duc d'Aumale, à la naiffance de la Ligue, s'étant emparé de quelques Places fur la Frontiére de Picardie, entre les aultres, fe faifit du Crotoy en l'abfence du Sieur du Belloy Maiftre-d'Hôtel du Roy & Gouverneur dudit lieu. Le Roy offenfé de cette invafion, s'en remua affez vivement ; mais peu-à-peu cette affaire s'accommoda fans reftitution, par l'entremife de Madame d'Aumale, laquelle dès cette heure-là s'obligea d'advertir le Roy de tout ce qui viendroit à fa connoiffance des deffeins de ceux de la Ligue, & ne luy étant loifible d'approcher Sa Majefté à telle heure que poffible il en feroit befoin, le Roy voulut qu'elle s'addreffaft à un Perfonnage, qui plus que nul aultre de ce temps-là fçavoit de fes fecrets, par la bouche duquel il les entendroit, comme de la fienne propre. Or il advint que quelques mois auparavant le jour des Barricades, elle reconnut que ce Confident fentoit l'efvent, en advertit le Roy, qui desja s'en étoit, difoit-il, apperçu & commençoit fort à fe retirer de la grande créance qu'il avoit prife par plufieurs années en la fuffifance

&

& fidélité de ce fidelle ferviteur : il change donc fes Gardes, & luy commande de luy révéler d'orefenavant (au Sieur du Belloy) ce qu'elle auroit à luy faire entendre ; faifant élection de ce Gentilhomme, pource qu'il le pourroit voir fans foupçon à toute heure, & ce foubs prétexte de la recherche qu'il faifoit envers elle, à ce que par fon moyen Mr. d'Aumale le vouluft rétablir dans fon Gouvernement ; & au deffaut du Sieur du Belloy, le Roy luy recommanda de s'en addreffer & d'en advertir la Royne, fa mere, de bouche ou par efcript. *Vous reffouvient-il du jour que le Duc de Guife une après-difnée fe pourmena plus de deux heures avec les Pages & les Laquais fur la Perche-Aubeton (c'eft la terraffe du Donjon) agité d'une boüillante & merveilleufe impatience, ainfi qu'il paroiffoit en fes mouvements ?* Il m'en fouvient très-bien, lui dis-je ; j'y étois alors, & affis fur le pavé-pied, & en compagnie du Sieur de Chalabre, l'un des ordinaires du Roy & de mes grands amis, où nous entretenions le Sieur de Tremont, Capitaine des Gardes, & l'un des plus particuliers Serviteurs du Duc, effayans en toutes façons ce qui fe pourroit faire pour fervir le Roy ; ce fut le dixiéme jour de Novembre : or ce jour-là, dit-il, la Royne-Mere reçut des Lettres de Madame d'Aumale : le fubjet, je ne le fçay pas : bien fçay-je que tout auffi-tôt elle

envoya

envoya l'un des ſiens au Roy pour le prier d'envoyer vers elle un de ſes confidens; il me fit l'honneur de me donner cette Charge, où arrivé, elle me commanda en ces mêmes termes : *Dites au Roy, mon fils, que je le prié de prendre la peine de deſcendre en mon Cabinet, pource que j'ai choſe à luy dire qui importe à ſa vie, à ſon honneur & à ſon Eſtat*; ayant fait ce rapport au Roy, il y deſcend ſoudain, commandant à l'un de ſes plus Favoris & à moy de le ſuivre. La Royne-Mere y étoit déja, & s'étant mis tous deux aux feneſtres, ce Favori & moy, nous nous rangeâmes au bas du Cabinet. Ce conſeil fut la cauſe des inquiétudes qui travailloient ſi fort le Duc de Guiſe : cependant qu'il dura, je ne vous puis dire quels furent les propos qu'ils tindrent enſemble, pour n'en avoir entendu aucun : mais bien vous puis-je aſſeurer que ſur leur ſéparation elle proféra aſſez haut ces paroles : *Monſieur mon fils, il s'en faut dépeſcher ; c'eſt trop long-tems attendu : mais donnez ſi bon ordre à vos affaires, que vous ne ſoyez plus trompé comme vous le fûtes aux Barricades de Paris*. Le Roy ſe voyant confirmé en ſon premier deſſein par l'advis de la Royne ſa Mere, fait ſon projet & ſe diſpoſe à l'exécuter, & ayant desja reconnu que le Duc de Guiſe s'étoit pris à l'amorce de ſa dévotion, à laquelle toutesfois & à la ſolitude ſon humeur naturelle ne

C   le

le portoit que trop, il fe délibére de continuer, faict à ces fins conftruire de petites Cellules au-deffus de fa Chambre pour y loger, difoit-il, des Peres Capucins, & comme une perfonne qui ne veut plus avoir du foing des affaires du monde, s'abandonne à des occupations fi foibles & fi éloignées des actions Royales, & s'abandonne à telle nonchalance en la conduite de fes affaires, même en un temps où il s'agiffoit de la confervation de fa vie & de fa Couronne, qu'il paroiffoit à vûë prefque privé de mouvement & de jugement. Là-deffus le Duc s'endort en telle façon qu'il croit affeurément le tenir déja Moine frocqué dans un Monaftére, comme c'eftoit la réfolution de fes Confpirateurs. Vous fçavez qu'en ce tems-là j'étois merveilleufement travaillé par-devant Meffieurs des Eftats pour l'Evêché d'Angers, duquel mon fils avoit efté pourvû & mis en poffeffion depuis peu d'années. Mr. de Guife effaya par tous moyens à me faire des fiens & à me forcer par fes artifices à recourir à fa faveur & à fon affiftance, pour m'en fervir en la pourfuite de mon affaire. Mais ayant vû que je ne pouvois fléchir, & moi tenant pour tout certain que fi je l'euffe faict & le Roy l'euft fçeu, je pouvois faire état de prendre congé de la compagnie: un matin, au lever du Roy, il me donne le coup à mon deçeu, témoignant au Roi le déplaifir plaisir qu'il reçevoit de l'injuste poursuite qui se faisoit contre moi & contre mon fils, & se réjoüissoit de ce qu'à ma priére en cette occasion il auroit moyen, comme il avoit-là, d'assister un personnage si cher à Sa Majesté pour ses services & sa fidélité. Ce coup porta sur mon innocence dans l'esprit du Roy : j'en ressentis les effets quinze jours ou trois semaines après : car le Roy me commanda d'aller à Paris pour un subject dont il eust pu donner la commission à faire par un autre. Je vous le dis, ce me semble, en passant, vous ayant rencontré, Mr. Raynard & vous, en la Cour du Dongeon, m'en allant partir. C'estoit pour faire dépescher des paremens d'Autel, & autres ornemens d'Eglise aux Capucins, suivant le Mémoire écrit de sa main, où peu de jours après je reçus mon congé par Mr. Benoise, de même qu'il l'avoit porté à quelques autres, & voilà ce que j'en sçai. J'attends de vous maintenant la suite de ce qui s'est passé depuis mon départ jusques à la fin de cette tragédie. Monsieur, lui dis-je alors, je vous remercie pour l'honneur qu'il vous a plû de me faire, m'ayant estimé capable d'être fait participant de ces particularitez que vous avez sçûës sur un si grand & signalé dessein ; & outre plusieurs autres subjects dont je suis obligé à vous servir, je me ressens pour cettuy-cy de l'être fort étroitement à vous ra-

C 2   conter

conter ce que j'en fçay, pour en avoir oüy parler au Roy même & à quelques-uns des quarante-cinq Gentilshommes ordinaires, & à d'autres qui ont eflé fpectateurs de l'exécution, ou employez innocemment à cette menée.

Le Roy depuis voftre départ ne fe départant point des termes de fa dévotion, laquelle jufques à cette heure-là luy fembloit avoir bien réuffi, va continuant, & de jour à autre difpofe fes affaires pour les conduire à chef, & d'autant qu'il ne fe reffentoit pas moins importuné par le Cardinal de Guife que par le Duc fon frere, il fe délibéra de les avoir tous deux en même-tems; & à cet effet, le Cardinal étant logé en la Ville en l'Hoftel d'Alluye, pour le faire venir parler à luy à toutes heures, il fe fert du Sieur de Marlo Maiftre-d'Hôtel de Sa Majefté, & créature du Cardinal de Lorraine, qui mourut en Avignon. Le fubject des allées & venuës, fut que le Roy vouloit maintenir en fa Charge le Marefchal de Matignon, fon Lieutenant en Guyenne, la révocation duquel le Cardinal de Guife faifoit foubs-main demander par les Eftats, pour fe faire fubftituer en fa place, avec l'autorité de commander l'armée, déja ordonnée pour envoyer en ce pays-là contre les Hérétiques. Le Roi feignant de ne pas fçavoir la pourfuite du Cardinal, le prie de s'employer & détour-

MORT DE MM. DE GUISE. 53

tourner cette résolution, luy représentant les services faits par le Mareschal de Matignon à cette Couronne & à la Religion, & que c'estoit un personnage sans reproche, & de s'y porter selon le desir qu'il a de conserver un si bon serviteur, & si capable de servir aux occasions de la guerre presente ; & à mesure que cette affaire se rendoit plus difficile aux Estats, par les menées du Cardinal, plus aussi le Roy, qui sçavoit tout, le pressoit de la faire résoudre; le Cardinal mandé, venoit trouver le Roy, qui advançoit fort peu par l'entremise de ce solliciteur, lequel toutesfois feignoit avoir beaucoup de plaisir pour la longueur & l'opiniâtreté de cette Compagnie, & témoignoit au Roi le desir extrême qu'il avoit d'y servir fidellement Sa Majesté, & promettoit d'y travailler en telle sorte, qu'elle reconnoistroit à la fin la vérité de ses paroles & de son affection. Le Roy se sentant journellement pressé par la Conjuration, adjoute encore cet artifice pour endormir les Conspirateurs. C'est que parvenu à la semaine de Noël, comme au dernier période de ce feu tragique, il fait escrire comme par forme de Résultat signé, qui fut sçeu de toute la Cour, ce qu'il vouloit faire pour chacun jour, jusques au lendemain de Noël : le lundy, le Roy, &c. le mardy, &c. le mercredy, &c. le jeudy, &c. le vendredy, dont il ne me souvient

vient pas, mais bien que le Roy iroit à Nostre-Dame de Cléry, cet excez de dévotion à l'article de sa ruïne, frappa d'un grand estonnement tous ses pauvres serviteurs, qui jugeoient par-là n'y avoir plus d'espérance de salut pour leur Roy ; mais aussi d'ailleurs donna une telle asseurance à ses ennemis, qu'ils ne voyoient plus d'obstacle qui les pust empêcher de joüir du souverain fruict de leur entreprise. Cecy fit prendre résolution au Cardinal de conseiller le Duc de Guise de s'en aller à Orléans, & de le laisser auprès du Roy, disant qu'il estoit assez fort pour conduire leur œuvre à sa perfection. C'estoit pour enlever le Roy & le mener à Paris ; ce qui fut sçeu par un homme de cour du Sieur de Provenchéres, domestique du Duc de Guise & de ses confidens aux affaires du temps ; en discourant ensemble de la guerre résoluë, & luy ayant dit le desir qu'à cette occasion les Courtisans avoient que Mr. de Guise conseillast le Roy d'aller à Paris, puisque Sa Majesté se confioit maintenant en luy de la conduite de ses affaires, que c'estoit aussi le lieu où il falloit faire un ventre à ce monstre ; c'est-à-dire, trouver fonds pour faire & continuer la guerre ; & ce fut le mardy au soir que ce Confident le dit en ces termes mesmes : *C'est bien l'intention de Monsieur de l'y mener.* Soudain cet advis fut donné au Roy, qui répondit le matin

avoir

avoir eu un pareil advertiffement: & commanda au porteur de l'advis à le bien & fidellement fervir. Vous fçavez que le Roy avoit accoutumé de difner réglément à dix heures. Il advint que le jeudi 23. de Décembre, Sa Majefté fortant de la Meffe, le Duc de Guife, toujours colé à fon côté, paffa au grand Jardin, attendant fon heure, où étant arrivé, le Roy le tire à l'écart pour fe pourmener eux deux: & en même-temps que Sa Majefté commença de parler du deffeing de leur guerre, le Duc le trancha court, & changea de difcours. Ils furent fi long-temps, que chacun de ceux qui étoient prefents, & les abfents, s'étonnérent de ce que le Roy outrepaffoit ainfi l'heure de fon repas; car il étoit midy. Or de fçavoir ce qui fe paffa entre eux durant ce temps-là, on ne l'euft fçeu dire, n'y ayant vû que des geftes & des actions de conteftation, & dont on ne pouvoit faire jugement que de finiftres conjectures. Mais quelques jours après la mort du Duc de Guife, Madame la Ducheffe d'Agoulefme arriva à Blois, trouva le Roy au lit malade d'une legére, mais douloureufe indifpofition, où je me trouvay, lorfque Sa Majefté lui raconta particuliérement ce qui s'étoit paffé cette matinée-là, entre luy & le Duc. Le Roy donc après avoir fommairement touché les occafions que le Duc de Guife luy avoit données

nées pour le porter à se ressentir de ses insolences & criminelles entreprises, vient au discours du jeudy qui fut en somme : Que le Duc rompant son discours, luy dit, que depuis le temps que Sa Majesté luy avoit fait l'honneur de le recevoir en ses bonnes graces, oubliant le passé, qui l'en avoit éloigné, il auroit essayé en diverses façons à luy faire paroistre par infinies actions le ressentiment de ce bienfait & l'affection dont il desiroit de se porter à tout ce qui seroit de ses volontez : mais que par son malheur il éprouvoit journellement ses actions les plus pures estre prises tout à rebours de Sa Majesté, par la malice & les artifices de ses ennemis, chose qui luy étoit doresenavant insupportable, & partant qu'il avoit résolu de plier contre leurs calomnies & s'en venger par son éloignement, se faisant accroire que par son absence il en osteroit l'object & le subject à ses calomniateurs, & par mesme moyen que Sa Majesté demeureroit plus satisfaite de ses déportements, & par ainsi la supplioit très-humblement d'avoir agréable la démission qu'il luy faisoit presentement de la Charge de son Lieutenant-Général aux Camps & Armées de France dont il l'avoit honoré, & de luy permettre de se retirer en son Gouvernement, luy en octroyant la survivance pour son fils, & celle aussi de Grand-Maistre. Le Roy fit fort

l'él'étonné de ces demandes, luy difant qu'elles étoient fort éloignées de fon intention & de fa volonté, qui n'étoit autre que de continuer en cette grande réfolution qu'ils avoient prife enfemble contre les Hérétiques, où il vouloit entiérement fe confier en luy & fe fervir de fa perfonne; & tant s'en fault qu'il vouluft accepter cette démiffion; qu'au contraire, il defiroit plûtoft l'accroiftre felon les occafions; & ne cruft point qu'il fuft entré en aucune méfiance dont il duft prendre prétexte pour vouloir s'éloigner d'auprès de luy: bien fut-il vray qu'au préjudice de fes promeffes, par tant de fois réïterées de fe départir de toutes intelligences, factions & menées, tant dedans que dehors le Royaume, il continuoit & tenoit mefme dans la Ville en divers lieux, en divers temps, de jour & de nuict, de petits confeils; que cela luy déplaifoit & donnoit ombre à la créance qu'il devoit prendre de fes actions; & puifqu'il venoit à propos, il avoit bien voulu luy ouvrir fon cœur, afin qu'à l'advenir il n'y euft plus de fubject de défiance, & que pour cet effet il fe comportaft d'une autre façon, s'il defiroit que dorefenavant il adjoutaft foy à fes promeffes. Ce difcours, qui dura long-tems, fut entremeflé de plufieurs propos de pareille nature, avec beaucoup de conteftations, de démiffion & de refus, tant qu'à la fin étant près de mi-

C 5   dy

dy, le Roy reprenant son chemin vers le Chasteau pour aller disner, le Duc de Guise luy dit derechef, que résolument il remettoit entre ses mains la Charge de Lieutenant-Général en ses Camps & Armées, à la réserve de celuy de Grand-Maistre, & de son Gouvernement, dont il luy demandoit la survivance pour son fils : *Non*, dit le Roy, *je ne le veux pas : La nuit vous donnera conseil : Et je sçavois bien ce que j'avois à faire le lendemain matin ; il me vouloit rendre cette Charge, pource que les Estats lui avoient promis de le faire Connestable, & ne m'en vouloit pas avoir l'obligation.* Voilà les propres mots du Roy : cette action, bien que la cause fust alors incognuë, nous étourdit d'un tel étonnement, que nous n'attendions rien moins pour toute grace que de nous voir avant le jour tous mis à la cadene par cet usurpateur. Et le Roy ayant bien recognéu par cette dernière attaque du Duc de Guise, qu'il étoit temps de joüer le dernier acte de cette tragédie, & sans pouvoir plus différer, disposa sa partie en cette façon: après avoir soupé, se retire en sa chambre sur les sept heures, commande au Sieur de Liancour, premier Escuyer, de faire tenir un carosse prest à la porte de la Galerie-des-Cerfs le matin à quatre heures, pource qu'il vouloit aller à la Noüe, maison au bout de la grande allée sur le bord de la forest, pour revenir

venir à bonne heure en son Conseil ; commande au Sieur de Marle d'aller vers le Cardinal de Guise le prier de se trouver en sa Chambre à six heures, d'autant qu'il desiroit de parler à luy avant que partir pour aller à la Nouë. Ce ne fut plus le voyage de Notre-Dame de Cléry. Commande aussi au Sieur d'Aumont Mareschal de France, au Sieur de Rambouillet, de Maintenon, d'O, au Colonel Alphonse d'Ornano, & à quelques autres Seigneurs, & gens de son Conseil, de se trouver à six heures du matin en son Cabinet avant son partement pour aller au même lieu ; puis fit pareil commandement aux 45. Gentilshommes ordinaires, à ce qu'ils eussent à se trouver en sa Chambre au matin à cinq heures pour un même effet : sur les neuf heures le Roy mande le Sieur de Larchant, Capitaine des Gardes-du-Corps, logé au pied de la montée ; & bien qu'il fut malade d'une dissenterie, va vers Sa Majesté, qui luy commanda de se trouver à sept heures du matin, assisté de ses Compagnons, pour se presenter au Duc de Guise lorsqu'il monteroit au Conseil, avec une Requeste, pour le prier de faire ensorte qu'il fust pourvû à leur payement, craignant que la nécessité ne les forçast à quitter le service : & que le Duc, entré dedans la Chambre du Conseil, qui étoit Antichambre du Roy, il se saisit de la montée &

de

de la porte, en telle sorte, que quiconque ce fuſt, ne puſt entrer, ſortir ny paſſer ; qu'en même-temps il logeaſt vingt de ſes Compagnons à la montée du vieil Cabinet, par où l'on deſcend à la Gallerie-des-Cerfs, avec pareil commandement ; cela fait, chacun ſe retire, & le Roy ſur les dix à onze heures entre en ſon Cabinet, accompagné du Sieur de Thermes ſeulement, où ayant demeuré juſques environ minuit ; *Mon Fils*, lui dit-il, *allez-vous coucher, & dites à du Halde qu'il ne faille pas de m'eſveiller à quatre heures, & vous trouvez icy à pareille heure.* Le Roy prend ſon bougeoir & s'en va coucher avec la Royne : le Sieur de Thermes ſe retire auſſi, & en paſſant fait entendre la volonté du Roy au Sieur du Halde, qui le ſupplia de luy éclairer pour mettre ſon reveille-matin à quatre heures. Ainſi chacun ſe va repoſer, & pendant ce repos, l'on dit que le Duc de Guiſe prenoit le ſien auprès d'une des plus belles Dames de la Cour, d'où il ſe retira ſur les trois heures après-minuit ; comme après ſon décez je l'ay appris du Sieur le Jeune ſon Chirurgien, qui ſe trouva à ſon coucher, avec d'autres de ſes domeſtiques, & le vid liſant cinq Billets, portant advis à ce qu'il euſt à penſer à ſoy & à ſe donner garde des entrepriſes du Roy, qu'il y avoit quelque choſe à ſe douter, & que le Gaſt, Capitaine-aux-Gardes, étoit

en

en garde. Le Duc leur ayant dit le subject de ces advertissemens, ils le supplient de ne les vouloir point mépriser; il les met soubs le chevet, & se couchant leur dit : *Ce ne seroit jamais faict, si je me voulois arrester à tous ces advis : il n'oseroit, dormons, & vous allez coucher.* Quatre heures sonnent, du Halde s'éveille, se leve & heurte à la porte de la chambre de la Royne. Demoiselle Loüise du Bois Dame de Piolant, sa premiere Femme-de-Chambre, vient au bruit, demande qui c'estoit C'e du Halde, dit-il; *dites au Roy qu'il est quatre heures*: il dort, & la Royne aussi, dit-elle: *Eveillez-le*, dit du Halde: *il me l'a commandé ; ou je heurterai si fort, que je les éveilleray tous deux.* Le Roy qui ne dormoit point, ayant passé la nuict avec telles inquiétudes d'esprit que vous pouvez imaginer, entendant parler, demande à Mademoiselle de Piolant qui c'estoit : SIRE, c'est Monsieur du Halde, dit-elle, qui dit qu'il est quatre heures : *Piolant*, dit le Roy, ç'a mes bottines, ma robe & mon bougeoir; il se leve, & laissant la Royne en une grande perplexité, va en son Cabinet, où étoient desja les Sieurs de Thermes & du Halde, auquel le Roy demande les clefs de ces petites Cellules qu'il avoit fait dresser pour des Capucins : les ayant, il y monte, le Sieur de Thermes portant le bougeoir : le Roy en ouvre l'une, y enferme dedans du Halde, & à la clef, lequel nous le racon-

racontant, difoit n'avoir jamais été en pareille peine, ne fçachant de quelle humeur le Roy étoit pouffé : le Roy defcend, & de fois à autres alloit luy-même regarder en fa chambre fi les quarante-cinq y étoient arrivez, & à mefure qu'il y en trouvoit, les faifoit monter, & les enfermoit en la même façon qu'il avoit fait du Halde, tant qu'à diverfes fois & en diverfes Cellules, il les euft ainfi logez. Cependant les Seigneurs, & autres du Confeil, commençoient d'arriver au Cabinet, où il falloit paffer de cofté pour y entrer, le paffage étant étroit & de ligne oblique, que le Roy avoit fait faire exprès au coin de la chambre, & fait boucher la porte ordinaire : comme ils furent affemblez, & ne fçachant rien de fa procédure, il met en liberté ces prifonniers, en la même façon qu'il les avoit enfermez; & le plus doucement qu'il fe peut faire, les fit defcendre en fa chambre; leur commande de ne point faire de bruit, à caufe de la Royne fa mere qui étoit malade & logée au-deffoubs : cela fait, il rentre en fon Cabinet, où il parle ainfi à ceux de fon Confeil.
» Vous fçavez tous de quelle façon le Duc de
» Guife s'eft porté envers moy depuis l'année
» 1585. que fes premieres armes furent dé-
» couvertes; ce que j'ay fait pour détourner
» fes mauvaifes intentions, l'ayant advantagé
» en toutes fortes qu'il m'a efté poffible, &
» toutes

MORT DE MM. DE GUISE. 63

» toutesfois en vain, pour n'avoir pu rame-
» ner, non pas même fléchir à son devoir
» cette ame ingrate & desloyale. Mais au con-
» traire, l'ambition & présomption y pre-
» noient accroissement, des faveurs, des hon-
» neurs & des libéralitez à mesure qu'il les
» recevoit. Je n'en veux point de meilleurs
» ny de plus véritables tesmoigns que vous,
» & particuliérement de ce que j'ay fait pour
» luy depuis le jour qu'il fut si téméraire de
» venir à Paris, contre ma volonté & mon ex-
» près commandement : mais au lieu de re-
» cognoistre tant de bienfaits reçûs, il s'est si
» fort oublié, qu'à l'heure que je parle à vous,
» l'ambition démesurée dont il est possédé,
» est montée à tel point, qu'il est arrivé à la
» veille d'oser entreprendre sur ma Couronne
» & sur ma vie : si bien qu'il m'a réduit en cet-
» te extrêmité, qu'il faut que je meure, ou
» qu'il meure, & que ce soit ce matin : « Et
leur ayant demandé, s'ils ne vouloient pas
l'assister pour avoir raison de cet ennemy, &
fait entendre aussi l'ordre qu'il vouloit tenir
pour l'exécution, chacun d'eux approuve son
desseing & sa procédure, & font tous offre
de leur très-humble service, & de leur propre vie. Cela fait, il va en sa chambre, où
estoient les 45. Gentilshommes ordinaires,
ou la plus grande partie, auxquels il parla
en cette sorte. » Il n'y en a aucun de vous qui
ne

» ne soit obligé de recognoistre combien est
» grand l'honneur qu'il a reçû de moy, ayant
» fait choix de vos personnes sur toute la No-
» blesse de mon Royaume, pour confier la
» mienne à vostre valeur, vigilance & fideli-
» té, la voyant abbayée, & de près, par ceux
» que mes bienfaits ont obligez en toutes fa-
» çons à sa conservation. Par cette élection,
» faisant cognoistre à tout le monde l'estime
» que j'ay faite de vostre vertu; vous avez
» éprouvé, quand vous avez voulu, les effets de
» mes bonnes graces & de ma bonne volonté,
» ne m'ayant jamais demandé aucune chose
» dont vous ayez esté refusez, & bien souvent
» ay prévenu vos demandes par mes libérali-
» tez; de façon que c'est à vous de confesser
» que vous estes mes obligez, par-dessus tou-
» te ma Noblesse. Mais maintenant je veux
» être le vostre * en une urgente occasion, où
» il y va de mon honneur, de mon Estat, &
» de ma vie. Vous sçavez toutes les insolences
» & les injures que j'ay reçuës du Duc de
» Guise depuis quelques années, lesquelles
» j'ay souffertes, jusques à faire doubter de ma
» puissance & de mon courage, pour ne chas-
» tier point l'orgueil & témérité de cet am-
» bitieux. Vous avez vû en combien de fa-
» çons je l'ay obligé, pensant par ma douceur

allentir

* Le vostre; *sous-entendu*, obligé.

MORT DE MM. DE GUISE.

» alentir ou arrester le cours de cette violen-
» te & furieuse ambition, en attiédir & es-
» teindre le feu, de peur qu'en y procédant
» par des voyes contraires, celuy des Guer-
» res Civiles ne se prist derechef en mon Estat
» d'un tel embrasement, qu'après tant de re-
» chutes, il ne fust enfin par ce dernier ré-
» duit totalement en cendres : c'est son but
» principal, & son intention de tout boule-
» verser pour prendre ses advantages dans le
» trouble, ne les pouvant trouver au milieu
» d'une ferme paix, & résolu de faire son der-
» nier effort sur ma personne, pour disposer
» après de ma Couronne & de ma vie. J'en suis
» réduit à telle extrêmité, qu'il faut que ce
» matin il meure, ou que je meure : ne vou-
» lez-vous pas me promettre de me servir, &
» m'en venger en luy ostant la vie? « Lors tous
ensemble d'une voix luy promettent de le faire mourir ; & l'un d'entre eux, nommé Seriac,
frappant de sa main contre la poitrine du Roy,
dist en son langage Gascon : *Cap de jou*, SIRE,
jou loy vous rendi mort : Là-dessus Sa Majesté
leur ayant commandé de cesser les offres de
leur service & les révérences, de peur d'éveil-
ler la Royne sa mere : *Voyons*, dit-il, *qui de
vous à des poignards?* Il s'en trouva huit, dont
celuy de Seriac étoit d'Ecosse : ceux-cy sont
ordonnez pour demeurer en la chambre & le
tuer : le Sieur de Loignac s'y arresta avec son
espée ;

espée : il en met douze de leur compagnie dedans le vieil Cabinet qui a vûë sur la cour : ceux-cy devoient aussi être de la partie pour le tuer à coups d'espée, comme il viendroit à hausser la portiere de velours pour y entrer. C'est en ce Cabinet où le Roy le debvoit mander de venir parler à luy ; il met les autres à la montée, par où l'on descend de ce Cabinet à la Galerie-des-Cerfs : commande au Sieur de Nambur, Huissier de sa Chambre, de ne laisser sortir ny entrer personne, qui que ce fust, si luy-même ne l'avoit commandé : cet ordre ainsi donné, entre en son Cabinet qui a vûë sur les Jardins, & envoye Mr. le Mareschal d'Aumont au Conseil, pour le faire tenir & s'asseurer du Cardinal de Guise, & de l'Archevêque de Lyon, après ce coup de la mort du Duc. Cependant le Roy ayant ainsi parachevé de donner l'ordre qu'il vouloit estre suivi pour cette exécution, vivoit en grande inquiétude, pour les incertitudes qui se rencontrent bien souvent aux grands desseigns ; en attendant que les deux freres fussent arrivez au Conseil, il alloit, il venoit, il ne pouvoit durer en place, contre son naturel ; par fois il se presentoit à la porte de son Cabinet, & exhortoit les Ordinaires demeurez en la Chambre à se bien donner de garde de se laisser endommager par le Duc de Guise : *Il est grand, il est puissant ; j'en serois bien marry.* On luy vint

dire

dire que le Cardinal étoit arrivé au Conseil ; mais l'absence du Duc le travailloit sur-tout. Il étoit lors près de huit heures, quand le Duc de Guise fut éveillé par les Valets de sa Chambre, luy disant que le Roy étoit prest à partir ; il se leve soudain, & s'habille d'un habit de satin gris, part pour aller au Conseil, trouva au pied de l'escalier le Sieur de Larchant, qui lui presente la Requête pour le payement de ses Compagnons ; le supplie de la favoriser. Le Duc lui en promet du contentement : il entre en la Chambre du Conseil, & le Sieur de Larchant, selon le commandement du Roy, envoye le Sieur du Rouvray, son Lieutenant, & le Sieur de Monclar, Exempt-des-Gardes, à la montée du vieil Cabinet, avec vingt de ses Compagnons ; & peu après que le Duc de Guise fut assis ; *J'ai froid*, dit-il, *le cœur me fait mal ; que l'on fasse du feu ;* & s'adressant au Sieur de Morfontaine, Thresorier de l'Epargne ; *Monsieur de Morfontaine, je vous prie de dire à Mr. de Saint-Prix, premier Valet-de-Chambre du Roy, que je le prie de me donner des raisins, ou de la conserve de roses ;* & ne s'en étant point trouvé, il lui apporte à la porte des Prunes de Brugnole, qu'il donna au Duc. Là-dessus Sa Majesté ayant sçu que le Duc de Guise étoit au Conseil, commande au Sieur de Revol, Secrétaire-d'Estat : *Revol, allez dire à Mr. de Guise qu'il vienne parler à moy en mon vieil Cabinet.*

Le

Le Sieur de Nambur luy ayant refusé le paſſage, il revient au Cabinet d'un viſage effrayé: c'étoit un fort grand perſonnage, mais timide: *Mon Dieu*, dit le Roy, *qu'avez-vous, Revol! Qu'y a-t'il, que vous êtes pâle? Vous me gâtez tout: Frottez vos joües, Revol.* Il n'y a point de mal, SIRE, dit-il : c'eſt Mr. de Nambur qui ne m'a pas voulu ouvrir que Voſtre Majeſté ne le commande. Le Roy fait de la porte de ſon Cabinet *ſigne* de le laiſſer revenir, & Mr. de Guiſe auſſi. Le Sieur de Marillac Maiſtre des Requeſtes rapportoit une affaire des Gabelles quand le Sieur de Revol entra, qui trouva le Duc de Guiſe qui mangeoit des Prunes de Brugnole, & luy ayant dit : *Monſieur, le Roy vous demande : il eſt en ſon vieil Cabinet :* Il ſe retire, rentre comme un éclair, & va trouver le Roy : le Duc de Guiſe met de ſes Prunes dans ſon drageoir, jette le demeurant ſur le tapis : *Meſſieurs*, dit-il, *qui en veut?* ſe leve, trouſſe ſon manteau ſous le bras gauche, & met ſes gands & ſon drageoir ſur la main du meſme coſté : *Adieu*, dit-il, *Meſſieurs.* Il heurte ; le Sieur de Nambur luy ayant ouvert fort, tire & ferme la porte après ſoy : le Duc entre, faluë ceux qui étoient dedans la chambre, qui ſe levent & le ſaluent en meſme-temps, & le ſuivent comme par reſpect : mais ainſi qu'il eſt à deux pas près de la porte du vieil Cabinet, prend ſa barbe avec la main droite,

&

& tournant le corps & la face à demy pour regarder ceux qui le fuivoient, fut tout foudain faifi au bras droit par le Sieur de Monferie l'aifné, qui étoit près de la cheminée, qui le fuit, crainte qu'il euft que le Duc vouluft reculer pour fe mettre en deffenfe, & eft tout d'un temps par luy-même frappé d'un coup de poignard dans le fein, difant : *Ha! Traiftre, tu en mourras.* En même inftant le Sieur des Effrenats fe jette à fes jambes, & le Sieur de Semalens luy porte par derriére un grand coup de poignard près de la gorge dans la poitrine, & le Sieur de Loignac un coup d'efpée dans les reins. Le Duc criant à tous ces coups : *Hé mes amis, hé mes amis, hé mes amis !* Alors qu'il fe fentit frappé d'un coup de poignard d'Ecoffe fur le croupion, par le Sieur de Sériac, il s'écria fort haut : *Mifericorde !* Et bien qu'il euft fon efpée engagée de fon manteau & les jambes faifies, il ne laiffa pourtant, tant il étoit puiffant, de les entraifner d'un bout de la chambre à l'autre, jufqu'au pied du lit du Roy, où il tomba. Ses derniéres paroles furent entendues par fon frére le Cardinal, n'y ayant qu'une muraille de cloifon entre deux : *Ha*, dit-il, *on tuë mon frere !* & fe voulant lever, eft arrêté par Mr. le Marefchal d'Aumont, qui mettant la main fur fon efpée ; *Ne bougez*, dit-il, *may Dieu, Monfieur, le Roy à affaire de vous.* D'autre

tre part aussi l'Archevêque de Lyon, fort effrayé, joignant les mains ; *Nos vies*, dit-il, *sont entre les mains de Dieu & du Roy.* Après que le Roy eut sçû que c'estoit fait, va à la porte du Cabinet, hausse la portiére, & l'ayant vû estendu sur la place, rentre dedans, & commande au Sieur de Beaulieu, l'un de ses Secretaires d'Estat, de visiter ce qu'il avoit sur luy : il trouve autour du bras une petite clef attachée à un chaisnon d'or ; & dedans la pochette des chausses, il se trouva une petite bourse où il y avoit douze escus d'or, & un billet de papier, où étoient escrits de la main du Duc, ces mots : *Pour entretenir la guerre en France, il faut sept cens mille livres tous les mois :* un cœur de diamant fut pris, ce dit-on, à son doigt par le Sieur d'Antragues. Cependant que le Sieur de Beaulieu fit cette recherche & apperçevant encore en ce corps quelque petit mouvement, il luy dit : *Monsieur, cependant qu'il vous reste quelque peu de vie, demandez pardon à Dieu & au Roy :* alors, sans pouvoir parler, jettant un grand & profond soupir, comme d'une voix enrouée, il rendit l'ame, fut couvert d'un manteau gris, & au-dessus mis une croix de paille. Il demeura bien deux heures en cette façon : puis fut livré entre les mains du Sieur de Richelieu Grand Prevost de France, lequel, par commandement du Roy, fit brusler le corps en cette premiére Sale qui est au bas à la main droite, entrant

MORT DE MM. DE GUISE. 71

trant dans le Château, & à la fin jetter les cendres à la riviére. Quant au Cardinal de Guise, le Roy commanda que luy & l'Archevêque de Lyon fuſſent menez & gardez dans la Tour du Moulin de Sa Majeſté, n'ayant aucune envie de punir ledit Cardinal, que de la priſon, pour le reſpect qu'il portoit à ceux de cet ordre. Mais luy ayant été dit par quelqu'un de condition notable, que c'étoit le plus dangereux de tous, & que quelques jours auparavant il avoit tenu des propos très-inſolens & pleins d'extrême mépris au deſavantage de Sa Majeſté, & entre les autres celuy-cy : *Qu'il ne vouloit pas mourir que auparavant il n'euſt mis & tenu la tête de ce Tyran entre ſes jambes pour luy faire la Couronne avec la pointe d'un poignard.* Ces paroles, ſoit qu'elles fuſſent véritables ou controuvées, émûrent tellement le courage du Roy, que tout à l'heure il ſe réſolut de s'en depeſcher : ce qui fut fait le lendemain matin. Mandé par le Sieur du Gaſt, Capitaine aux Gardes, de venir trouver le Roy. Sur ce mandement eſtant entré en défiance de ce qui luy devoit peu de temps après advenir, il prie l'Archevêque de Lyon de le confeſſer, voyant qu'il ſe falloit diſpoſer à reçevoir la mort. Cela fait, ils s'embraſſent & ſe diſent adieu ; & comme le Cardinal approche de la porte de la Chambre, preſt à ſortir, il ſe trouve aſſailly à coups de hallebardes par deux hommes apoſ-
tez

tez & commandez pour cette exécution, après laquelle il fut fait de son corps de même qu'on avoit fait de celuy de son frere. Voilà ce que j'ay pû apprendre de plus véritable sur ce subjet, si les yeux & les oreilles de ceux qui ont vû & entendu ne les ont point trompez. Au demeurant, la longue & misérable suite de ces funestes actions étant du gros de l'histoire, je m'en tairai, pour vous supplier de croire & de vous asseurer que si en cecy j'ay pu satisfaire à vostre curiosité, j'ai satisfait aucunement à moy-même & à mon desir, qui sera toujours de faire chose qui vous plaise & puisse ayder à tenir en estat le bien dont nos humeurs & nos amitiez sont fermement estraintes, & que je desire qu'elles soient inséparablement estraintes, jusqu'au dernier mouvement & soupir de notre vie.

F I N.

Tome XIII. page 35.

J. BAPT. MOLIERE.

sxtin laîné Sc.

VIE
DE
MOLIÉRE,
AVEC
LE JUGEMENT
DE
SES OUVRAGES,
Par M. DE VOLTAIRE.

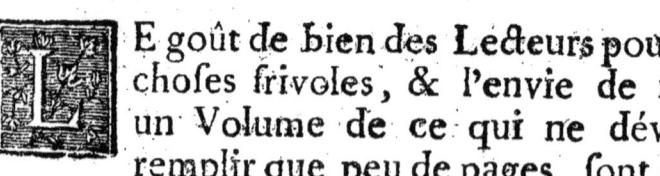E goût de bien des Lecteurs pour les choses frivoles, & l'envie de faire un Volume de ce qui ne dévroit remplir que peu de pages, sont cause que l'histoire des hommes célèbres est presque toujours gâtée par des détails inutiles & des contes populaires, aussi faux qu'insipides, on

A ij

y ajoûte souvent des Critiques injustes de leurs Ouvrages. C'est ce qui est arrivé dans l'édition de Racine, faite à Paris en 1728. On tâchera d'éviter cet écueil dans cette courte Histoire de la Vie de Moliére. On ne dira de sa propre personne que ce qu'on a crû vrai & digne d'être raporté, & on ne hazardera sur ses Ouvrages rien qui soit contraire aux sentimens du Public éclairé.

JEAN-BAPTISTE POQUELIN nâquit à Paris en 1620. dans une maison qui subsiste encore sous les Pilliers des Halles. Son Pere, *Jean-Baptiste Poquelin*, Valet-de-Chambre, Tapissier chez le Roi, Marchand Fripier, & *Anne Boutet*, sa Mere, lui donnérent une éducation trop conforme à leur état, auquel ils le destinoient. Il resta jusqu'à 14. ans dans leur boutique, n'aïant rien apris, outre son métier, qu'un peu à lire & à écrire. Ses parens obtinrent pour lui la survivance de leur Charge chez le Roi ; mais son génie l'apelloit ailleurs. On a remarqué que presque tous ceux qui se sont fait un nom dans les Beaux-Arts, les ont cultivés malgré leurs Parens, & que la nature a toujours été en eux plus forte que l'éducation.

Poquelin avoit un Grand-Pere qui aimoit la Comédie, & qui le menoit quelquefois à l'Hôtel-de-Bourgogne ; le jeune homme sentit bien-tôt une aversion invincible pour sa Profession ; son goût pour l'étude se dévelopa ;
il

il pressa son Grand-Pere d'obtenir qu'on le mit au Collége, & il arracha enfin le consentement de son Pere, qui le mit dans une Pension, & l'envoïa Externe aux Jésuites, avec la répugnance d'un Bourgeois, qui croïoit la fortune de son Fils perduë s'il étudioit.

Le jeune Poquelin fit au Collége les progrès qu'on devoit atendre de son empressement à y entrer ; il y étudia cinq années ; il y suivit le cours des Classes d'Armand de Bourbon, premier Prince de Conty, qui depuis fut le Protecteur des Lettres & de Moliére.

Il y avoit alors dans ce Collége deux enfans, qui eurent depuis beaucoup de réputation dans le monde ; c'étoit Chapelle, & Bernier ; celui-ci connu par ses Voïages aux Indes ; & l'autre, célèbre par quelques Vers naturels & aisés, qui lui ont fait d'autant plus de réputation, qu'il ne rechercha pas celle d'Auteur.

L'Huilier, homme de fortune, prenoit un soin singulier de l'éducation du jeune Chapelle, son fils naturel ; & pour lui donner de l'émulation, il faisoit étudier avec lui le jeune Bernier, dont les parens étoient mal à leur aise. Au lieu même de donner à son fils naturel un Précepteur ordinaire & pris au hazard, comme tant de peres en usent avec un fils légitime qui doit porter leur nom ; il engagea le célèbre Gassendi à se charger de l'instruire.

Gassendi aïant démêlé de bonne heure le génie

nie de Poquelin, l'affocia aux études de Chapelle & de Bernier ; jamais plus illuftre Maître n'eut de plus dignes Difciples. Il leur enfeigna fa Philofophie d'Epicure, qui quoiqu'auffi fauffe que les autres, avoit au moins plus de méthode & plus de vraifemblance que celle de l'Ecole, & n'en avoit pas la barbarie.

Poquelin continua de s'inftruire fous Gaffendi, au fortir du Collége ; il reçût de ce Philofophe les principes d'une morale plus utile que fa Phyfique, & il s'écarta rarement de ces principes dans le cours de fa vie.

Son Pere étant devenu infirme & incapable de fervir, il fut obligé d'exercer les fonctions de fon emploi auprès du Roi. Il fuivit Louïs XIII. dans fon Voïage de Narbonne en 1641. A fon retour à Paris, fa paffion pour la Comédie, qui l'avoit déterminé à faire fes études, fe réveilla avec force.

Le Théâtre commençoit à fleurir alors ; cette partie de Belles-Lettres, fi méprifée quand elle eft médiocre, contribuë à la gloire d'un Etat quand elle eft perfectionnée.

Avant l'année 1625. il n'y avoit point de Comédiens fixes à Paris. Quelques Farceurs alloient, comme en Italie, reprefenter de Ville en Ville ; ils jouoient les Piéces *de Hardy, de Montchrétien, ou de Baltazar Baro* (qui fut depuis de l'Académie Françaife.) Ces Auteurs leur vendoient leurs Ouvrages dix écus piéce.

Pierre

AVEC LE JUG. DE SES OUVRAGES. 5

Pierre Corneille tira le Théâtre de la barbarie & de l'aviliſſement vers l'année 1630. Ses premiéres Comédies, qui étoient auſſi bonnes pour ſon ſiécle, qu'elles ſont mauvaiſes pour le nôtre, furent cauſe qu'une Troupe de Comédiens s'établit à Paris. Bien-tôt après la paſſion du Cardinal de Richelieu pour les Spectacles, mit le goût de la Comédie à la mode, & il y avoit plus de Sociétés particuliéres qui repreſentoient alors, que nous n'en voïons aujourd'hui.

Poquelin s'aſſocia avec quelques jeunes gens, qui avoient du talent pour la déclamation. Ils jouoient au Fauxbourg Saint Germain & au quartier de Saint Paul ; cette Société éclipſa bien-tôt toutes les autres ; on l'apella *l'illuſtre Théâtre* : on voit par une Tragédie de ce tems-là, intitulée *Artaxerce*, du nommé Magnon, & imprimée en 1645. qu'elle fut repreſentée ſur *l'illuſtre Théâtre*.

Ce fut alors que Poquelin ſentant ſon génie, ſe réſolut de s'y livrer tout entier, d'être à la fois Comédien & Auteur, & de tirer de ſes talens de l'utilité & de la gloire.

On ſait que chez les Athéniens, les Auteurs jouoient ſouvent dans leurs Piéces, & qu'ils n'étoient point deshonorés, pour parler avec grace en public devant leurs Concitoïens. Il fut plus encouragé par cette idée, que retenu par les préjugés de ſon ſiécle ; il

A 3   prit

prit le nom de MOLIE'RE, & il ne fit, en changeant de nom, que suivre l'exemple des Comédiens d'Italie & de ceux de l'Hôtel-de-Bourgogne. L'un, dont le nom de famille étoit LE GRAND, s'apelloit *Belleville* dans le Tragédie, & *Turlupin* dans la Farce, d'où vient le mot de *Turlupinage*. HUGUES GUE'RET étoit connu dans les Piéces sérieuses, sous le nom de *Fléchelles*; dans la Farce, il jouoit toujours un certain rôle, qu'on apelloit *Gautier Guarguille*; de même, Arlequin & Scaramouche n'étoient connus que sous ce nom de Théâtre. Il y avoit déja eu un Comédien, apellé *Moliére*, Auteur de la Tragédie de *Polixéne*.

Le nouveau MOLIE'RE fut ignoré pendant tout le tems que durérent les Guerres Civiles en France. Il emploïa ces années à cultiver son talent, & à préparer quelques Piéces. Il avoit fait un Recueil de Scènes Italiennes, dont il faisoit de petites Comédies pour les Provinces; ses premiers Essais, très-informes, tenoient plus du mauvais Théâtre Italien, où il les avoit pris, que de son génie, qui n'avoit pas eu encore l'ocasion de se déveloper tout entier; le génie s'étend & se resserre par tout ce qui nous environne. Il fit donc pour la Province *le Docteur Amoureux*, *les trois Docteurs Rivaux*, *le Maître d'Ecole*, Ouvrages dont il ne reste que le titre.
Quel-

AVEC LE JUG. DE SES OUVRAGES. 7

Quelques curieux ont conservé deux Piéces de Moliére dans ce genre; l'une est *le Médecin volant*; & l'autre, *la Jalousie débarbouillée*; elles sont en prose, & écrites en entier. Il y a quelques phrases & quelques incidens de la premiére, qui nous sont conservés dans le *Médecin malgré lui*, & on trouve dans la *Jalousie débarbouillée*, un canevas, quoi qu'informe, du troisiéme Acte de *Georges Dandin*.

La premiére Piéce réguliére, en cinq Actes, qu'il composa, fut *l'Etourdi*. Il representa cette Comédie à Lyon en 1658. Il y avoit dans cette Ville une Troupe de Comédiens de Campagne, qui fut abandonnée dès que celle de *Moliére* parût.

Quelques Acteurs de cette ancienne Troupe se joignirent à *Moliére*, & il partit de Lyon pour les Etats de Languedoc avec une Troupe assez complette, composée principalement de deux fréres, nommés *Gros-René*, *de Duparc*, d'un Patissier de la ruë St. Honoré, de *la Duparc*, de *la Béjart*, & de *la Debrie*.

Le Prince de Conty, qui tenoit les Etats de Languedoc à Béziers, se souvint de *Moliére*, qu'il avoit vû au Collége; il lui donna une protection distinguée. Il joua devant lui *l'Etourdi*, *le Dépit Amoureux*, & *les Prétieuses Ridicules*.

Cette petite Piéce des *Prétieuses* faite en Province, prouve assés que son Auteur n'avoit eu en vûe que les Ridicules des Provinciales;

A 4   mais

mais il se trouva depuis que l'Ouvrage pouvoit corriger & la Cour & la Ville.

Moliére avoit alors trente-quatre ans. C'est l'âge où *Corneille* fit le *Cid* ; il est bien difficile de réussir avant cet âge dans le genre Dramatique, qui exige la connoissance du monde & du cœur humain.

On prétend que le Prince de Conty voulut alors faire *Moliére* son Secrétaire, & qu'heureusement pour la gloire du Théâtre Français, *Moliére* eut le courage de préférer son talent à un poste honorable. Si ce fait est vrai, il fait également honneur au Prince & au Comédien.

Après avoir couru quelque-tems toutes les Provinces & avoir joué à Grenoble, à Lyon, à Roüen, il vint enfin à Paris en 1658. Le Prince de Conty lui donna accès auprès de MONSIEUR, frere unique du Roi Louïs XIV. MONSIEUR le presenta au Roi, & à la Reine-Mere. Sa Troupe, & lui, représentérent la même année, devant Leurs Majestés, la *Tragédie de Nicomède*, sur un Théâtre, élevé par ordre du Roi, dans la Salle des Gardes du Vieux-Louvre.

Il y avoit depuis quelque-tems des Comédiens établis à l'Hôtel-de-Bourgogne.

Ces Comédiens assistérent au début de la nouvelle Troupe. *Moliére*, après la représentation de *Nicoméde*, s'avança sur le bord du Théâtre

tre & prit la liberté de faire au Roi un Discours, par lequel il remercioit Sa Majesté de son indulgence, & loüoit adroitement les Comédiens de l'Hôtel-de-Bourgogne, dont il devoit craindre la jalousie. Il finit, en demandant la permission de donner une Piéce d'un Acte, qu'il avoit joüée en Province.

La mode de représenter ces petites Farces, après de grandes Piéces, étoit perduë à l'Hôtel-de-Bourgogne. Le Roi agréa l'offre de *Moliére*, & l'on joua dans l'instant *le Docteur Amoureux*. Depuis ce tems, l'usage a toujours continué de donner de ces Piéces d'un Acte, ou de trois, après les Piéces de cinq.

On permit à la Troupe de *Moliére* de s'établir à Paris. Ils s'y fixérent, & partagérent le Théâtre du Petit-Bourbon, avec les Comédiens Italiens, qui en étoient en possession depuis quelques années.

La Troupe de *Moliére* joüoit sur le Théâtre les mardis, les jeudis, & les samedis; & les Italiens les autres jours.

La Troupe de l'Hôtel-de-Bourgogne ne joüoit aussi que trois fois la semaine, excepté lors qu'il y avoit des Piéces nouvelles.

Dès-lors la Troupe de *Moliére* prit le titre de la Troupe de MONSIEUR, qui étoit son Protecteur. Deux ans après, en 1660. il leur accorda la Salle du Palais-Roïal. Le Cardinal de Richelieu l'avoit fait bâtir pour la repréfentation de MIRAME, *Tragédie*, dans laquelle ce Miniftre avoit compofé plus de cinq cens Vers. Cette Salle eft auffi mal conftruite, que la Piéce pour laquelle elle fut bâtie. Et je fuis obligé de remarquer à cette occafion, que nous n'avons aujourd'hui aucun Théâtre fuportable; c'eft une barbarie gothique, que les Italiens nous reprochent avec raifon: les bonnes Piéces font en France, & les belles Salles en Italie.

La Troupe de *Moliére* eut la jouiffance de cette Salle, jufqu'à la mort de fon Chef. Elle fut alors acordée à ceux qui eurent le Privilége de l'Opéra, quoique ce vaiffeau foit moins propre encore pour le chant que pour la déclamation.

Depuis l'an 1658. jufqu'à 1673. c'eft-à-dire, en quinze années de tems, il donna toutes fes Piéces, qui font au nombre de trente. Il voulut jouer dans le Tragique; mais il n'y réuffit pas. Il avoit une volubilité dans la voix, & une efpéce de hoquet, qui ne pouvoient convenir au genre férieux, mais qui rendoient fon jeu comique plus plaifant.

PORTRAIT DE MOLIE'RE.

La femme d'un des meilleurs Comédiens que nous aïons eû, a donné ce portrait-ci de Moliére. » Il n'étoit ni trop gras ni trop
» mai-

» maigre ; il avoit la taille plus grande que pe-
» tite, le port noble, la jambe belle ; il mar-
» choit gravement, avoit l'air très-férieux,
» le nés gros, la bouche grande, les lévres
» épaiſſes, le teint brun, les ſourcils noirs &
» forts, & les divers mouvemens qu'il leur
» donnoit lui rendoient la phiſionomie extrê-
» mement comique. A l'égard de ſon carac-
» tére, il étoit doux, complaiſant, généreux.
» Il aimoit fort à haranguer ; & quand il liſoit
» ſes Piéces aux Comédiens, il vouloit qu'ils
» y amenaſſent leurs enfans, pour tirer des
» conjectures de leur mouvement naturel.

Moliére ſe fit dans Paris un très-grand nombre de Partiſans, & preſqu'autant d'ennemis ; il acoutuma le Public, en lui faiſant connaître la belle Comédie, à le juger lui-même très-févérement. Les mêmes Spectateurs qui aplaudiſſoient aux Piéces médiocres des autres Auteurs, relevoient les moindres défauts de *Moliére* avec aigreur. Les hommes jugent de nous par l'atente qu'ils en ont conçûë, & le moindre défaut d'un Auteur célèbre, joint avec les malignités du Public, ſufit pour faire tomber un bon Ouvrage ; voilà pourquoi *Britannicus*, & les *Plaideurs* de Mr. Racine, furent ſi mal reçûs ; voilà pourquoi *l'Avare*, le *Miſantrope*, les *Femmes Savantes*, *l'Ecole des Femmes*, n'eurent d'abord aucun ſuccès.

Louïs XIV. qui avoit un goût naturel, &
l'eſprit

l'efprit très-juſte, ſans l'avoir cultivé, ramena ſouvent, par ſon aprobation, la Cour & la Ville, aux Piéces de *Moliére*. Il eut été plus honorable pour la Nation, de n'avoir pas beſoin des déciſions de ſon Maître pour bien juger. *Moliére* eut des ennemis cruels, à la tête deſquels étoient les mauvais Auteurs du tems, leurs Protecteurs & leurs Cabales; ils ſuſcitérent contre lui les Dévots; on lui imputa des Livres ſcandaleux; on l'acuſa d'avoir joué * des hommes puiſſans, tandis qu'il n'avoit joué que les vices en général; & il eut ſuccombé ſous les acuſations, ſi ce même Roi, qui encouragea, & qui ſoutint *Racine* & *Deſpréaux*, n'eut pas auſſi protégé *Moliére*.

Il n'eut à la vérité qu'une penſion de mille livres, & ſa Troupe n'en eut qu'une de ſept; mais la fortune qu'il fit par le ſuccès de ſes Ouvrages, le mit hors d'état de n'avoir rien de plus à ſouhaiter. Ce qu'il retiroit du Théâtre, avec ce qu'il avoit placé, alloit à trente mille livres de rente, ſomme qui en ce tems-là faiſoit preſque le double de la valeur réelle de pareille ſomme d'aujourd'hui.

Le crédit qu'il avoit auprès du Roi, paroît aſſez par le Canonicat qu'il obtint pour le fils de ſon Médecin; ce Médecin s'apelloit *Mauvilain*; tout le monde ſait qu'étant un jour

* Voïez les Remarques ſur ſes Piéces, N. 6.

jour avec lui au dîner du Roi : *Vous avés un Médecin*, dit le Roi à Moliére, *que vous fait-il ?* » Sire, répondit Moliére, nous caufons en-
» femble ; il m'ordonne des remèdes, je ne
» les fais point, & je guéris.

Il faifoit de fon bien un ufage noble & fage ; il recevoit chez lui des hommes de la meilleure compagnie, *les Chapelles*, *les Jonfacs*, *les Defbareaux*, *&c.* qui joignoient la volupté à la Philofophie, & à qui le plaifir même a donné de la réputation. Il avoit une maifon de campagne à Auteuil, où il fe délaffoit fouvent avec eux des fatigues de fa Profeffion, qui font bien plus grandes qu'on ne penfe. Le Maréchal de Vivonne, connu par fon efprit & par fon amitié pour *Defpréaux*, alloit fouvent chez *Moliére*, & vivoit avec lui, comme *Lælius* avec *Térence*. Le grand Condé exigeoit de lui qu'il le vînt voir fouvent, & difoit qu'il trouvoit toujours à aprendre dans fa converfation.

Moliére emploïoit une partie de fon revenu en libéralités, qui alloient beaucoup plus loin, que ce qu'on apelle dans d'autres hommes, des charités ; il encourageoit fouvent, par des prefens confidérables, de jeunes Auteurs fans fortune, dans lefquels il remarquoit du talent. C'eft peut-être à *Moliére* que la France doit *Racine*. Il engagea le jeune *Racine*, qui fortoit du Port-Roïal, à travailler pour le
Théâtre,

Théâtre, dès l'âge de 19. ans. Il lui fit compofer la *Tragédie de Théagène & Cariclée*; & quoique cette Piéce fut trop foible pour être jouée, il fit prefent au jeune Auteur de cent louïs, & lui donna *le Plan des Fréres Ennemis*.

Il n'eſt peut-être pas inutile de dire qu'environ dans le même-tems; c'eſt-à-dire, en 1661. Racine aïant fait une Ode fur le Mariage de Louïs XIV. Mr. Colbert lui envoïa cent louïs, au nom du Roi.

Il eſt très-triſte, pour l'honneur des Lettres, que *Moliére* & *Racine* aïent été broüillés depuis; de fi grands génies, dont l'un avoit été le bien-faiteur de l'autre, devoient être toujours amis.

Il éleva & il forma un autre homme, qui par la fupériorité de fes talens & par les dons finguliers qu'il avoit reçûs de la nature, mérite d'être connu de la poſtérité; c'étoit le Comédien *Baron*, qui a été l'unique dans la Tragédie & dans la Comédie. *Moliére* en prit foin, comme de fon propre fils.

Un jour *Baron* vint lui annoncer qu'un Comédien de Campagne, que la pauvreté empêchoit de fe prefenter, lui demandoit quelque leger fecours pour aller joindre fa Troupe; *Moliére* aïant fû que c'étoit un nommé *Mondorge*, qui avoit été fon camarade, demanda à *Baron*, combien il croïoit qu'il falloit lui donner; celui-ci répondit au hazard,

zard, quatre piſtoles ; donnez-lui quatre piſtoles pour moi, lui dit *Moliére ;* en voilà vingt qu'il faut que vous lui donniez pour vous ; & il joignit à ce preſent, celui d'un habit de Théâtre magnifique.

Un autre trait de ſa vie mérite encor plus d'être raporté. Il venoit de donner l'aumône à un pauvre ; un inſtant après le pauvre court après lui & lui dit ; » Monſieur, vous n'aviez peut-» être pas deſſein de me donner un louis » d'or ; je viens vous le rendre : « *Tien, mon ami,* dit Moliére, *en voilà un autre,* & il s'écria ; *où la vertu va-t'elle ſe nicher !* Exclamation, qui peut faire voir qu'il réfléchiſſoit ſur tout ce qui ſe preſentoit à lui, & qu'il étudioit par tout la nature en homme qui la vouloit peindre.

Moliére, heureux par ſes ſuccès, & par ſes Protecteurs, par ſes Amis, & par ſa fortune, ne le fut pas dans ſa maiſon ; il avoit épouſé en 1661. une jeune fille, née de la *Béjard,* & d'un Gentilhomme, nommé *Modène....* (On diſoit que *Moliére* en étoit le pere.) Le ſoin avec lequel on avoit répandu cette calomnie, fit que pluſieurs perſonnes prirent celui de la réfuter.

On prouva que *Moliére* n'avoit connu la mere qu'après la naiſſance de cette fille. La diſproportion d'âge & les dangers auxquels une Comédienne jeune & belle eſt expoſée, rendirent

dirent ce Mariage malheureux, & *Moliére*, tout Philosophe qu'il étoit d'ailleurs, essuïa dans son Domestique les dégoûts, les amertumes, & quelquefois les ridicules, qu'il avoit si souvent joüés sur le Théâtre, tant il est vrai que les hommes qui sont au-dessus des autres par les talens, s'en raprochent presque toujours par les foiblesses. Car pourquoi les talens nous mettroient-ils au-dessus de l'humanité ?

La derniére Piéce qu'il composa, fut le *Malade Imaginaire*. Il y avoit quelque-tems que sa poitrine étoit ataquée, & qu'il crachoit quelquefois du sang ; le jour de la troisiéme Representation, il se sentit plus incommodé qu'auparavant ; on lui conseilla de ne point joüer ; mais il voulut faire un éfort sur lui-même, & cet éfort lui couta la vie.

Il lui prit une convulsion en prononçant *juro*, dans le divertissement de la réception du *Malade Imaginaire* ; il acheva la Representation ; on le raporta mourant chez lui, ruë de Richelieu ; il fut assisté quelques momens par deux de ces Sœurs Religeuses, qui viennent quêter à Paris pendant le Carême, & qu'il logeoit chez lui ; il mourut entre leurs bras, étoufé par le sang qui lui sortoit par la bouche, le 17. Février 1673. âgé de cinquante-trois ans. Il ne laissa qu'une fille, qui avoit beaucoup d'esprit ; sa Veuve épousa le Comédien *Guérin*. Le malheur qu'il avoit eu de ne
pouvoir

pouvoir mourir avec les secours de la religion, & la prévention que l'on a contre la Comédie, toute épurée qu'elle étoit par lui, furent cause qu'on refusa de l'enterrer, comme les autres Chrétiens de nôtre religion. Le Roi le regrétoit ; & ce Monarque, dont il avoit été le Domestique & le Pensionnaire, eut la bonté de prier l'Archevêque de Paris de le faire enterrer dans une Eglise. Le Curé de St. Eustache, sa Paroisse, ne voulut pas s'en charger, & par accommodement, on porta le corps à la Chapelle de St. Joseph, qui étoit une aide de St. Eustache. La Populace qui ne connoissoit dans *Moliére* que le Comédien, & qui ignoroit qu'il avoit été un excellent Auteur, un Philosophe, un grand homme en son genre, s'atroupa en foule à la porte de sa maison le jour du convoi. Sa Veuve fut obligée de jetter de l'argent par les fenêtres ; & ces misérables, qui auroient, sans savoir pourquoi, troublé l'enterrement, acompagnérent le corps avec respect.

La dificulté qu'on fit de lui donner la Sépulture, & les injustices qu'il avoit essuïées pendant sa vie, engagérent le fameux Pere *Bouhours* à composer cette espéce d'EPITAPHE, qui de toutes celles qu'on fit pour *Moliére*, est la seule qui mérite d'être raportée, & la seule qui ne soit pas dans cette fausse & mauvaise Histoire, que l'on a mise jusqu'ici au-devant de ses Ouvrages.

Tu

Tu réformas & la Ville & la Cour;
Mais quelle en fut la récompense!
Les Français rougiront un jour
De leur peu de reconnoissance;
Il falut un Comédien,
Qui mit à les pôlir, sa gloire & son étude;
Mais, *Moliére*, à ta gloire il ne manqueroit rien,
Si parmi les défauts que tu peignis si bien,
Tu les avois repris de leur ingratitude.

Non-seulement j'ai omis dans cette Vie de *Moliére*, les contes populaires touchant *Chapelle* & ses Amis; mais je suis obligé de dire que ces contes adoptés par *Grimarest*, sont très-faux; le feu *Duc de Sulli*, le dernier *Prince de Vendôme*, *l'Abbé de Chaulieu*, qui avoient beaucoup vécu avec *Chapelle*, m'ont assuré que toutes ces historiettes ne méritoient aucune créance.

L'E'TOURDI,

L'ÉTOURDI,
OU
LES CONTRE-TEMS.

CETTE Piéce est la première Comédie * que *Moliére* ait donnée au Public; elle est composée de plusieurs petites intrigues, assez indépendantes les unes des autres. C'étoit le goût du Théâtre Italien & Espagnol qui s'étoit introduit à Paris. Les Comédies n'étoient alors que des tissus d'avantures singuliéres, où l'on n'avoit guéres songé à peindre les mœurs, le Théâtre n'étoit point, comme il le doit être, la representation de la vie humaine. La coutume humiliante pour l'humanité, que les hommes puissans avoient pour lors de tenir des *Fous* auprès d'eux, avoit infecté le Théâtre; on n'y voïoit que de vils *Boufons*, qui étoient les modèles de nos *Jodelets*; & on ne represen-

---

* Comédie en Vers, & en cinq Actes, jouée d'abord à Lyon en 1653. & à Paris au mois de Décembre 1658. sur le Théâtre du Petit-Bourbon.

fentoit que le ridicule de ces *Misérables*, au lieu de joüer celui de leurs *Maîtres*. La bonne Comédie ne pouvoit être connuë en France, puifque la Société & la Galanterie, feules fources du bon Comique, ne faifoient que d'y naître. Ce loifir, où les hommes rendus à eux-mêmes, fe livrent à leur caractére & à leur ridicule, eft le feul tems propre pour la Comédie; car c'eft le feul où ceux qui ont le talent de peindre les hommes, aïent l'ocafion de les bien voir, & le feul pendant lequel les Spectacles puiffent être fréquentés affidûment; auffi ce ne fut qu'après avoir bien vû la Cour, & Paris, & bien connu les hommes, que *Moliére* les reprefenta, avec des couleurs fi vraïes & fi durables.

Les connoiffeurs ont dit, que *l'Etourdi* dévroit feulement être intitulé, *les Contre-tems*. *Lélie*, en rendant une bourfe qu'il a trouvée, en fecourant un homme qu'on attaque, fait des actions de générofité plutôt que d'étourderie.

Son Valet paroît plus étourdi que lui, puifqu'il n'a prefque jamais l'atention de l'avertir de ce qu'il veut faire. Le dénoûment, qui a trop fouvent été l'écueil de *Moliére*, n'eft pas meilleur ici que dans fes autres Piéces. Cette faute eft plus inexcufable dans une Piéce d'intrigue, que dans une Comédie de caractére.

On eft obligé de dire (& c'eft principalement

ment aux Etrangers qu'on le dit) que le ſtile de cette Piéce eſt faible & négligé, & que ſurtout il y a beaucoup de fautes contre la Langue.

Non-ſeulement il ſe trouve dans les Ouvrages de cet admirable Auteur, des vices de conſtruction, mais auſſi pluſieurs mots impropres & ſurannés.

Trois des plus grands Auteurs du ſiécle de Louis XIV. *Moliére, la Fontaine, & Corneille*, ne doivent être lûs qu'avec précaution, par raport au langage. Il faut que ceux qui aprennent notre langue dans les Ecrits de ces grands hommes y diſcernent ces petites fautes, & qu'ils ne les prennent pas pour des autorités. Au reſte, *l'Etourdi* eut plus de ſuccès, que *le Miſantrope, l'Avare, & les Femmes Savantes*, n'en eurent depuis; c'eſt qu'avant *l'Etourdi*, on ne connoiſſoit pas mieux, & que la réputation de *Moliére* ne faiſoit pas encore d'ombrage; il n'y avoit alors de bonne Comédie au Théâtre Français, que *le Menteur*.

LE

LE DÉPIT AMOUREUX.

LE DE'PIT AMOUREUX * fut joué à Paris, immédiatement après *l'Etourdi*; c'est encore une Piéce d'intrigue; mais d'un autre genre que la précédente. Il n'y a qu'un seul nœud dans le *Dépit Amoureux*; il est vrai qu'on a trouvé le déguisement d'une fille en garçon peu vraisemblable; cette intrigue a le défaut d'un Roman, sans en avoir l'intérêt; & le cinquième Acte emploïé à débroüiller ce Roman, n'a paru ni vif ni comique; on a admiré dans le *Dépit Amoureux*, la Scène de la Broüillerie & du Racommodement *d'Eraste & de Lucile*; le succès est toujours assuré, soit en Tragique, soit en Comique, à ces sortes de Scènes, qui representent la passion la plus chére aux hommes dans la circonstance la plus vive. La petite Ode d'Horace,

Donec gratus eram tibi,

a été regardée comme le modèle de ces Scènes, qui sont enfin devenuës des lieux communs.

* Comédie en Vers & en cinq Actes, representée au Théâtre du Petit-Bourbon en 1658.

LES PRÉTIEUSES RIDICULES.

ORSQUE MOLIE'RE donna cette Comédie, * la fureur du bel esprit étoit plus que jamais à la mode ; *Voiture* avoit été le premier en France qui avoit écrit avec cette galanterie ingénieuse, dans laquelle il est si difficile d'éviter la fadeur & l'affectation ; ses Ouvrages où il se trouve quelques vraies beautés avec trop de faux-brillants, étoient les seuls modèles ; & presque tous ceux qui se piquoient d'esprit, n'imitoient que les défauts.

Les Romans de Mlle. de Scuderi avoient achevé de gâter le goût ; il régnoit dans la plûpart des conversations un mélange de galan-

---

* Comédie en un Acte & en prose, jouée d'abord en Province, & représentée pour la premiére fois à Paris, sur le Théâtre du Petit-Bourbon, au mois de Novembre 1659.

galanterie guindée, de fentimens romanef-
ques, & d'expreffions bizarres, qui compo-
foient un jargon nouveau, inintelligible &
admiré. Les Provinces, qui outrent toutes
les modes, avoient encore enchéri fur ce ridicule ; les femmes qui fe piquoient de cette
efpéce de bel efprit, s'apelloient *Prétieufes*;
ce nom, fi décrié depuis par la Piéce de *Moliére*, étoit alors honorable, & *Moliére* même dit dans fa Préface, qu'il a beaucoup de
refpect pour *les véritables Prétieufes*, & qu'il n'a
voulu jouër que les fauffes.

Cette petite Piéce, faite d'abord pour la
Province, fut aplaudie à Paris, & jouée quatre mois de fuite. La Troupe de *Moliére* fit
doubler, pour la premiére fois, le prix ordinaire, qui n'étoit que de dix fols au Parterre.

Dès la premiére repréfentation, *Ménage*,
homme célèbre dans ce tems-là, dit au fameux
Chapelain; » Nous adorions, vous & moi,
» toutes les fottifes qui viennent d'être fi bien
» critiquées; croïez-moi, il nous faudra brû-
» ler ce que nous avons adoré; « du moins
c'eft ce que l'on trouve dans *Ménagiana*; & il
eft affez vrai-femblable que *Chapelain*, homme alors très-eftimé, & cependant le plus
mauvais Poëte qui ait jamais été, parloit lui-
même le jargon des *Prétieufes Ridicules*, chez
Madame de Longueville, qui préfidoit, à ce
que dit le Cardinal de Retz, à ces combats

fpirituels,

spirituels, dans lesquels on étoit parvenu à ne se point entendre.

La Piéce est sans intrigue, & toute de caractére; il y a très-peu de défauts contre la langue; parce que lorsqu'on écrit en prose, on est bien plus le maître de son stile; & parce que *Moliére* aïant à critiquer le langage des beaux esprits du tems, châtia le sien davantage.

Le grand succès de ce petit ouvrage lui atira des Critiques, que *l'Etourdi & le Dépit Amoureux* n'avoient pas essuiës. Un certain *Antoine Bodeau*, fit les *Véritables Prétieuses*; on parodia la Piéce de *Moliére*; mais toutes ces Critiques & ces Parodies sont tombées dans l'oubli qu'elles méritoient.

On sait qu'à une représentation des *Prétieuses Ridicules*, un Vieillard s'écria du milieu du Parterre; *Courage*, Moliére, *voilà la bonne Comédie*.

On eut honte de ce stile afecté, contre lequel *Moliére* & *Despréaux* se sont toujours élevés; on commença à ne plus estimer que le naturel, & c'est peut-être l'époque du bon goût en France.

L'envie de se distinguer a ramené depuis le stile des *Prétieuses*; on le retrouve encore dans plusieurs Auteurs célèbres. L'un, en traitant sérieusement de nos Loix, apelle un Exploit, *un Compliment timbré*; (*) l'autre, écri-

vant

(*) Toureil.

B

vant à une Maîtresse en l'air, lui dit ; *Votre nom est écrit en grosses lettres sur mon cœur. Je veux vous faire peindre en Iroquoise, mangeant une douzaine de Cœurs par manière d'amusement;* (*) un troisiéme, apelle un Cadran-au-Soleil, *un Gréfier Solaire ;* une grosse Rave, *un Phénoméne Potager* (†) ; ce stile a reparu sur le Théâtre même où *Moliére* l'avoit si bien tourné en ridicule ; mais la Nation entiére a marqué son bon goût, en méprisant cette afectation dans des Auteurs, que d'ailleurs elle estimoit.

(*) Fontenelle.
(†) La Motte.

SGANA-

SGANARELLE,
OU
LE COCU
IMAGINAIRE.

LE Cocu imaginaire * fut joué quarante fois de suite, quoique dans l'été, & pendant que le Mariage du Roi retenoit toute la Cour hors de Paris. C'est une Piéce en un Acte, où il entre un peu de caractére, & dont l'intrigue est comique par elle-même. On voit que *Moliére* perfectionna beaucoup sa maniére d'écrire, par son séjour à Paris. Le stile du *Cocu imaginaire* l'emporte beaucoup sur celui de ses premiéres Piéces en Vers; on y trouve bien moins de fautes de langage; il est vrai qu'il y a quelques grossiéretés.

» La

* Comédie en un Acte & en Vers, representée à Paris le 28. Mai 1660.

» La Biére est un séjour par trop mélancolique,
» Et trop mal sain pour ceux qui craignent la
   » colique.

Il y a des expressions qui ont vieilli. Il y a aussi des termes qu'une délicatesse, peut-être outrée, a banni aujourd'hui du Théâtre, comme, *Carogne*, *Cocu*, &c.

Le dénoûment que fait *Villebrequin*, est un des moins bien ménagés & des moins heureux de *Molière*. Cette Piéce eut le sort des bons Ouvrages, qui ont, & de mauvais Censeurs & de mauvais Copistes. Un nommé *Donneau*, fit joüer à l'Hôtel-de-Bourgogne le *Cocuë imaginaire* à la fin de 1661.

DOM GARCIE DE NAVARRE,
OU LE
PRINCE JALOUX.

OLIE'RE joua le rôle de *Dom Garcie* ; * & ce fut par cette Piéce qu'il aprit qu'il n'avoit point de talent pour le sérieux, comme Acteur; la Piéce, & le jeu de *Moliére*, furent très-mal reçûs; cette Piéce, imitée de l'Espagnol, n'a jamais été rejouée depuis sa chute. La réputation naissante de *Moliére* soufrit beaucoup de cette disgrace, & ses Ennemis triomphérent quelque-tems. *Dom Garcie* ne fut imprimé qu'après la mort de l'Auteur.

* Comédie héroïque, en Vers & en cinq Actes, représentée pour la premiére fois le 4. Février 1661.

L'ÉCOLE DES MARIS.

L'ECOLE DES MARIS * affermit pour jamais la réputation de *Moliére*. C'eſt une Piéce de caractére & d'intrigue ; quand il n'auroit fait que ce ſeul Ouvrage, il eut pû paſſer pour un excellent Auteur Comique. On a dit que *l'Ecole des Maris* étoit une Copie des *Adelphes de Térence* ; ſi cela étoit, *Moliére* eut plus mérité l'éloge d'avoir fait paſſer en France le bon goût de l'ancienne Rome, que le reproche d'avoir dérobé ſa Piéce ; mais les *Adelphes* ont fourni tout au plus l'idée de *l'Ecole des Maris* ; il y a dans les *Adelphes* deux Vieillards de diférentes humeurs, qui donnent chacun une éducation diférente aux enfans qu'ils élévent. Il y a même dans *l'Ecole des Maris* deux Tuteurs, dont l'un eſt ſévére, & l'autre indulgent ;

* *Comédie, en Vers & en trois Actes, repreſentée à Paris le 24. Juin 1661.*

Il y a grande aparence que *Moliére* avoit au moins les cannevas de ſes premiéres Piéces déja préparés, puiſqu'elles ſe ſuccédérent en ſi peu de tems.

dulgent; voilà toute la ressemblance. Il n'y a presque point d'intrigue dans les *Adelphes*; celle de *l'Ecole des Maris* est fine, intéressante & comique. Une des Femmes de la Piéce de Térence, qui devroit faire le personnage le plus intéressant, ne paraît sur le Théâtre que pour acoucher. *L'Isabelle de Moliére* ocupe presque toujours la Scène, avec esprit & avec grace, & mêle quelquefois de la bienséance, même dans les tours qu'elle jouë à son Tuteur.

Le dénoûment des *Adelphes* n'a nulle vraisemblance; il n'est point dans la nature qu'un Vieillard, qui a été soixante ans chagrin, sévére & avare, devienne tout-à-coup gai, complaisant & libéral. Le dénoûment de *l'Ecole des Maris* est le meilleur de toutes les Piéces de *Moliére*. Il est vrai-semblable, naturel, tiré du fond de l'intrigue, &, ce qui vaut bien autant, il est extrêmement Comique. Le stile de Térence est pur, sententieux, mais un peu froid, comme César, qui excelloit en tout, le lui a reproché. Celui de *Moliére*, dans cette Piéce, est plus châtié que dans les autres. L'Auteur Français égale presque la pureté de la diction de Térence, & le passe de bien loin dans l'intrigue, dans le caractére, dans le dénoûment, dans la plaisanterie.

LES FACHEUX.

NICOLAS FOUQUET, dernier Surintendant des Finances, engagea Moliére à compofer cette Comédie * pour la fameufe Fête qu'il donna au Roi & à la Reine-Mere, dans fa maifon de Vaux, aujourd'hui apellée Villars. Moliére n'eut que quinze jours pour fe préparer. Il avoit déja quelques Scènes détachées toutes prêtes ; il y en ajoûta de nouvelles, & en compofa cette Comédie, qui fut, comme il le dit dans fa Préface, faite, aprife & reprefentée en moins de quinze jours. Il n'eft pas vrai, comme le prétend un certain Grimareft, Auteur d'une *Vie de Moliére*, que le Roi lui eut alors fourni lui-même le caractére du Chaffeur ; Moliére n'avoit point encore auprès du Roi un accès affez libre ; de plus, ce

* Comédie en Vers & en trois Actes, reprefentée à Vaux devant le Roi, au mois d'Août 1661. & à Paris, fur le Théatre du Palais Roïal, le 4. Novembre de la même année.

ce n'étoit pas ce Prince qui donnoit la Fête. C'étoit Fouquet, & il falloit ménager au Roi le plaisir de la surprise. Cette Piéce fit au Roi un plaisir extrême, quoique les Ballets des Intermédes fussent mal inventez & mal exécutez. Paul Pélisson, homme célèbre dans les Lettres, composa le Prologue en Vers à la louange du Roi. Ce Prologue fut très-aplaudi de toute la Cour, & plût beaucoup à Louis XIV. Mais celui qui donna la Fête, & l'Auteur du Prologue, furent tous deux mis en prison peu de tems après. On les vouloit même arrêter au mileu de la Fête. Triste exemple de l'instabilité des fortunes de Cour. *Les Facheux* ne sont pas le premier Ouvrage en Scènes absolument détachées qu'on ait vû sur notre Théâtre. Les Visionnaires de Desmarets étoient dans ce goût, & avoient eu un succès si prodigieux, que tous les beaux esprits du tems de Desmarets l'apelloient l'*Inimitable Comédie*. Le goût du public s'est tellement perfectionné depuis, que cette Comédie ne paroît aujourd'hui inimitable que par son extrême impertinence. Sa vieille réputation fit que les Comédiens oférent la jouer en 1719. mais ils ne pûrent jamais l'achever. Il ne faut pas craindre que les Facheux tombent dans le même décri. On ignoroit le Théâtre du tems de Desmarets. Les Auteurs étoient outrés en tout, parce qu'ils ne connoissoient

B 5   point

point la nature. Ils peignoient au hazard des caractéres chimériques. Le faux, le bas, le gigantesque dominoient par tout. Moliére fut le premier qui fit sentir le vrai, & par conséquent le beau. Cette Piéce le fit connoître plus particuliérement de la Cour & du Maître ; & lorsque quelque-tems après, Moliére donna cette Piéce à Saint Germain-en-Laye, le Roi lui ordonna d'y ajoûter la Scène du Chasseur. On prétend que ce Chasseur étoit le Comte de Soyécourt. Moliére qui n'entendoit rien au jargon de la Chasse, pria le Comte de Soyécourt lui-même, de lui indiquer les termes dont il devoit se servir.

L'E'COLE

L'ÉCOLE DES FEMMES.

LE Théâtre de Moliére qui avoit donné naiſſance à la bonne Comédie, fut abandonné la moitié de l'année 1661. & toute l'année 1662. pour certaines Farces, moitié Italiennes, moitié Françaiſes, qui furent alors fort acréditées, par le retour d'un fameux Pantomime Italien, connu ſous le nom de Scaramouche. Les mêmes Spectateurs qui aplaudiſſoient ſans réſerve à ſes Farces monſtrueuſes, ſe rendirent dificiles pour *l'Ecole des Femmes*, * Piéce d'un genre tout nouveau, laquelle quoique tout en récit, eſt ménagée avec tant d'art, que tout paroît être en action. Elle fut très-ſuivie, & très-critiquée, comme le dit la Gazette de Loret :

Piéce qu'en pluſieurs lieux on fronde ;
Mais où pourtant va tant de monde,

Que

* Comédie en Vers & en cinq Actes, repreſentée à Paris ſur le Théâtre du Palais-Roïal le 26. Décembre 1662.

Que jamais sujet important,
Pour le voir, n'en attira tant.

Elle passe pour être inférieure en tout à *l'Ecole des Maris*, & sur-tout dans le dénouement, qui est aussi postiche dans l'Ecole des Femmes, qu'il est bien amené dans l'Ecole des Maris. On se révolta généralement contre quelques expressions qui paroissent indignes de Moliére ; on desaprouva *le Corbillon, la Tarte à la Crême, les Enfans faits par l'Oreille* ; mais aussi les connoisseurs admirérent avec quelle adresse Moliére avoit sçû attacher & plaire pendant cinq Actes, par la seule confidence d'Horace au Vieillard, & par de simples récits ; il sembloit qu'un sujet aussi traité ne dût fournir qu'un Acte ; mais c'est le caractére du vrai génie de répandre sa fécondité sur un sujet stérile, & de varier ce qui semble uniforme. On peut dire, en passant, que c'est-là le grand art des Tragédies de Racine.

LA CRITIQUE DE L'ÉCOLE DES FEMMES.

C'EST le premier ouvrage de ce genre qu'on connoisse au Théâtre. C'est proprement un Dialogue & non une Comédie.* Moliére y fait plus la satyre de ses Censeurs, qu'il ne défend les endroits foibles de *l'Ecole des Femmes*. On convient qu'il avoit tort de vouloir justifier *la Tarte à la Crême*, & quelques autres bassesses de stile qui lui étoient échapées; mais que ses ennemis avoient plus grand tort de saisir ces petits défauts pour condanner un bon ouvrage.

On prétend que Moliére avoit en vûë le subli-

---

* Petite Piéce, en un Acte & en Prose, representée à Paris sur le Théâtre du Palais-Roïal le 1. Juin 1663.

sublime, quelquefois faux & empoulé de Corneille, & en faisant dire à Dorante, dans la Tragédie, on n'a qu'à suivre les traits d'une imagination qui se donne l'essor, & qui souvent laisse le vrai pour attraper le merveilleux.

Boursaut crut le reconnoître dans le portrait de Lysidas. Pour s'en venger, il fit jouer à l'Hôtel-de-Bourgogne une petite Piéce dans le goût de la Critique de l'Ecole des Femmes, intitulée *le Portrait du Peintre, ou la Contre-Critique.*

L'INPROMPTU DE VERSAILLES.

OLIE'RE fit ce petit Ouvrage, * en partie pour se justifier devant le Roi de plusieurs calomnies, & en partie pour répondre à la Piéce de Boursaut. C'est une Satyre cruelle & outrée. Boursaut y est nommé par son nom. La licence de l'ancienne Comédie Grecque n'alloit pas plus loin. Il eut été de la bienséance & de l'honnêteté publique de suprimer la Satyre de Boursaut & celle de Moliére. Il est honteux que les hommes de génie & de talent s'exposent par ces petites guerres à être la risée des sots. Moliére sentit d'ailleurs la foiblesse de cette petite Comédie & ne la fit point imprimer.

* Petite Piéce, en un Acte & en Prose, representée à Versailles le 14. Octobre 1663. & à Paris le 4. Novembre de la même année.

LE

LE MARIAGE FORCÉ.

'EST une de ces petites Farces de Moliére, * qu'il prit l'habitude de faire jouër après les Piéces en cinq Actes. Il y a dans celle-ci quelques Scènes tirées du Théâtre Italien. On y remarque plus de boufonneries, que d'art & d'agrément; elle fut acompagnée au Louvre d'un petit Ballet, où Louïs XIV. dansa.

* Petite Piéce en Profe & en un Acte, repréfentée au Louvre le 24. Janvier 1664. & au Théâtre du Palais-Roïal le 15. Décembre de la même année.

LA PRINCESSE D'ÉLIDE,
OU
LES PLAISIRS
DE
L'ISLE ENCHANTÉE.

Es Fêtes que Louïs XIV. donna dans sa jeunesse méritent d'entrer dans l'Histoire de ce Monarque, non-seulement par les magnificences singuliéres, mais encore par le bonheur qu'il eut d'avoir des hommes célèbres en tout genre, qui contribuoient en même-tems à ses plaisirs, à la politesse & à la gloire de la Nation. Ce fut à cette Fête, connuë sous le nom de *l'Isle enchantée*, que Moliére fit joüer *la Princesse d'Elide*, Comédie-Ballet en cinq Actes. * Il n'y

---

* Representée le 7. May 1664. à Versailles, à la grande Fête que le Roi donna aux Reines.

n'y a que le premier Acte & la première Scène du second qui soient en Vers. Moliére, pressé par le tems, écrivit le reste en Prose. Cette Piéce réussit beaucoup dans une Cour qui ne respiroit que la joïe, & qui, au milieu de tant de plaisirs, ne pouvoit critiquer avec sévérité un ouvrage fait à la hâte pour embellir la Fête.

On a depuis représenté *la Princesse d'Elide* à Paris; mais elle ne pût avoir le même succès, dépouillée de tous ses ornemens & des circonstances heureuses qui l'avoient soutenuë. On joua la même année la Comédie de *la Mere Coquette* du célèbre Quinault. C'étoit presque la seule bonne Comédie qu'on eût vû en France, hors les Piéces de Moliére, & elle dût lui donner de l'émulation. Rarement les Ouvrages faits pour des Fêtes réussissent-ils au Théâtre de Paris. Ceux à qui la Fête est donnée sont toujours indulgents; mais le Public libre, est toujours sévére. Le genre sérieux & galant n'étoit pas le génie de Moliére; & cette espéce de Poëme n'aïant ni le plaisant de la Comédie, ni les grandes passions de la Tragédie, tombe presque toujours dans l'insipidité.

DOM JUAN,
OU
LE FESTIN
DE PIERRE.

L'ORIGINAL de la Comédie bizarre du *Festin de Pierre*,* est de *Trifo de Molina*, Auteur Espagnol ; il est intitulé, les *Combidado di Piedra*, le *Convié de Pierre*. Il fut joué ensuite en Italie, sous le titre de *Convitato di Pietra*. La Troupe des Comédiens Italiens le joua à Paris, & on l'apella le Festin de Pierre : il eut un grand succès sur ce Théâtre irrégulier. L'on ne se révolta point contre le monstrueux assemblage de boufonnerie & de religion, de plaisanterie & d'horreur, ni contre les prodiges extravagans qui font le sujet de cette Piéce ; une Statuë qui marche & qui parle, & les flâmes de l'Enfer qui engloutissent un Impie sur le
Théâ-

* Comédie en Prose & en cinq Actes, représentée sur le Théâtre du Palais-Roïal le 15. Février 1665.

Théâtre d'Arlequin, ne soulevérent point les esprits, soit qu'en éfet il y ait dans cette Piéce quelqu'intérêt, soit que le jeu des Comédiens l'embellit, soit plûtôt que le Peuple à qui le Festin de Pierre plaît beaucoup plus qu'aux honnêtes gens, aime cette Piéce de merveilleux.

Villiers, Comédien de l'Hôtel-de-Bourgogne, mit le Festin de Pierre en Vers, & il eut quelque succès à ce Théâtre. Moliére voulut aussi traiter ce bizarre sujet. L'empressement d'enlever des Spectateurs à l'Hôtel-de-Bourgogne, fit qu'il se contenta de donner en Prose sa Comédie ; c'étoit une nouveauté, inouïe alors, qu'une Piéce de cinq Actes en Prose. On voit par-là combien l'habitude a de puissance sur les hommes ; & comme elle forme les diférens goûts des Nations, il y a des Païs où l'on n'a pas l'idée qu'une Comédie puisse réussir en Vers ; les Français, au contraire, ne croïoient pas qu'on put suporter une longue Comédie qui ne fut pas rimée. Ce préjugé fit donner la préférence à la Piéce de Villiers sur celle de Moliére ; & ce préjugé a duré si longtems, que Thomas Corneille en 1673. immédiatement après la mort de Moliére, mit son Festin de Pierre en Vers ; il eut alors un grand succès sur le Théâtre de la Ruë Guénégaud ; & c'est de cette seule maniére qu'on le represente aujourd'hui.

OU LE FESTIN DE PIERRE.

A la premiére représentation du Festin de Pierre de Moliére, il y avoit une Scène entre Dom Juan & un Pauvre ; Dom Juan demandoit à ce Pauvre, à quoi il passoit sa vie dans la forêt ? A prier Dieu, répondit le Pauvre, pour des honnêtes gens qui me donnent l'aumône. Tu passe la vie à prier Dieu, disoit Dom Juan ? Si cela est, tu dois donc être fort à ton aise ? Hélas ! Monsieur, je n'ai pas souvent dequoi manger. Cela ne se peut pas ; Dieu ne sauroit laisser mourir de faim ceux qui le prient du soir au matin. Tiens, voilà un louïs d'or ; mais je te le donne pour l'amour de l'humanité.

Cette Scène, convenable au caractére de Dom Juan, mais dont les esprits pouvoient faire un mauvais usage, fut suprimée à la seconde représentation, & fut peut-être cause de sa chute.

Celui qui écrit ceci, a lû la Scène entre les mains du fils de Pierre Marcassus, ami de Moliére.

L'AMOUR

L'AMOUR MÉDECIN.

L'AMOUR MÉDECIN* est un inpromptu fait pour le Roi en cinq jours de tems. Cependant cette petite Piéce est d'un meilleur comique que le Mariage forcé ; elle fut acompagnée d'un Prologue en Musique, qui est l'une des premiéres compositions de Lully.

C'est ce premier Ouvrage dans lequel Moliére ait joué les Médecins. Ils étoient fort différens de ceux d'aujourd'hui ; ils alloient presque toujours en robe & en rabat, & consultoient en Latin.

Si les Médecins de notre tems ne connoissent pas mieux la nature, ils connoissent mieux le monde, & sçavent que le grand art d'un Médecin, est l'art de plaire. Moliére peut avoir contribué à leur ôter leur pédanterie; mais les mœurs du siécle qui ont changé en tout, y ont contribué davantage ; l'esprit de raison s'est introduit dans toutes les sciences, & la politesse dans toutes les conditions.

* Petite Comédie, en un Acte & en Prose, representée à Versailles le 15. Septembre 1665. & sur le Théâtre du Palais-Roïal le 22. du même mois.

L. E

LE
MISANTROPE.

'EUROPE regarde cet ouvrage comme le chef-d'œuvre du haut-Comique ; le sujet du Misantrope * a réussi chez toutes les Nations long-tems avant Moliére & après lui ; en éfet, il y a peu de choses plus attachantes qu'un homme qui hait le genre-humain, dont il a éprouvé les noirceurs, & qui est entouré de flâteurs, dont la complaisance servile fait un contraste avec son inflexibilité ; cette façon de traiter le Misantrope est la plus commune, la plus naturelle & la plus susceptible du genre Comique. Celle dont Moliére l'a traité, est bien plus délicate, & fournissant bien moins, exigeoit beaucoup d'art ; il s'est fait à lui-même un sujet stérile, privé d'action & vuide d'intérêt ; son Misantrope hait les hommes, encore plus par humeur que par raison ; il n'y a d'intrigue dans la Piéce, que ce qu'il en faut pour

* Comédie en Vers & en cinq Actes, représentée sur le Théâtre du Palais-Roïal le 4. Juin 1666.

pour faire fortir les caractéres ; mais peut-être pas assez pour attacher : en récompense, tous ces caractéres ont une force, une vérité & une finesse, que jamais Auteur Comique n'a connuë comme lui.

Moliére est le premier qui ait sçû tourner en Scènes ces conversations du monde & y mêler des portraits ; le Misantrope en est plein ; c'est une peinture continuelle ; mais une peinture de ces ridicules, que les yeux vulgaires n'aperçoivent pas. Il est inutile d'examiner ici en détail les beautez de ce chef-d'œuvre de l'esprit, & de montrer avec quel art un homme qui pousse la vertu jusqu'au ridicule, est si rempli de foiblesse pour une Coquette, de remarquer la conversation & le contraste charmant d'une Prude, avec cette Coquette outrée ; quiconque lit, doit sentir ces beautés, lesquelles mêmes, toutes grandes qu'elles sont, ne seroient rien sans le stile. La Piéce est d'un bout à l'autre à peu près dans le stile des Satyres de Despréaux, & c'est de toutes les Piéces de Moliére la plus fortement écrite ; elle eut à la premiére representation les aplaudissemens qu'elle méritoit ; mais c'étoit un ouvrage plus fait pour les gens d'esprit, que pour la multitude, & plus propre encore à être lû qu'à être joué ; le Théâtre fut défert dès le troisiéme jour. Depuis, lorsque le fameux Acteur Baron étant
remonté

remonté fur le Théâtre, après 30. ans d'abfence, joüa le Mifantrope ; la Piéce n'atira pas un grand concours, ce qui confirma l'opinion où l'on étoit que cette Piéce feroit plus admirée que fuivie. Ce peu d'empreffement qu'on a d'un côté pour le Mifantrope, & de l'autre, la jufte admiration qu'on a pour lui, prouvent peut-être plus qu'on ne penfe que le Public n'eft point injufte. Il court en foule à des Comédies gaïes & amufantes, mais qu'il n'eftime guéres, & ce qu'il admire n'eft pas toujours réjouiffant. Il en eft des Comédies comme des jeux : il y en a que tout le monde joüe ; il y en a qui ne font faites que pour les efprits plus fins & plus apliqués. Si on ofoit encore chercher dans le cœur humain la raifon de cette tiédeur du Public aux reprefentations du Mifantrope, peut-être les trouveroit-on dans l'intrigue de la Piéce, dont les beautés ingénieufes & fines ne font pas également vives & intéreffantes, dans ces converfations même qui font des morceaux inimitables, mais qui n'étans pas toujours néceffaires à la Piéce, peut-être refroidiffent un peu l'action, pendant qu'elles font admirer l'Auteur ; enfin, dans le dénoûment, qui, tout bien amené & tout fage qu'il eft, femble être atendu du Public fans inquiétude, & qui venant après une intrigue peu atachante, ne peut avoir rien de piquant.

C   En

En éfet, le Spectateur ne souhaite point que le Misantrope époufe la Coquette Céliméne, & ne s'inquiéte pas beaucoup s'il fe détachera d'elle. Enfin, on prendroit la liberté de dire que le Misantrope eft une Satyre plus fage & plus fine, que celle d'Horace & de Boileau, & pour le moins auffi-bien écrite ; mais qu'il y a des Comédies plus intéreffantes, & que le Tartuffe, par exemple, réunit les beautés du ftile du Misantrope avec un intérêt plus marqué. On fait que les ennemis de Moliére voulurent perfuader au Duc de Montaufier, fameux par fa vertu fauvage, que c'étoit lui que Moliére joüoit dans le Misantrope. Le Duc de Montaufier alla voir la Piéce & dit en fortant, qu'il auroit bien voulu reffembler au Misantrope de Moliére.

LE MÉDECIN MALGRÉ LUI.

MOLIE'RE aïant suspendu son chef-d'œuvre du *Misantrope*; le rendit quelque-tems après au Public, acompagné du *Médecin malgré lui*,* Farce très-gaïe & très-boufonne, & dont le Peuple grossier avoit besoin, à peu près comme à l'Opéra, après une Musique noble & savante, on entend avec plaisir ces petits airs, qui ont par eux-mêmes peu de mérite, mais que tout le monde retient aisément; ces gentillesses frivoles servent à faire goûter les beautés sérieuses.

Le Médecin malgré lui, soutint *le Misantrope*; c'est peut-être à la honte de la nature-humaine; mais c'est ainsi qu'elle est faite; on va plus à la Comédie pour rire que pour être instruit; le Misantrope étoit l'ouvrage d'un Sage, qui écrivoit pour les hommes éclairés, & il fallut que le Sage se déguisât en Farceur pour plaire à la multitude.

* Comédie en trois Actes & en Prose, représentée sur le Théâtre du Palais-Roïal le 6. Août 1666.

MÉLICERTE.

MOLIE'RE n'a jamais fait que deux Actes de cette Comédie. * Le Roi se contenta de ces deux Actes dans la Fête du Ballet des Muses. Le Public n'a point regretté que l'Auteur ait négligé de finir cet Ouvrage ; il est dans un genre qui n'étoit point celui de Moliére, quelque peine qu'il y eut prise ; les plus grands éforts d'un homme d'esprit ne remplacent jamais le génie.

* Pastorale héroïque, représentée à Saint Germain-en-Laye pour le Roi, au Ballet des Muses, en Décembre 1666.

LE SICILIEN,
OU
L'AMOUR PEINTRE.

C'EST la seule petite Piéce * en un Acte où il y ait de la grace & de la galanterie; les autres petites Piéces que Moliére ne donnoit que comme des Farces, ont d'ordinaire un fond plus bouffon & moins agréable.

* Comédie en Prose & en un Acte, représentée à Saint Germain-en-Laye en 1667. & sur le Théâtre du Palais-Roïal le 10. Juin de la même année.

C 3   AMPHI-

AMPHITRION.

EURIPIDE & ARCHIPPUS avoient traité ce sujet* de Tragi-Comédie chéz les Grecs; c'est une des Piéces de Plaute qui a eu le plus de succès; on la jouoit encore à Rome cinq cens ans après lui; & ce qui peut paroître singulier, c'est qu'on la jouoit toujours dans les Fêtes consacrées à Jupiter. Il n'y a que ceux qui ne savent point combien les hommes agissent peu conséquemment, qui puissent être surpris qu'on se moquât publiquement au Théâtre des mêmes Dieux qu'on adoroit dans les Temples.

Moliére a tout pris de Plaute, hors les Scènes de Sosie & de Cléantis. Ceux qui ont dit qu'il a imité son Prologue de Lucien, ne savent pas la différence qui est entre une imitation & la ressemblance, très-éloignée de l'excellent Dialogue de la Nuit & de Mercure dans Moliére, avec le petit Dialogue de Mercure & d'Apollon dans Lucien: il n'y a pas une plaisanterie, pas un seul mot que Moliére doive à cet Auteur Grec.

Tous

* Comédie en Vers & en trois Actes, representée sur le Théâtre du Palais-Roïal le 13. Janvier 1668.

Tous les Lecteurs, exemts de préjugés, savent combien l'Amphitrion Français est au-dessus de l'Amphitrion Latin. On ne peut pas dire des plaisanteries de Moliére, ce qu'Horace dit de celles de Plaute.

» Nostri, pro-ævi Plautinos & minimos &
» Laudavere sales nimiùm patientes utrumque.

Dans Plaute, Mercure dit à Sosie : *Tu viens avec des fourberies cousuës.* Sosie répond : *Je viens avec des habits cousus. Tu as menti,* replique ce Dieu, *tu viens avec tes piés, & non avec tes habits.* Ce n'est pas-là le Comique de notre Théâtre ; autant Moliére paroît surpasser Plaute dans cette espéce de plaisanterie, que les Romains nommoient *urbanité*, autant paroit-il aussi l'emporter dans l'économie de sa Piéce. Quand il falloit chez les Anciens aprendre au Spectateur quelque événement, un Acteur venoit sans façon le conter dans un Monologue ; ainsi Amphitrion & Mercure viennent seuls sur la Scène dire tout ce qu'ils ont fait pendant les entr'Actes ; il n'y avoit pas plus d'art dans les Tragédies. Cela seul fait peut-être voir que le Théâtre des Anciens (d'ailleurs à jamais respectable) est, par raport au nôtre, ce que l'enfance est à l'âge mûr.

Madame Dacier, qui a fait honneur à son sexe par son érudition, & qui lui en eut fait davantage, fi avec la fcience des Commentateurs, elle n'en eut pas eu l'efprit, fit une Differtation pour prouver que l'Amphitrion de Plaute étoit fort au-deffus du Moderne; mais aïant ouï dire que Moliére vouloit faire une Comédie des Femmes Savantes, elle fuprima fa Differtation.

L'Amphitrion de Moliére réuffit pleinement & fans contradiction, auffi eft-ce une Piéce pour plaire aux plus fimples & aux plus groffiers, comme aux plus délicats. C'eft la premiére Comédie que Moliére ait écrite en vers libres. On prétendit alors que ce genre de verfification étoit plus propre à la Comédie que les rimes plates, en ce qu'il y a plus de liberté & plus de variété; cependant les rimes plates en Vers Alexandrins ont prévalu. Les Vers libres font d'autant plus mal-aifés à faire, qu'ils femblent plus faciles. Il y a un rithme, très-peu connu, qu'il y faut obferver, fans quoi cette Poëfie rebute : Corneille ne connut pas ce rithme dans fon Agéfilas.

GEORGES DANDIN,
OU LE
MARI CONFONDU.

N ne connoît & on ne joüe cette Piéce que fous le nom de *Georges Dandin*; * & au contraire, le *Cocu imaginaire*, qu'on avoit intitulé & affiché *Sganarelle*, n'eſt connu que fous le nom de Cocu imaginaire, peut-être parce que ce dernier titre eſt plus plaiſant que celui du Mari confondu. *Georges Dandin* réuſſit pleinement ; mais ſi on ne reproche rien à ſa conduite & au ſtile, on ſe ſouleva un peu contre le ſujet même de la Piéce. Il falloit bien que l'envie eut dequoi s'exercer, on ſe révolta contre une Comédie, dans laquelle une femme mariée donne un rendez-vous à ſon amant. On ne fit pas réflexion qu'il n'y avoit

* Comédie en Proſe & en trois Actes, repréſentée à Verſailles le 15. Juillet 1668. & à Paris le 9. Novembre de la même année.

avoit rien d'indécent dans ce rendez-vous, & que la Piéce eſt une excellente Ecole du Monde. On cria contre la prétenduë licence de Moliére. Les mêmes perſonnes qui écoutoient ſans rougir les obſcénités de la Scène Italienne, & qui n'ont jamais condanné les Scènes ſi tendres & ſi dangereuſes de l'Opéra, ſe ſoulevérent contre le *Georges Dandin*. L'idée ſeule de femme mariée excitoit le murmure. Cependant il eſt très-vrai que le Peintre de cette innocente hardieſſe d'une femme qui s'exerce à tromper & mépriſer ſon mari, parce qu'elle eſt de condition, l'impatience d'un Gentilhomme de campagne, la ſotte hauteur & la pruderie de la femme, & la ſottiſe d'un Bourgeois de s'être allié dans une telle famille, n'ont nulle indécence & peuvent ſervir à corriger les mœurs.

L'amour le moins honnête exprimé chaſtement,
N'excite point en nous de honteux mouvement.

On ſouffre ſur le Théâtre les diſcours les plus emportés d'une amante, ſous prétexte qu'elle eſt fille, ſans conſidérer que ce n'eſt ni le nom de femme ni le nom de fille qui ſont dangereux, mais les diſcours qu'on met dans leur bouche. Toutes les autres Nations, ſans exception, chez leſquelles la plus libre
de

de nos Comédies paſſe pour modeſte, trouvent qu'il y a beaucoup de caractéres & d'intrigues qui manquent au Théâtre Français, & qui en ſont exclus par cette bienſéance, qui leur paroît trop rigoureuſe & qu'ils ſont forcez d'eſtimer.

L'AVARE.

L'AVARE.

CETTE excellente Comédie * avoit été donnée au Public en 1667. mais le préjugé qui fit tomber le Festin de Pierre, parce qu'il étoit en Prose, avoit fait tomber l'*Avare*. Moliére, pour ne point heurter de front le sentiment des Critiques, & sachant qu'il faut ménager les hommes quand ils ont tort, donna au Public le tems de revenir, & ne rejoua l'*Avare* qu'un an après. Le Public, qui à la longue se rend toujours au bon, donna à cet Ouvrage les aplaudissemens qu'il mérite. On comprit alors qu'il peut y avoir de fort bonnes Comédies en Prose, & qu'il y a peut-être plus de dificulté à réussir dans ce stile ordinaire, où l'esprit seul soutient l'Auteur, que dans la versification, qui, par la rime, la cadence & la mesure, prete des ornemens à des idées simples, que la Prose n'embelliroit pas; il y a dans l'*Avare* quelques idées prises de
Plaute

---

* Comédie en Prose & en cinq Actes, donnée au Public en 1667. & representée à Paris sur le Théâtre du Palais-Roïal le 9. Septembre 1668.

Plaute & embellies par Moliére; Plaute avoit imaginé le premier de faire en même-tems voler la Caſſette de l'*Avare* & ſéduire ſa fille; c'eſt de lui qu'eſt toute l'invention de la Scène du jeune homme qui vient avouer le rapt, & que l'*Avare* prend pour le voleur ; mais on oſe dire que Plaute n'a point aſſez profité de cette ſituation ; il ne l'a inventée que pour la manquer ; que l'on en juge par ce trait ſeul : l'Amant de la fille ne paraît que dans cette Scène ; il vient ſans être annoncé ni préparé, & la fille ne paroit point du tout.

Tout le reſte de la Piéce eſt à Moliére, caractére, intrigue, plaiſanterie; il n'en a imité que quelques lignes, comme cet endroit, où l'*Avare* parlant (peut-être mal à propos) aux Spectateurs, dit, *mon Voleur n'eſt-il point parmi vous ? Ils me regardent tous & ſe mettent à rire. Quid eſt quid rideris? Novi omnes, ſcio fures hic eſſe complures.* Et cet autre endroit encore, où aïant examiné les mains du Valet qu'il ſoupçonne, il demande à voir la troiſiéme, *oſtende tertiam*.

Mais ſi l'on veut connoître la différence du ſtile de Plaute, & du ſtile de Moliére, qu'on voïe les portraits que chacun fait de ſon *Avare*. Plaute dit,

Clamat ſuam rem periiſſe ſeque,
De ſuo tigillo fumus ſigna exit foras.

Quin,

Quin , cum it dormitum, follem obstringit ob gulam
Ne quid animæ forte amittat dormiens ;
Etiámne obturat inferiorem gutturem ? &c.

Il crie qu'il est perdu , qu'il est abîmé , si la fumée de son feu va hors de sa maison. Il se met une vessie à la bouche pendant la nuit, de peur de perdre son soufle. Se bouche-t'il aussi la bouche d'en-bas ?

Cependant ces comparaisons de Plaute avec Moliére, toutes à l'avantage du dernier, n'empêchent pas qu'on ne doive estimer ce Comique Latin, qui n'aïant pas la pureté de Térence, avoit d'ailleurs tant d'autres talens, & qui, quoiqu'inférieur à Moliére, a été, pour la variété de ses caractéres & de ses intrigues, ce que Rome a eu de meilleur. On trouve aussi à la vérité dans l'*Avare* de Moliére quelques expressions grossiéres, comme, *je sais l'art de traire les hommes*, & quelque mauvaise plaisanterie, comme, *je marirois, si je l'avois entrepris , le Grand Turc & la République de Venise.*

Cette Comédie a été traduite en plusieurs langues, & jouée sur plus d'un Théâtre d'Italie & d'Angleterre, de même que les autres Piéces de Moliére ; mais les Piéces traduites ne peuvent réussir que par l'habileté du Traducteur. Un Poëte Anglais, & nommé mé *Shadivell*, aussi vain, que mauvais Poëte, la donna en Anglais du vivant de Moliére. Cet homme dit dans sa Préface ; *Je crois pouvoir dire sans vanité, que Moliére n'a rien perdu entre mes mains. Jamais Piéce Françaises n'a été maniée par un de nos Poëtes, quelque méchant qu'il fût, qu'elle n'ait été renduë meilleure ; ce n'est ni faute d'invention, ni faute d'esprit, que nous empruntons des Français, mais c'est par paresse. C'est aussi par paresse que je me suis servi de l'Avare de Moliére.*

On peut juger qu'un homme qui n'a pas assez d'esprit pour mieux cacher sa vanité, n'en a pas assez pour faire mieux que Moliére. La Piéce de *Shadivell* est généralement méprisée. Mr. Fildeng, meilleur Poëte, & plus modeste, a traduit *l'Avare*, & l'a fait joüer à Londres en 1733. il y a ajoûté réellement quelques beautés de dialogue, particuliéres à sa Nation, & sa Piéce a eu près de trente representations; succès très-rare à Londres, où les Piéces qui ont le plus de cours, ne sont joüées tout au plus que quinze fois.

L'IM-

L'IMPOSTEUR,
OU
LE TARTUFFE.

N fait toutes les traverses que cet admirable Ouvrage essuïa.* On en voit le détail dans la Préface de l'Auteur, au-devant du *Tartuffe*.

Les trois premiers Actes avoient été representés à Versailles devant le Roi le 12. May 1664. Ce n'étoit pas la premiére fois que Louïs XIV. qui sentoit le prix des Ouvrages de Moliére, avoit voulu les voir avant qu'ils fussent achevés. Il fut fort content de ce commencement, & par conséquent la Cour le fut aussi.

Il fut joué le 29. Novembre de la même année à Rainsi, devant le Grand Condé. Dès-lors les Rivaux se réveillérent, les Dévots commencérent à faire du bruit, les faux-zélez (l'espéce d'homme la plus dangereuse)
criérent

---

* Joué sans interruption en public le 5. Février 1669.

crièrent contre Moliére & féduifirent même quelques gens de bien. Moliére voïant tant d'ennemis qui alloient ataquer fa perfonne, encore plus que la Piéce, voulut laiffer ces premiéres fureurs fe calmer; il fut un an fans donner *le Tartuffe*; il le lifoit feulement dans quelques maifons choifies, où la fuperftition ne dominoit pas.

Moliére aïant opofé la protection & le zèle de fes amis aux cabales naiffantes de fes ennemis, obtint du Roi une permiffion verbale de jouer *le Tartuffe*. La premiére reprefentation en fut donc faite à Paris le 5. Août 1667. Le lendemain on alloit la rejouer; l'Affemblée étoit la plus nombreufe qu'on eût jamais vûë; il y avoit des Dames de la premiére diftinction aux troifiémes loges; les Acteurs alloient commencer, lorfqu'il arriva un ordre du Premier Préfident du Parlement, portant défenfe de jouër la Piéce.

C'eft à cette occafion qu'on prétend que Moliére dit à l'Affemblée; *Meffieurs, nous allions vous donner le Tartuffe, mais Mr. le Premier Préfident ne veut pas qu'on le jouë.*

Pendant qu'on fuprimoit cet Ouvrage, qui étoit l'éloge de la Vertu & la Satyre de la feule Hypocrifie, on permit qu'on jouât fur le Théâtre Italien *Scaramouche Hermite*, Piéce très-froide, fi elle n'eût été licentieufe, dans laquelle un Hermite vétu en Moine monte la nuit

nuit par une échelle à la fenêtre d'une femme mariée, & y reparoit de tems en tems, en difant : *Qu'efto, è per mortificar la carne.* On fait fur cela le mot du Grand Condé. Au bout de quelque-tems, Moliére fut délivré de la perfécution ; il obtint un ordre du Roi par écrit de reprefenter *le Tartuffe*. Les Comédiens, fes camarades, voulurent que Moliére eut toute fa vie deux parts dans le gain de la Troupe, toutes les fois qu'on joueroit cette Piéce. Elle fut reprefentée trois mois de fuite, & durera autant qu'il y aura en France du goût & des hypocrites. Aujourd'hui bien des gens regardent comme une leçon de morale cette même Piéce, qu'on trouvoit autrefois fi fcandaleufe. On peut hardiment avancer que les difcours de Cléante, dans lefquels la vertu vraïe & éclairée eft opofée à la dévotion imbécile d'Orgon, font, à quelques expreffions près, le plus fort & le plus élégant Sermon que nous aïons en notre langue : & c'eft peut-être ce qui révolta davantage ceux qui parloient moins bien dans la Chaire, que Moliére au Théâtre.

Voïez fur-tout cet endroit ;

Allez, tous vos difcours ne me font point de peur ;
Je fai comme je parle, & le Ciel voit mon cœur ;
Il eft de faux-dévots, ainfi que de faux-braves, *&c.*

Presque tous les caractéres de cette Piéce sont originaux ; il n'y en a aucun qui ne soit bon, & celui du *Tartuffe* est parfait. On admire la conduite de la Piéce, jusqu'au dénoûment ; on sent combien il est forcé, & combien les louanges du Roi, quoique mal amenées, étoient nécessaires pour soutenir Moliére contre ses ennemis.

Dans les premiéres représentations, *l'Imposteur* se nommoit Panulphe, & ce n'étoit qu'à la derniére qu'on aprenoit son véritable nom de *Tartuffe*, sous lequel ses impostures étoient suposées être connuës du Roi ; à cela près, la Piéce étoit comme elle est aujourd'hui : le changement le plus marqué qu'on y ait fait, est à ce Vers.

O Ciel ! pardonnes-moi la douleur qu'il me donne.

Il y avoit,

O Ciel ! pardonne-moi, comme je lui pardonne.

Qui croiroit que le succès de cette admirable Piéce ait été balancé par celui d'une Comédie, qu'on apelle *la Femme Juge & Partie*, qui fut jouée à l'Hôtel-de-Bourgogne, aussi long-tems que *le Tartuffe* au Palais-Roïal ? Montfleury, Comédien de l'Hôtel-de-Bourgogne, Auteur de *la Femme Juge & Partie*, se croïoit égal à Moliére, & la Préface qu'on a mise au-devant du Recueil de ce Montfleury,

fleury, avertit que Mr. de Montfleury étoit un grand homme. Le succès de *la Femme Juge & Partie*, & de tant d'autres Piéces médiocres, dépend uniquement d'une situation que le jeu d'un Acteur fait valoir. On sait qu'au Théâtre il faut peu de chose pour faire réussir ce qu'on méprise à la lecture : on representa sur le Théâtre de l'Hôtel-de-Bourgogne, à la suite de *la Femme Juge & Partie*, la *Critique du Tartuffe*. Voici ce qu'on trouve dans le Prologue de cette Critique.

Moliére plaît assez; c'est un bouffon plaisant,
Qui divertit le monde en le contrefaisant ;
Ses grimaces souvent causent quelques surprises ;
Toutes ses Piéces sont d'agréables sottises ;
Il est mauvais Poëte & bon Comédien.
Il fait rire ; & de vrai, c'est tout ce qu'il fait bien.

On imprima contre lui vingt libelles ; un Curé de Paris s'avilit jusqu'à composer une de ces Brochures, dans laquelle il débutoit par dire qu'il falloit brûler Moliére. Voilà comme ce grand homme fut traité de son vivant ; mais l'aprobation du Public éclairé lui donnoit une gloire qui le vengeoit assez.

Mʀ. DE POURCEAUGNAC.

E fut à la représentation de cette Comédie, * que la Troupe de Moliére prit, pour la premiére fois, le titre de la *Troupe du Roi*. *Pourceaugnac* est une Farce ; mais il y a dans toutes les Farces de Moliére des Scènes dignes de la haute-Comédie. Un homme supérieur, quand il badine, ne peut s'empêcher de badiner avec esprit. Lully qui n'avoit pas encore le Privilége de l'Opéra, fit la Musique du *Ballet de Pourceaugnac* ; il y dansa, il y chanta, il y joua du violon. Tous les grands talens étoient emploïez aux divertissemens du Roi ; & tout ce qui avoit raport aux beaux arts étoit honorable.

On n'écrivit point contre *Pourceaugnac* : on ne cherche à rabaisser les grands hommes que quand ils veulent s'élever ; loin d'examiner sévérement cette Farce, les gens de bon goût

---

* Comédie-Ballet, en Prose & en trois Actes, faite & jouée à Chambord pour le Roi, au mois de Septembre 1669. & représentée sur le Théâtre du Palais-Roïal le 15. Novembre de la même année.

goût reprochérent à l'Auteur d'avilir trop souvent son génie à des ouvrages frivoles qui ne méritoient pas d'examen ; mais Moliére leur répondoit, qu'il étoit Comédien, auſſi-bien qu'Auteur, qu'il falloit réjouïr la Cour & atirer le Peuple, & qu'il étoit réduit à conſulter l'intérêt de ſes Acteurs, auſſi-bien que ſa propre gloire.

PSICHÉ.

PSICHÉ.*

LE SPECTACLE DE L'OPE'RA, connu en France sous le Ministére du Cardinal Mazarin, étoit tombé par sa mort. Il commençoit à se relever. Perrin, Introducteur des Ambassadeurs, chez Mr. Lambert, Intendant de la Musique de la Reine-Mere, & le Marquis de Sourdiac, homme de goût, qui avoit du génie pour les Machines, avoient obtenu en 1669. le Privilége de l'Opéra; mais ils ne donnérent rien au Public qu'en 1671. On ne croïoit pas alors que les Français pussent jamais soutenir trois heures de Musique, & qu'une de Tragédie toute chantée pût réussir. On pensoit que le comble de la perfection est une Tragédie déclamée, avec des Chants & des Danses dans les Intermédes. On ne songeoit pas que si une Tragédie est belle & intéressante,

---

* Tragédie-Ballet, en Vers libres & en cinq Actes, représentée devant le Roi dans la Salle des Machines du Palais des Thuilleries, en Janvier & durant le Carnaval de l'année 1670. & donnée au Public sur le Théâtre du Palais Roïal en 1671.

fante, les entr'Actes de Musique doivent en devenir froids, & que si les Intermédes sont brillans, l'oreille a peine à revenir tout-d'un-coup, du charme de la Musique, à la simple déclamation. Un Ballet peut délasser dans les entr'Actes d'une Piéce ennuïeuse ; mais une bonne n'en a pas besoin, & l'on joüe *Athalie*, sans les Chœurs & sans la Musique ; ce ne fut que quelques années après que Lully & Quinault nous aprirent qu'on pouvoit chanter toute une Tragédie, comme on faisoit en Italie, & qu'on la pouvoit même rendre intéressante ; perfection que l'Italie ne connoissoit pas.

Depuis la mort du Cardinal de Mazarin, on n'avoit donc donné que des Piéces en Machines, avec des divertissemens en Musique, tels qu'*Androméde*, & la *Toison d'Or*. On voulut donner au Roi, & à la Cour, pour l'hyver de 1670. un divertissement dans ce goût, & y ajoûter des Danses. Moliére fut chargé du choix du sujet. Il prit celui de *Psiché*. Le sujet de la Fable, le plus ingénieux & le plus galant, & qui étoit alors en vogue par le Roman aimable, quoique beaucoup trop alongé, que la Fontaine venoit de donner en 1669.

Il ne put faire que le premier Acte, la premiére Scène du second, & la premiére du troisiéme ; le tems pressoit, Pierre Corneille se chargea du reste de la Piéce ; il voulut bien s'assujétir au plan d'un autre ; & ce génie mâle que l'âge rendoit sec & sévére, s'amolit pour plaire à Louïs XIV. L'Auteur de *Cinna* fit à l'âge de soixante & sept ans cette déclaration de *Psiché à l'Amour*, qui passe encore pour un des morceaux les plus tendres & les plus naturels qui soient au Théâtre.

Toutes les paroles qui se chantent sont de Quinault. Lully composa les airs. Il ne manquoit à cette Société de grands hommes, que le seul Racine, afin que tout ce qu'il y eut jamais de plus excellent au Théâtre se fut réuni pour servir un Roi, qui méritoit d'être servi par de tels hommes.

Psiché n'est pas une excellente Piéce, & ces derniers Actes en sont très-languissans; mais la beauté du sujet, les ornemens dont elle fut embellie, & la dépense Roïale qu'on fit pour le Spectacle, firent pardonner ses défauts.

LES AMANS MAGNIFIQUES.

Louis XIV. lui-même donna le sujet de cette Piéce à Moliére.* Il voulut qu'on repréfentât deux Princes qui fe difputeroient une Maîtreffe, en lui donnant des Fêtes magnifiques & galantes. Moliére fervoit le Roi avec précipitation. Il mit dans cet Ouvrage deux Perfonnages qu'il n'avoit pas encore fait paroître fur fon Théâtre, un Aftrologue & un Fou de Cour. Le monde n'étoit point alors défabufé de l'Aftrologie-Judiciaire; on y croïoit d'autant plus, qu'on connoiffoit moins la véritable Aftronomie. Il eft raporté dans *Vittorio Siri*, qu'on n'avoit pas manqué à la naiffance de Louis XIV. de faire tenir un Aftrologue dans un Cabinet, voifin de celui où la Reine acouchoit. C'eft dans les Cours

que

---

* Comédie-Ballet, en Profe & en cinq Actes, repréfentée devant le Roi à Saint Germain-en-Laye au mois de Février 1670.

que cette superstition régne davantage ; parce que c'est-là qu'on a plus d'inquietude sur l'avenir.

Les Fous y étoient aussi à la mode ; chaque Prince & chaque Grand Seigneur même avoit son Fou ; & les hommes n'ont quitté ce reste de barbarie, qu'à mesure qu'ils ont plus connu les plaisirs de la Société, & ceux que donnent les beaux Arts ; le Fou, qui est représenté dans Moliére, n'est point un Fou ridicule, tel que le Moron de *la Princesse d'Elide* ; mais un homme adroit, & qui aïant la liberté de tout dire, s'en sert avec habileté & avec finesse. La Musique est de Lully. Cette Piéce ne fut jouée qu'à la Cour, & ne pouvoit guéres réussir que par le mérite du Divertissement & par celui de l'Apropos.

On ne doit pas omettre que dans les Divertissemens des *Amans Magnifiques*, il se trouve une traduction de l'Ode d'Horace,

Donec gratus eram tibi.

LE BOURGEOIS-GENTILHOMME.

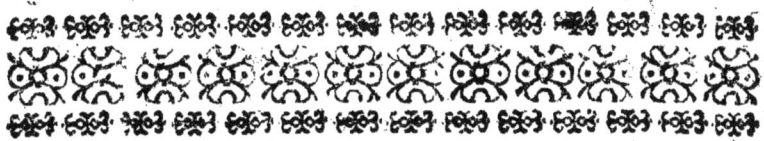

LE BOURGEOIS-GENTILHOMME * est un des plus heureux sujets de Comédie que les ridicules des hommes aïent jamais pu fournir ; la vanité, attribut de l'espéce humaine, fait que des Princes prennent le titre de Roi, que les Grands Seigneurs veulent être Princes, & comme dit la Fontaine :

Tout Prince à des Ambassadeurs ;
Tout Marquis veut avoir des Pages.

Cette faiblesse est précisément la même que celle d'un Bourgeois qui veut être homme de qualité ; mais la folie du Bourgeois, est la seule qui soit comique & qui puisse faire rire au Théâtre. Ce sont les extrêmes disproportions des maniéres & du langage d'un homme,

Comédie-Ballet, en Prose & en cinq Actes, faite & jouée à Chambord au mois d'Octobre 1670. & representée à Paris le 23. Novembre de la même année.

me, avec les airs & les discours qu'il veut affecter, qui font un ridicule plaisant. Cette espéce de ridicule ne se trouve point dans des Princes, ou dans des hommes élevez à la Cour, qui couvrent toutes leurs folies du même air & du même langage; mais ce ridicule se montre tout entier dans un Bourgeois élevé grossiérement, & dont le naturel fait à tout moment un contraste avec l'art dont il veut se parer. C'est ce naturel grossier, qui fait le plaisant de la Comédie ; & voilà pourquoi ce n'est jamais que dans la vie commune qu'on prend les personnages comiques. *Le Misantrope* est admirable, *le Bourgeois-Gentilhomme* est plaisant.

Les quatre premiers Actes de cette Piéce peuvent passer pour une Comédie ; le cinquiéme est une Farce qui est réjouissante, mais trop peu vrai-semblable ; Moliére auroit pu donner moins de prises à la Critique, en supposant quelqu'autre homme que le fils du Grand Turc ; mais il cherchoit par ce divertissement plutôt à réjouir qu'à faire un ouvrage régulier.

Lully fit aussi la Musique du Ballet, & il joua comme dans *Pourceaugnac*.

LES FOURBERIES DE SCAPIN.

Es Fourberies de Scapin, font une de ces Farces que Moliére avoit préparées en Province. Il n'avoit pas fait fcrupule d'y inférer deux Scènes entiéres *du Pédant joüé*, mauvaife Piéce de Cirano de Bergerac. On prétend que quand on lui reprochoit ce plagiarifme, il répondoit ; ces deux Scènes font affez bonnes ; cela m'apartenoit de droit ; il eft permis de reprendre fon bien par tout où on le trouve.

Si Moliére avoit donné la Farce des *Fourberies de Scapin* pour une vraïe Comédie, Defpréaux auroit eu raifon de dire dans fon Art Poëtique :

C'eft

* Comédie en Profe & en trois Actes, reprefentée fur le Théâtre du Palais-Roïal le 24. Mai 1671.

C'est par-là que Moliére illustrant ses Ecrits,
Peut-être de son Art eut remporté le prix,
Si moins ami du Peuple en ses doctes peintures,
Il n'eût point fait souvent grimacer ces figures,
Quitté pour le boufon l'agréable & le fin,
Et sans doute à Térence allié Tabarin ;
Dans ce sac ridicule où Scapin s'envelope,
Je ne reconnois plus l'Auteur du Misantrope.

On pourroit répondre à ce grand Critique, que Moliére n'a point allié Térence avec Tabarin dans ses vraïes Comédies, où il surpasse Térence ; que s'il a déféré au goût du Peuple, c'est dans ses Farces, dans le seul titre annoncé du bas-Comique, & que ce bas-Comique étoit nécessaire pour soutenir son Théâtre. On auroit raison d'avouer qu'on ne reconnoit pas Pierre Corneille dans ses derniers Ouvrages ; parce que ses derniers Ouvrages étant du même genre que les premiers, devoient être du même ton. Corneille avoit perdu son génie, & ne le sentoit pas. Il dit au Roi dans une Epitre ;

Othon & Suréna,
Ne sont point des cadets indignes de Cinna.

Au lieu que Moliére ne pensoit pas que les

Fourberies de Scapin, & *le Mariage forcé* valussent *l'Avare*, *le Tartuffe*, & *le Misantrope*, ou fussent du même genre. De plus, comment Despréaux peut-il dire que Moliére peut-être de son Art eut emporté le prix? Qui aura donc le prix, si Moliére ne l'a pas?

LA COMTESSE D'ESCARBAGNAS.

C'EST une Farce ; * mais toute de caractéres, qui est une peinture naïve, peut-être en quelques endroits trop simples, des ridicules de Province, ridicules dont on s'est beaucoup corrigé, à mesure que le goût de la société & de la politesse aisée, qui régne en France, se sont répandus de proche en proche.

* Petite Comédie en un Acte & en Prose, representée devant le Roi à Saint Germain-en-Laye, en Février 1672. & à Paris, sur le Théâtre du Palais-Roïal, le 8. Juillet de la même année.

D 5   LE^c

LES
FEMMES SAVANTES.

ETTE Comédie,* qui est mise par les connoisseurs dans le rang *du Tartuffe* & *du Misantrope*, ataquoit un ridicule, qui ne sembloit propre à réjouir ni le Peuple ni la Cour, à qui ce ridicule paroit être également étrange : elle fut reçuë d'abord assez froidement ; mais les connoisseurs rendirent bien-tôt à Moliére les suffrages de la Ville, & un mot du Roi lui donna ceux de la Cour ; l'intrigue, qui en éfet a quelque chose de plus plaisant que celle du Misantrope, soutint la Piéce long-tems.

Plus on la vit, & plus on admira comment Moliére avoit pu jetter tant de comique sur un sujet qui paroissoit fournir plus de pédanterie que d'agrément. Tous ceux qui sont au fait de l'Histoire littéraire de ce tems-là, savent que Ménage y est joué sous le nom de *Vadius*, & que *Trissotin* est le fameux Abbé

* Comédie en Vers & en cinq Actes, representée sur le Théâtre du Palais-Roïal le 11. Mars 1672.

bé Cottin, si connu par les Satyres de Despréaux. Ces deux hommes étoient, pour leur malheur, ennemis de Moliére; ils avoient voulu persuader au Duc de Montausier que le Misantrope étoit fait contre lui; quelque tems après, ils avoient eu chez Mademoiselle, Fille de Gaston de France, la Scène que Moliére a si bien renduë dans les *Femmes Savantes*. Le malheureux Cottin écrivoit également contre Ménage, contre Moliére, & contre Despréaux; les Satyres de Despréaux l'avoient déja couvert de honte; mais Moliére l'acabla. Trissotin étoit apellé aux premiéres représentations *Tricotin*; l'Acteur qui le representoit, avoit affecté, autant qu'il avoit pû, de ressembler à l'original par la voix & par le geste; enfin, pour comble de ridicule, les Vers de Trissotin sacrifiez sur le Théâtre à la risée publique, étoient de l'Abbé Cottin même. S'ils avoient été bons, & si leur Auteur avoit valu quelque chose, la Critique sanglante de Moliére, & celle de Despréaux, ne lui eussent pas ôté sa réputation. Moliére lui-même avoit été joué aussi cruellement sur le Théâtre de l'Hôtel-de-Bourgogne, & n'en fut pas moins estimé. Le vrai mérite résiste à la Satyre; mais Cottin étoit bien loin de pouvoir se soutenir contre de telles ataques; on dit qu'il fut si acablé de ce dernier coup, qu'il tomba dans une

mélan-

mélancolie qui le conduifit au tombeau. Les Satyres de Defpréaux coutérent auffi la vie à l'Abbé Caffaignes, trifte éfet d'une liberté plus dangereufe qu'utile, & qui flâte plus la malignité humaine, qu'elle n'infpire le bon goût; la meilleure fatyre qu'on puiffe faire des mauvais Poëtes, c'eft de donner d'excellens Ouvrages. Moliére & Defpréaux n'avoient pas befoin d'y ajouter des injures.

LE MALADE IMAGINAIRE

C'EST une de ces Farces de Moliére, * dans laquelle on trouve beaucoup de Scènes dignes de la haute - Comédie. La naïveté, peut-être poussée trop loin, en fait le principal caractére. Ses Farces ont le défaut d'être quelquefois un peu trop basses, & ses Comédies de n'être pas toujours assez intéressantes; mais avec tous ces défauts-là, il sera toujours le premier de tous les Poëtes Comiques. Depuis lui le Théâtre Français s'est soutenu, & même a été asservi à des loix de décence plus rigoureuses que du tems de Moliére. On n'oseroit aujourd'hui hazarder la Scène où *le Tartuffe* presse la femme de son hôte ; on n'oseroit se servir des termes de *fils de Putain*, de *Carogne*, & même de *Cocu* ; la plus exacte bienséance régne dans les Piéces modernes.

Il

* Comédie en trois Actes, avec des Intermédes, representée sur le Théâtre du Palais-Roïal le 10. Février 1673.

Il est étrange que tant de régularité n'ait pû lever encore cette tache qu'un préjugé très-injuste atache à la profession de Comédien; ils étoient honorés dans Athènes, où ils representoient de moins bons Ouvrages; il y a de la cruauté à vouloir avilir des hommes nécessaires à un Etat bien policé, qui exercent sous les yeux des Magistrats un talent très-dificile & très-estimable; mais c'est le sort de tous les gens à talent, qui sont sans pouvoir, de travailler pour un Public ingrat.

LETTRE

LETTRE
SUR
L'INCENDIE
DE LA
VILLE D'ALTENA.*

L'Extreme dificulté que nous avons en France de faire venir des Livres de Hollande, eſt cauſe que je n'ai vû que tard le neuviéme Tome de la *Bibliothéque Raiſonnée*; & je dirai en paſſant, que ſi le reſte de ce Journal répond à ce que j'en ai parcouru, les gens de Lettres ſont à plaindre en France de ne le pas connoître.

A la page 469. de ce neuviéme Tome, ſeconde Partie, j'ai trouvé une Lettre contre moi, par laquelle on me reproche d'avoir calomnié

---

*Cette Lettre ici tranſpoſée, doit être au Tome IV. avant les Penſées de Paſcal. Pag. 305.

lomnié la ville de Hambourg dans l'Histoire de Charles XII.

Depuis quelques jours, un Hambourgeois, homme de Lettres & de mérite, nommé Mr. Richey, m'aïant fait l'honneur de me venir voir, m'a renouvellé ces plaintes au nom de ses Compatriotes.

Voici le fait, & voici ce que je suis obligé de déclarer.

Dans le fort de cette guerre malheureuse, qui a ravagé le Nord, les Comtes de Steinbock & de Welling, Généraux du Roi de Suède, prirent en 1713. dans la ville de Hambourg même, la résolution de brûler Altena, Ville commerçante, apartenant aux Danois, & qui commençoit à faire quelque ombrage au commerce de Hambourg.

Cette résolution fut exécutée sans miséricorde la nuit du neuf Janvier. Ces Généraux couchérent à Hambourg cette nuit-là même; ils y couchérent le 10, le 11, le 12, & le 13, & datérent de Hambourg les Lettres qu'ils écrivirent, pour tâcher de justifier cette barbarie.

Il est encore certain, & les Hambourgeois n'en disconviennent pas, qu'on refusa l'entrée de Hambourg à plusieurs Altenois, à des vieillards, à des femmes grosses, qui y vinrent demander un refuge, & que quelques-uns de ces misérables expirérent sous les murs de cette Ville, au milieu de la neige & de la glace, con-
sumés

fumés de froid & de miſére, tandis que leur Patrie étoit en cendres.

J'ai été obligé de raporter ces faits dans l'Hiſtoire de Charles XII. Un de ceux qui m'ont communiqué des Mémoires, me marque très-poſitivement dans une de ſes Lettres, que les Hambourgeois avoient donné de l'argent au Comte de Steinbock, pour l'engager à exterminer Altena, comme la rivale de leur commerce. Je n'ai point adopté une accuſation ſi grave ; quelque raiſon que j'aïe d'être convaincu de la méchanceté des hommes, je n'ai jamais cru le crime ſi aiſément ; j'ai combatu éficacement plus d'une calomnie, & je ſuis le ſeul qui ait oſé juſtifier la mémoire du Comte Piper par des raiſons, lorſque toute l'Europe le calomnioit par des conjectures.

Au lieu donc de ſuivre le Mémoire qu'on m'avoit envoïé, je me ſuis contenté de raporter, *qu'on diſoit* que les Hambourgeois avoient donné ſecrettement de l'argent au Comte de Steinbock.

Ce bruit a été univerſel & fondé ſur des aparences ; un Hiſtorien peut raporter les bruits auſſi-bien que les faits ; & quand il ne donne une rumeur publique, une opinon, que pour une opinon, & non pour une vérité, il n'en eſt ni reſponſable ni répréhenſible.

Mais lorſqu'il aprend que cette opinion populaire eſt fauſſe & calomnieuſe, alors ſon devoir

voir est de le déclarer & de remercier publiquement ceux qui l'ont instruit.

C'est dans le cas où je me trouve. Mr. Richey m'a démontré l'innocence de ses Compatriotes. *La Bibliothéque Raisonnée*, a aussi très-solidement repoussé l'acusation intentée contre la ville de Hambourg. L'Auteur de la Lettre contre moi, est seulement répréhensible, en ce qu'il m'atribuë d'avoir dit positivement que la ville de Hambourg étoit coupable ; il devoit distinguer entre l'opinion d'une partie du Nord, que j'ai raportée comme un bruit vague, & l'afirmation qu'il m'impute. Si j'avois dit en éfet, *la ville d'Hambourg a acheté la ruine de la ville d'Altena*, je lui en demanderois pardon très-humblement, persuadé qu'il n'y a de honte qu'à ne se point rétracter quand on a tort. Mais j'ai dit la vérité, en raportant un bruit qui a couru ; & je dis la vérité, en disant qu'aïant examiné ce bruit, je l'ai trouvé plein de fausseté.

Je dois encore déclarer, qu'il régnoit des maladies contagieuses à Altena dans le tems de l'Incendie, & que si les Hambourgeois n'avoient point de Lazarets (comme on me l'a assuré) point d'endroit où l'on pût mettre à couvert & séparément les vieillards & les femmes qui périrent à leur vûë ; ils sont très-excusables de ne les avoir pas recueillis ; car la conservation de sa propre Ville doit être préférée au salut des Etrangers.

J'au-

J'aurai très-grand foin que l'on corrige cet endroit de l'Hiftoire de Charles XII. dans la nouvelle édition commencée à Amfterdam, & qu'on le réduife à l'exacte vérité dont je fais profeffion, & que je préfére à tout.

J'aprens auffi que l'on a inféré dans des papiers hebdomadaires des Lettres auffi outrageantes que mal écrites du Poëte Rouffeau, au fujet de la Tragédie de Zaïre. Cet Auteur de plufieurs Piéces de Théâtre, toutes fiflées, fait le procès à une Piéce qui a été reçûë du Public avec affez d'indulgence : & cet Auteur de tant d'ouvrages impies me reproche publiquement d'avoir peu refpecté la Religion dans une Tragédie, repréfentée avec l'aprobation des plus vertueux Magiftrats, luë par Mgr. le Cardinal de Fleury, & qu'on repréfente déja dans quelques Maifons Religieufes. On me fera bien l'honneur de croire que je ne m'avilirai pas à répondre au Poëte Rouffeau.

JUGE-

JUGEMENT
SUR LE
TEMPLE DU GOÛT
DE MONSIEUR
DE VOLTAIRE.

ONSIEUR *de Voltaire* prétend n'avoir fait dans cet Ouvrage qu'expofer en abregé les fentimens du Public, fur les *Français* qui ont cultivé les Sciences & les beaux Arts, fous les deux derniers Régnes & fous celui-ci. Il s'exprime ailleurs, comme fi ce n'étoit qu'une plaifanterie d'une fociété qu'il fréquentoit, & où chacun lui fourniffoit fes idées, ne lui laiffant guéres d'autre fonction que celle de les mettre par écrit. On pourra bien s'en tenir à cette feconde maniére de raconter la chofe. Quelle aparence effectivement que ce foit du Public que Monfieur *de Voltaire* ait apris le mal qu'il dit dès la Préface de *Voiture*, de *Balzac*,

de

de *Bayle*, de *Pélisson*, de *Ségrais*, de *Benserade*, de *Saint Evremond*, de *Pavillon*, de *Rousseau*, de *la Motte*, de Monsieur de *Fontenelle* même ? Est-il probable que ce soit d'après le public qu'il modifie comme il fait les éloges de *Corneille*, de *Boileau*, de *Racine*, du Comte de *Bussy*, de *Chapelle*, de *Chaulieu*, du Cardinal de *Richelieu*, & de l'Archevêque de *Cambray* ? Seroit-ce le Public qui lui auroit dit que les *François* n'ont eu d'Ecrivain véritablement éloquent que le célèbre Evêque de *Meaux* ? Quoiqu'il en soit, il y a du feu, de la versification, du goût dans cet Ouvrage, & il n'en est pas moins vrai qu'on en pourroit faire une fort bonne Critique, ne fût-ce que par raport au défaut d'invention qu'on y remarque.

REFLE-

RÉFLEXIONS
SUR LA MORT DE CÉZAR,
TRAGEDIE DE M. DE VOLTAIRE.

IL feroit à fouhaiter que Monfieur de Voltaire eût fait lui-même l'examen de fa Piéce, avec autant de févérité que le grand Corneille le faifoit des fiennes, peut-être auroit-il répondu à quelques dificultés qui nous arrêtent. Les Vers font harmonieux & coulans, les fentimens font nobles. Il y a dans le deffein un très-grand art ; l'amitié remplace admirablement l'amour ; l'unité de lieu, l'unité des tems font exactement obfervés. Cependant nous ofons dire que nous croïons y trouver quelques défauts contre des régles, qui ont paffé jufqu'ici pour effentielles. Le vrai, ou le vrai-femblable, font le fond d'une Tragédie ; c'eft pour ainfi dire la bafe des grands fentimens qu'on y débite : fans cela ce n'eft plus qu'une vaine déclamation. Or, Brutus n'a point été fils de Cézar ; jamais il n'a paffé pour l'être. Si quelque Auteur a infinué ce foupçon, les autres l'ont démenti ; l'opinion contraire a tellement prévalu, qu'elle a toujours paffé pour

une

une vérité constante. Il n'est pas possible d'entendre dire le contraire sans une espéce de peine, que la beauté des Vers & la grandeur des sentimens suspend à la vérité ; mais il est naturel qu'on se reproche d'avoir aplaudi contre les régles, & à l'Auteur d'avoir substitué la Fable, ou du moins quelque soupçon méprisé, à la vérité.

Le vrai-semblable est encore plus essentiel que le vrai, dont même on peut s'éloigner quand il n'est pas d'une notoriété publique. Est-il vrai-semblable ? on prend la liberté de le demander à Monsieur de Voltaire, est-il vrai-semblable que Cézar entende Brutus lui parler comme il fait, qu'il soit témoin de ses incertitudes, des espéces de remords dont il est agité, sans connoître qu'on conspiroit contre lui, & que ce prétendu fils étoit du nombre des Conjurés ? Lui étoit-il difficile de deviner les autres, après qu'ils lui avoient parlé comme ils avoient fait ?

A-t'on pû voir, sans frémir, Brutus, persuadé qu'il est fils de Céfar, persister dans le dessein d'être le premier à lui plonger le poignard dans le sein, & l'admiration de son amour sublime pour sa Patrie a-t'elle pû diminuer l'horreur qu'à dû causer le parricide ? Pour la fermeté de Cézar, après qu'on lui a dit distinctement qu'il y va de sa vie, c'est une opiniâtreté inconcevable. Un Héros ne
doit

doit méprifer la mort que lorfque fa gloire ou fon devoir exigent qu'il expofe fa vie. Ni l'un ni l'autre ne fe trouvent dans les circonftances où étoit alors Cézar.

Eft-il vrai-femblable que les Romains croïent tout d'un coup fur la parole d'Antoine, que Brutus eft fils de Cézar ? La grande impreffion que ce fecret révélé fait fur les Romains, ne prouve-t'elle pas que la fermeté de Brutus eft une vraïe férocité ?

Enfin les trois derniéres Scènes font de trop. La mort de Cézar eft le fujet & le titre de la Piéce. L'atente du Spectateur doit être remplie par cette mort. S'il eft curieux d'en connoître les fuites & d'aprendre les fentimens du Peuple Romain, c'eft une curiofité peu raifonnable & contre les régles ; l'Auteur ne devoit pas même penfer à la fatisfaire.

N'eft-ce point encore un défaut que d'introduire fur la fcène des perfonnages tout-à-fait muets ? Cafca, Cinna, que le titre de plufieurs Scènes annonce, ne difent pas un feul mot.

Malgré ces défauts, cette Tragédie a tant de vraïes beautés, qu'elle eft digne d'être comparée aux plus belles que nous aïons. On n'en citera aucun endroit, parce qu'ils mériteroient prefque tous d'être diftingués.

FIN.

DISCOURS
PRONONCEZ
DANS L'ACADÉMIE
FRANÇOISE,
Le lundi 9. Mai MCCXLVI.
A LA RÉCEPTION
DE M. DE VOLTAIRE.

M. DE VOLTAIRE, *Historiographe de France, aiant été élû par Messieurs de l'Académie Française à la place de feu M. le Président* BOUHIER, *y vint prendre séance le lundi 9. Mai 1746. & prononça le Discours qui suit.*

ESSIEURS,

VOTRE FONDATEUR mit dans votre établissement toute la noblesse & la grandeur de son son ame : il voulut que vous fussiés toujours libres & égaux. En éfet, il dut élever au-dessus de la dépendance, des hommes qui étoient au-dessus de l'intérêt, & qui, aussi généreux que lui, faisoient aux LETTRES l'honneur qu'elles méritent, de les cultiver pour elles-mêmes. Il étoit peut-être à craindre qu'un jour des travaux si honorables ne se ralentissent. Ce fut pour les conserver dans leur vigueur, que vous vous fites une régle de n'admettre aucun Académicien, qui ne résidât dans Paris. Vous vous êtes

A 2 écar-

écartez fagement de cette loi, quand vous avez reçu de ces génies rares que leurs dignitez apelloient ailleurs ; mais que leurs ouvrages touchans ou fublimes, rendoient toujours préfens parmi vous : car ce feroit violer l'efprit d'une loi, que de n'en pas tranfgreffer la lettre en faveur des grands hommes. Si feu Monfieur le Préfident Bouhier, après s'être flâté de vous confacrer fes jours, fut obligé de les paffer loin de vous, l'Académie & luï fe confolérent, parce qu'il n'en cultivoit pas moins vos fciences dans la ville de Dijon, qui a produit tant d'hommes de Lettres, & où le mérite de l'efprit femble être un des caractéres des Citoïens.

Il faifoit reffouvenir la France de ces temps où les plus auftéres Magiftrats, confommez comme lui dans l'étude des Loix, fe délaffoient des fatigues de leur état dans les travaux de la Littérature. Que ceux qui méprifent ces travaux aimables ; que ceux qui mettent je ne fais quelle miférable grandeur à fe renfermer dans le cercle étroit de leurs emplois, font à plaindre ! Ignorent-ils que Cicéron, après avoir rempli la premiére place du monde, plaidoit encore les caufes des Citoïens, écrivoit fur la nature des Dieux, conféroit avec des Philofophes ; qu'il alloit au Théâtre ; qu'il daignoit cultiver l'amitié d'Efopus & de Rofcius, & laiffoit aux petits efprits leur conftante gravité, qui n'eſt que le maſque de la médiocrité ?

Monſieur le Préſident Bouhier étoit très-ſavant ; mais il ne reſſembloit pas à ces Savans inſociables & inutiles, qui négligent l'étude de leur propre langue, pour ſavoir imparfaitement des langues anciennes ; qui ſe croient en droit de mépriſer le ſiécle, parce qu'ils ſe flâtent d'avoir quelques connoiſſances des ſiécles paſſez ; qui ſe récrient ſur un paſſage d'Eſchyle, & n'ont jamais eu le plaiſir de verſer des larmes à nos ſpectacles.

Il traduiſit le Poëme de Pétrone ſur la Guerre Civile ; non qu'il penſât que cette déclamation, pleine de penſées fauſſes, approchât de la ſage & élégante nobleſſe de Virgile : il ſavoit que la Satyre de Pétrone, quoique ſemée de traits charmans, n'eſt que le caprice d'un jeune homme obſcur, qui n'eut de frein ni dans ſes mœurs, ni dans ſon ſtile. Des hommes qui ſe ſont donnez pour des Maîtres de goût & de volupté, eſtiment tout dans Pétrone ; & Monſieur Bouhier plus éclairé, n'eſtime pas même tout ce qu'il a traduit : c'eſt un des progrès de la raiſon humaine dans ce ſiécle, qu'un Traducteur ne ſoit plus idolâtre de ſon Auteur, & qu'il ſache lui rendre juſtice comme à un contemporain.

Il exerça ſes talens ſur ce Poëme, ſur l'Hymne à Vénus, ſur Anacréon, pour montrer que les Poëtes doivent être traduits en vers : c'étoit une opinion qu'il défendoit avec chaleur, & on ne fera pas étonné que je me range à son sentiment.

Qu'il me soit permis, Messieurs, d'entrer ici avec vous dans ces discussions littéraires ; mes doutes me vaudront de vous des décisions. C'est ainsi que je pourrai contribuer au progrès des Arts ; & j'aimerois mieux prononcer devant vous un Discours utile, qu'un Discours éloquent.

Pourquoi Homére, Théocrite, Lucréce, Virgile, Horace, sont-ils heureusement traduits chez les Italiens & chez les Anglois ? Pourquoi ces nations n'ont-elles aucun grand Poëte de l'Antiquité en prose & que nous n'en avons encore eu aucun en vers ? Je vais tâcher d'en démêler la raison.

La difficulté surmontée dans quelque genre que ce puisse être, fait une grande partie du mérite. Point de grandes choses sans de grandes peines : & il n'y a point de nation au monde chez laquelle il soit plus difficile que chez la nôtre, de rendre une véritable vie à la Poësie ancienne.

Les premiers Poëtes formérent le génie de leur langue ; les Grecs & les Latins emploiérent d'abord la Poësie à peindre les objets sensibles de toute la nature. Homere exprime tout ce qui frappe les yeux : les François qui
n'ont

n'ont guéres commencé à perfectionner la grande Poëſie qu'au Théâtre, n'ont pû & n'ont dû exprimer alors que ce qui peut toucher l'ame.

Nous nous ſommes interdits nous-mêmes inſenſiblement preſque tous les objets que d'autres nations ont oſé peindre. Il n'eſt rien que le Dante n'exprimât, à l'exemple des Anciens : il accoutuma les Italiens à tout dire ; mais nous, comment pourrions-nous aujourd'hui imiter l'Auteur des Géorgiques, qui nomme ſans détour tous les inſtrumens de l'agriculture ? A peine les connoiſſons-nous, & notre molleſſe orgueilleuſe dans le ſein du repos & du luxe de nos Villes, attache malheureuſement une idée baſſe à ces travaux champêtres, & au détail de ces Arts utiles, que les Maîtres & les Légiſlateurs de la Terre cultivoient de leurs mains victorieuſes.

Si nos bons Poëtes avoient ſçu exprimer heureuſement les petites choſes, notre langue ajoûteroit aujourd'hui ce mérite, qui eſt très-grand, à l'avantage d'être devenue la première langue du monde pour les charmes de la converſation, & pour l'expreſſion du ſentiment. Le langage du cœur & le ſtile du Théâtre ont entiérement prévalu : ils ont embelli la langue Françoiſe ; mais ils en ont reſſerré les agrémens dans des bornes un peu trop étroites.

A 4 Et

Et quand je dis ici, MESSIEURS, que ce font les grands Poëtes qui ont déterminé le génie des langues, je n'avance rien qui ne foit connu de vous. Les Grecs n'écrivirent l'Hiftoire que quatre cens ans après Homere. La langue Grecque reçut de ce grand Peintre de la Nature la fupériorité qu'elle prit chez tous les peuples de l'Afie & de l'Europe : c'eft Térence qui chez les Romains parla le premier avec une pureté toujours élégante ; c'eft Pétrarque qui, après le Dante, donna à la langue Italienne cette aménité & cette grace qu'elle a toujours confervées. C'eft à Lopés de Vega, que l'Efpagnol doit fa nobleffe & fa pompe ; c'eft Shakefpear, qui tout barbare qu'il étoit, mit dans l'Anglois cette force & cette énergie qu'on n'a jamais pû augmenter depuis, fans l'outrer, & par conféquent fans l'affoiblir. D'où vient ce grand effet de la Poëfie, de former & de fixer enfin le génie des peuples & de leurs langues ? La caufe en eft bien fenfible : les premiers bons vers, ceux-mêmes qui n'en ont que l'apparence, s'impriment dans la mémoire à l'aide de l'harmonie. Leurs tours naturels & hardis deviennent familiers ; les hommes qui font tous nez imitateurs, prennent infenfiblement la maniére de s'exprimer, & même de penfer, des premiers dont l'imagination a fubjugué celle des autres. Me défavouerez-vous donc, MESSIEURS,

quand

quand je dirai que le vrai mérite & la réputation de notre langue ont commencé à l'Auteur du Cid & de Cinna ?

Montagne avant lui étoit le seul livre qui attirât l'attention du petit nombre d'Etrangers qui pouvoient savoir le François ; mais le style de Montagne n'est ni pur, ni correct, ni précis, ni noble. Il est énergique & familier ; il exprime naïvement de grandes choses : c'est cette naïveté qui plaît ; on aime le caractére de l'Auteur ; on se plaît à se retrouver dans ce qu'il dit de lui-même, à converser, à changer de discours & d'opinion avec lui. J'entends souvent regretter le langage de Montagne, c'est son imagination qu'il faut regretter : elle étoit forte & hardie ; mais sa langue étoit bien loin de l'être.

Marot qui avoit formé le langage de Montagne, n'a presque jamais été connu hors de sa patrie ; il a été goûté parmi nous pour quelques contes naïfs, pour quelques épigrammes licentieuses, dont le succès est presque toujours dans le sujet ; mais c'est par ce petit mérite même que la langue fut long-tems avilie : on écrivit dans ce style les Tragédies, les Poëmes, l'Histoire, les livres de Morale.

Le judicieux Despréaux a dit : *Imitez de Marot l'élégant badinage.* J'ose croire qu'il auroit dit le *naïf* badinage, si ce mot plus vrai n'eût rendu son vers moins coulant. Il n'y a de véritablement bons ouvrages, que ceux qui paſſent chez les nations étrangéres, qu'on y apprend, qu'on y traduit ; & chez quel peuple a-t'on jamais traduit Marot ?

Notre langue ne fut long-tems après lui qu'un jargon familier, dans lequel on réuſſiſſoit quelquefois à faire d'heureuſes plaiſanteries ; mais quand on n'eſt que plaiſant, on n'eſt point admiré des autres nations ;

Enfin Malherbe vint, & le premier en France
Fit ſentir dans les vers une juſte cadence,
D'un mot mis en ſa place enſeigna le pouvoir.

Si Malherbe montra le premier ce que peut le grand Art des expreſſions placées, il eſt donc le premier qui fut *élégant*. Mais quelques Stances harmonieuſes ſuffiſoient-elles pour engager les Etrangers à cultiver notre langage ? Ils liſoient le Poëme admirable de la Jeruſalem, l'Orlando, le Paſtor Fido, les beaux morceaux de Pétrarque. Pouvoit-on aſſocier à ces chefs-d'œuvres un très-petit nombre de vers François, bien écrits à la vérité, mais foibles & preſque ſans imagination ?

La langue Françoiſe reſtoit donc à jamais dans la médiocrité, ſans un de ces génies faits pour changer & pour élever l'eſprit de toute une nation : c'eſt le plus grand de vos premiers Académiciens, c'eſt Corneille ſeul, qui
commença

commença à faire respecter notre langue des Etrangers, précisément dans le tems que le Cardinal de Richelieu commençoit à faire respecter la Couronne. L'un & l'autre portérent notre gloire dans l'Europe. Après Corneille, sont venus, je ne dis pas de plus grands génies, mais de meilleurs écrivains. Un homme s'éleva, qui fut à la fois plus passionné & plus correct; moins varié, mais moins inégal; aussi sublime quelquefois, & toujours noble sans enflure; jamais déclamateur, parlant au cœur avec plus de vérité, & plus de charmes.

Un de leurs contemporains, incapable peut-être du sublime qui éléve l'ame, & du sentiment qui l'attendrit, mais fait pour éclairer ceux à qui la nature accorda l'un & l'autre, laborieux, sévére, précis, pur, harmonieux, qui devint enfin le Poëte de la raison, commença malheureusement par écrire des Satyres, mais bien-tôt après il égala & surpassa peut-être Horace dans la Morale & dans l'art Poëtique; il donna les préceptes & les exemples; il vit qu'à la longue l'art d'instruire, quand il est parfait, réussit mieux que l'art de médire, parce que la Satyre meurt avec ceux qui en sont les victimes, & que la raison & la vertu sont éternelles. Vous eutes en tous les genres cette foule de grands hommes, que la nature fit naître, comme dans le siécle de Léon X. & d'Auguste. C'est alors que les autres peuples ont cherché avidement dans vos Auteurs de quoi s'inſtruire : & graces en partie aux ſoins du Cardinal de Richelieu, ils ont adopté votre langue ; comme ils ſe ſont empreſſez de ſe parer des travaux de nos ingénieux Artiſtes, graces aux ſoins du grand Colbert.

Un Monarque illuſtre chez tous les hommes par cinq victoires, & plus encore chez les Sages par ſes vaſtes connoiſſances, fait de notre langue la ſienne propre, celle de ſa Cour & de ſes Etats ; il la parle avec cette force & cette fineſſe que la ſeule étude ne donne jamais, & qui eſt le caractére du génie : non-ſeulement il la cultive, mais il l'embellit quelquefois, parce que les ames ſupérieures ſaiſiſſent toujours ces tours & ces expreſſions dignes d'elles, qui ne ſe préſentent point aux ames foibles. Il eſt dans Stokholm une nouvelle Chriſtine, égale à la premiére en eſprit, ſupérieure dans le reſte ; elle fait le même honneur à notre langue. Le François eſt cultivé dans Rome, où il étoit dédaigné autrefois ; il eſt auſſi familier au Souverain Pontife, que les langues ſavantes dans leſquelles il écrivit, quand il inſtruiſit le monde Chrétien qu'il gouverne ; plus d'un Cardinal Italien écrit en François dans le Vatican, comme s'il étoit né à Verſailles.

Vos Ouvrages, Messieurs, ont pénétré juſqu'à cette Capitale de l'Empire le plus reculé de l'Europe & de l'Aſie, & le plus vaſte de
l'Univers,

l'Univers ; dans cette Ville, qui n'étoit, il y a quarante ans, qu'un défert habité par des bêtes fauvages : on y repréfente vos piéces Dramatiques ; & le même goût naturel qui fait recevoir dans la Ville de Pierre le Grand, & de fa digne Fille, la mufique des Italiens, y fait aimer votre éloquence.

Cet honneur qu'ont fait tant de peuples à nos excellens Ecrivains, eft un avertiffement que l'Europe nous donne de ne pas dégénérer. Je ne dirai pas que tout fe précipite vers une honteufe décadence, comme le crient fi fouvent des fatyriques, qui prétendent en fecret juftifier leur propre foibleffe, par celle qu'ils imputent en public à leur fiécle. J'avoue que la gloire de nos armes fe foutient mieux que celles de nos Lettres : mais le feu qui nous éclairoit, n'eft pas encore éteint. Ces derniéres années n'ont-elles pas produit le feul livre de Chronologie, dans lequel on ait jamais peint les mœurs des hommes, le caractére des Cours & des fiécles ? Ouvrage, qui, s'il étoit féchement inftructif, comme tant d'autres, feroit le meilleur de tous, & dans lequel l'Auteur a trouvé encore le fecret de plaire ; partage réfervé au très-petit nombre d'hommes qui font fupérieurs à leurs ouvrages.

On a montré la caufe du progrès & de la chûte de l'Empire Romain dans un livre encore plus court, écrit par un génie mâle & rapi-

de

de qui approfondit tout en paroiſſant tout effleurer. Jamais nous n'avons eu de Traducteurs plus élégans & plus fidèles. De vrais Philoſophes ont enfin écrit l'hiſtoire. Un homme éloquent & profond s'eſt formé dans le tumulte des armes. Il eſt plus d'un de ces eſprits aimables, que Tibulle & Ovide euſſent regardez comme leurs diſciples, & dont ils euſſent voulu être les amis. Le Théâtre, je l'avoue, eſt menacé d'une chûte prochaine ; mais au moins je vois ici ce génie véritablement tragique, qui m'a ſervi de maître, quand j'ai fait quelques pas dans la même carriére : je le regarde avec une ſatisfaction mêlée de douleur, comme on voit ſur les débris de ſa patrie un Héros qui l'a défendue. Je compte parmi vous, ceux qui ont après le grand Moliere achevé de rendre la Comédie une école de mœurs & de bienſéance : école qui méritoit chez les François la conſidération qu'un théâtre moins épuré eut dans Athènes. Si l'homme célébre, qui le premier orna la Philoſophie des graces de l'imagination, appartient à un tems plus reculé, il eſt encore l'honneur & la conſolation du vôtre.

Les grands talens ſont toujours néceſſairement rares ; ſur-tout quand le goût & l'eſprit d'une nation ſont forméz. Il en eſt alors des eſprits cultivez, comme de ces forêts, où les arbres preſſez & élevez ne ſouffrent pas qu'aucun porte ſa tête trop au-deſſus des autres.

Quand

Quand le commerce eſt en peu de mains, on voit quelques fortunes prodigieuſes, & beaucoup de miſére; lorſqu'enfin il eſt plus étendu, l'opulence eſt générale, les grandes fortunes rares. C'eſt préciſément, Messieurs, parce qu'il y a beaucoup d'eſprit en France, qu'on y trouvera dorénavant moins de génies ſupérieurs.

Mais enfin, malgré cette culture univerſelle de la nation, je ne nierai pas que cette langue devenue ſi belle, & qui doit être fixée par tant de bons ouvrages, peut ſe corrompre aiſément. On doit avertir les Etrangers, qu'elle perd déja beaucoup de ſa pureté dans preſque tous les livres compoſez dans cette célébre République, ſi long-tems notre Alliée, où le François eſt la langue dominante, au milieu des factions contraires à la France. Mais ſi elle s'altére dans ces païs par le mélange des idiômes, elle eſt prête à ſe gâter parmi nous par le mélange des ſtyles. Ce qui déprave le goût, déprave enfin le langage. Souvent on affecte d'égaïer des ouvrages ſérieux & inſtructifs par les expreſſions familiéres de la converſation. Souvent on introduit le ſtyle Marotique dans les ſujets les plus nobles; c'eſt revêtir un Prince des habits d'un farceur. On ſe ſert de termes nouveaux, qui ſont inutiles, & qu'on ne doit hazarder que quand ils ſont néceſſaires. Il eſt d'autres défauts, dont je ſuis encore plus frappé, parce
que

que j'y suis tombé plus d'une fois. Je trouverai parmi vous, MESSIEURS, pour m'en garantir, les secours que l'homme éclairé à qui je succède, s'étoit donnez par ses études. Plein de la lecture de Cicéron, il en avoit tiré ce fruit de s'étudier à parler sa langue, comme ce Consul parloit la sienne. Mais c'est sur-tout à celui qui a fait son étude particulière des ouvrages de ce grand Orateur, & qui étoit l'ami de M. le Président Bouhier, à faire revivre ici l'éloquence de l'un, & à vous parler du mérite de l'autre. Il a aujourd'hui à la fois un ami à regretter & à célébrer ; un ami à recevoir & à encourager. Il peut vous dire avec plus d'éloquence ; mais non avec plus de sensibilité que moi, quels charmes l'amitié répand sur les travaux des hommes consacrez aux Lettres, combien elle sert à les conduire, à les corriger, à les exciter, à les consoler ; combien elle inspire à l'ame cette joïe douce & recueillie, sans laquelle on est jamais le maître de ses idées.

C'est ainsi que cette Académie fut d'abord formée. Elle a un origine encore plus noble que celle qu'elle reçut du Cardinal de Richelieu même : c'est dans le sein de l'amitié qu'elle prit naissance. Des hommes unis entr'eux par ce lien respectable & par le goût des beaux arts, s'assembloient sans se montrer à la renommée ; ils furent moins brillans que leurs successeurs, & non moins heureux. La bienséance,
l'union,

l'union, la candeur, la saine critique si opposée à la satyre, formérent leurs assemblées. Elles animeront toujours les vôtres, elles seront l'éternel exemple des gens de Lettres, & serviront peut-être à corriger ceux qui se rendent indignes de ce nom. Les vrais amateurs des Arts sont amis. Qui est plus que moi en droit de le dire ! J'oserois m'étendre, Messieurs, sur les bontez dont la plûpart d'entre vous m'honorent, si je ne devois m'oublier pour ne vous parler que du grand objet de vos travaux, des intérêts devant qui tous les autres s'évanouissent, de la gloire de la nation.

Je sais combien l'esprit se dégoûte aisément des éloges ; je sais que le Public, toujours avide de nouveautez, pense que tout est épuisé sur votre Fondateur & sur vos Protecteurs ; mais pourrois-je refuser le tribut que je dois, parce que ceux qui l'ont païé avant moi, ne m'ont laissé rien de nouveau à vous dire ? Il en est de ces éloges qu'on répéte, comme de ces solemnitez qui sont toujours les mêmes, & qui réveillent la mémoire des événemens chers à un peuple entier ; elles sont nécessaires. Célébrer des hommes tels que le Cardinal de Richelieu, & LOUIS XIV. un Seguier, un Colbert, un Turenne, un Condé ; c'est dire à haute voix, *Rois, Ministres, Généraux à venir, imitez ces grands hommes.* Ignore-t-on que le

Pané-

Panégirique de Trajan anima Antonin à la vertu ? & Marc-Aurele le premier des Empereurs & des hommes, n'avoue-t-il pas dans ses Ecrits l'émulation que lui inspirérent les vertus d'Antonin ?

Lorsqu'HENRI IV. entendit dans le Parlement nommer LOUIS XII. *le Pere du peuple*, il se sentit pénétré du desir de l'imiter, & il le surpassa.

Pensez-vous, MESSIEURS, que les honneurs rendus par tant de bouches à la mémoire de LOUIS XIV. ne se soient pas fait entendre au cœur de son Successeur, dès sa premiére enfance ? On dira un jour que tous deux ont été à l'immortalité, tantôt par les mêmes chemins, tantôt par des routes différentes. L'un & l'autre seront semblables, en ce qu'ils n'ont différé à se charger du poids des affaires que par reconnoissance; & peut-être c'est en cela qu'ils ont été les plus grands. La postérité dira que tous deux ont aimé la justice, & ont commandé leurs Armées. L'un recherchoit avec éclat la gloire qu'il méritoit, il l'appelloit à lui du haut de son Trône, il en étoit suivi dans ses conquêtes, dans ses entreprises, il en remplissoit le monde, il déploïoit une ame sublime dans le bonheur & dans l'adversité, dans ses Camps, dans ses Palais, dans les Cours de l'Europe & de l'Asie; les terres & les mers rendoient témoignage à sa magnificence, & les plus petits objets, si-tôt qu'ils avoient à lui quelque raport, prenoient un nouveau caractére & recevoient l'empreinte de sa grandeur.

L'autre protége des Empereurs & des Rois, subjugue des Provinces, interrompt le cours de ses conquêtes pour aller secourir ses sujets, & y vole du sein de la mort, dont il est à peine échappé. Il remporte des victoires, il fait les plus grandes choses avec une simplicité, qui feroit penser que ce qui étonne le reste des hommes, est pour lui dans l'ordre le plus commun & le plus ordinaire. Il cache la hauteur de son ame, sans s'étudier même à la cacher ; & il ne peut en affoiblir les raïons, qui, en perçant malgré lui le voile de sa modestie, y prennent un éclat plus durable.

Louis XIV. se signala par des monumens admirables, par l'amour de tous les arts, par les encouragemens qu'il leur prodiguoit : ô vous, son auguste Successeur, vous l'avez déja imité, & vous n'attendez que cette paix que vous cherchez par des victoires, pour remplir tous vos projets bienfaisans, qui demandent des jours tranquilles.

Vous avez commencé vos triomphes dans la même Province, où commencérent ceux de votre Bisayeul, & vous les avez étendus plus loin. Il regretta de n'avoir pû dans le
cours

cours de ses glorieuses campagnes forcer un ennemi digne de lui, à mesurer ses armes avec les siennes en bataille rangée. Cette gloire qu'il desira, vous en avez joüi. Plus heureux que le Grand Henri, qui ne remporta presque de victoires que sur sa propre nation, vous avez vaincu les éternels & les intrépides ennemis de la vôtre. Votre fils, après vous l'objet de nos vœux & de notre crainte, apprit à vos côtez à voir le danger & le malheur même sans être troublé, & le plus beau triomphe sans être ébloui. Lorsque nous tremblions pour vous dans Paris, vous étiez au milieu d'un champ de carnage, tranquille dans les momens d'horreur & de confusion, tranquille dans la joïe tumultueuse de vos soldats victorieux, vous embrassiez ce Général qui n'avoit souhaité de vivre que pour vous voir triompher; cet homme que vos vertus & les siennes ont fait votre sujet, que la France comptera toujours parmi ses enfans les plus chers & les plus illustres. Vous récompensiez déja par votre témoignage & par vos éloges tous ceux qui avoient contribué à la victoire; & cette récompense est la plus belle pour des François.

Mais ce qui sera conservé à jamais dans les Fastes de l'Académie, ce qui est précieux à chacun de vous, MESSIEURS, ce fut l'un de vos Confréres qui servit le plus votre Protecteur

teur & la France dans cette journée : ce fut lui, qui, après avoir volé de brigade en brigade, après avoir combattu en tant d'endroits différens, courut donner & exécuter ce conseil si prompt, si salutaire, si avidement reçu par le Roi, dont la vûe discernoit tout dans des momens où elle peut s'égarer si aisément.

Jouissez, MESSIEURS, du plaisir d'entendre dans cette Assemblée ces propres paroles, que votre Protecteur dit au neveu de votre Fondateur sur le champ de bataille : *Je n'oublierai jamais le service important que vous m'avez rendu.* Mais si cette gloire particulière vous est chére, combien sont chéres à toute la France, combien le seront un jour à l'Europe, ces démarches pacifiques que fit LOUIS XV. après ses victoires ! Il les fait encore, il ne court à ses ennemis que pour les desarmer, il ne veut les vaincre que pour les fléchir ; s'ils pouvoient connoître le fond de son cœur, ils le feroient leur Arbitre au lieu de le combattre ; & ce seroit peut-être le seul moïen d'obtenir sur lui des avantages. Les vertus qui le font craindre, leur ont été connues, dès qu'il a commandé : celles qui doivent ramener leur confiance, qui doivent être le lien des nations, demandent plus de tems pour être approfondies par des ennemis.

Nous, plus heureux, nous avons connu son ame dès qu'il a régné. Nous avons pensé, comme me penferont tous les peuples & tous les fiécles : jamais amour ne fut ni plus vrai, ni mieux exprimé : tous nos cœurs le fentent, & vos bouches éloquentes en font les interprètes. Des Médailles dignes des plus beaux tems de la Grèce, éternifent fes triomphes & notre bonheur. Puiffé-je voir dans nos places publiques, ce Monarque humain, fculpté des mains de nos Praxitelles, environné de tous les fymboles de la félicité publique ! Puiffé-je lire aux pieds de fa Statue ces mots qui font dans nos cœurs : *Au Pere de la Patrie.*

RE'PONSE

RÉPONSE
DE MONSIEUR
L'ABBÉ D'OLIVET,
Directeur de l'Académie Françoise,
AU
DISCOURS
PRONONCÉ
Par MONSIEUR
DE VOLTAIRE.

Q UOIQUE l'art de loüer fasse partie de la belle Littérature, j'avouerai, Messieurs, qu'il n'entra jamais dans le plan de mes études. A quoi sert, me suis-je dit cent fois, de se rendre habile dans un art, dont l'abus ne man-

manque point d'avilir l'Orateur ; & qui, lors même qu'on l'emploïe le plus à propos, est moins propre à flatter le vrai mérite, qu'à le blesser ? Ainsi raisonnois-je, sans prévoir qu'un jour, placé où je suis par le caprice du sort, j'aurois à exprimer vos sentimens, & sur l'illustre Confrére que nous avons perdu, & sur celui que nous venons d'acquérir.

Il est vrai, & je ne puis avoir que cela seul pour me rassûrer ; il est vrai que la voix publique vient ici au secours de la mienne. Car qui ne sait, MONSIEUR, que l'étendue de votre réputation a égalé celle de vos talens ? Quel est aujourd'hui le païs où il se trouve, ne disons pas des Savans & des Curieux, mais quelque sorte d'humanité, quelque ombre de politesse, & où votre nom n'ait pas pénétré ? Les plus célébres Académies de l'Europe n'en ont-elles pas orné leurs Fastes ? Et depuis combien de tems avez-vous jetté les fondemens d'une gloire si brillante ? Vous étiez connu par des Poësies ingénieuses, & d'un tour délicat, à un âge où savoir lire des vers, c'est beaucoup. Oedipe, la premiére de vos Tragédies, fit douter si vous n'aviez pas dès-lors atteint de fort près le point de perfection, où sont marquées les bornes de l'art. Une diction pure, noble, élégante ; cette harmonie qu'on ne définira jamais, & qui fera toujours son effet ; chaque passion qui parle son langage, parce que l'imagination

gination & le cœur sont d'accord; les ornemens dispensez avec la sagesse d'un âge mûr; & cela dans un sujet manié par les deux plus grands maîtres. Athlète encore si jeune, lutter contre Sophocle & contre Corneille! Pour espérer de pouvoir les vaincre, il falloit nécessairement commencer par vous saisir de leurs propres armes, c'est-à-dire, conserver leurs véritables beautez; mais avec le secret que vous aviez de faire qu'on ne pût les distinguer de celles qui n'appartenoient qu'à vous.

Parlerai-je des autres Piéces, que Thalie ou Melpoméne vous ont dictées ? Mais que pourrois-je en dire qui valût ces acclamations flatteuses, dont la Scène retentit encore tous les jours ? Avouez-le: car les hommes à qui l'on ne dispute point leur supériorité, gagnent à convenir de leurs foiblesses : avouez que ces bruïantes saillies, qui sont l'organe de la multitude, & qu'on ne peut ni commander, ni réprimer, l'emportent de beaucoup sur la froide admiration d'un lecteur tranquille dans son cabinet. Aussi étoit-il à craindre qu'un Théâtre qui tenoit de vous le pouvoir d'enchanter, ne produisît sur vous-même un effet pareil, en vous réservant tout entier pour lui seul, & vous faisant oublier qu'il seroit beau à l'émule de Sophocle d'être le rival d'Homére. On auroit été privé de cette fameuse Henriade, que la France a regardée comme l'unique Poëme,

B dont

dont elle pût se faire honneur, dans un genre où l'esprit, où le travail ne suffit pas, mais pour lequel il faut du génie.

Qu'est-ce que le génie ? C'est un feu dont les ames communes n'ont jamais senti l'ardeur, mais qui s'allume indépendamment de nous, & s'éteint de même. C'est une lumiére étincelante, mais qui ne se montre qu'à certaines heures, pour être bien-tôt remplacée par un nuage. C'est une douce fureur, plus ou moins durable, plus ou moins fréquente. C'est l'ivresse de l'esprit, comme toute passion est l'ivresse du cœur. En un mot, le génie est pour les beaux arts, mais pour l'Epopée sur-tout, ce qu'est le soleil pour la terre. Tout est produit, échauffé, vivifié, embelli par le soleil : & c'est pareillement au génie qu'il appartient d'enfanter des vers où il y ait de l'ame ; d'en bannir la stérilité, le froid, la sécheresse ; d'inventer, de varier, d'orner ; & de faire enfin que l'art, fidèle imitateur de la nature, présente toujours l'agréable avec l'utile, le beau avec le bon, le gracieux avec le solide.

Vos premiers maîtres & les nôtres, j'entends les Poëtes de l'Antiquité, ont enseigné que le Dieu des vers étoit aussi chargé de présider à la Divination. Est-ce donc par lui, MONSIEUR, que vous fûtes averti de renoncer pour un tems aux faveurs qu'il vous prodiguoit, & de vous appliquer à écrire l'Histoire ?

Oui sans doute, un pressentiment secret vous fit voir de loin ce glorieux emploi, qui devoit vous être destiné. Pour essayer vos forces, vous avez écrit l'Histoire d'un Héros : & c'étoit vous préparer à écrire celle d'un Roi. On sera Héros avec des vertus dangereuses, une bravoure inquiéte, d'heureuses témeritez. On n'est Roi que par une sagesse capable d'allier la modération avec la valeur, & qui, usant à propos, ou de l'une, ou de l'autre, réussit à faire le bonheur du monde. Ainsi la Postérité, en vous lisant, sera presque effraïée de Charles XII. & nous enviera Louis XV.

Mais que vois-je ? le cylindre d'Archimede dans ces mêmes mains, qui ne paroissoient faites que pour la lyre d'Orphée ! Peu s'en faut que dans un lieu consacré à la Poësie & à l'Eloquence, je ne me récrie contre le projet d'unir avec leurs charmes, les spéculations de la Physique & de la Géométrie. Je serois plus hardi, n'en doutez point, si ce lieu même n'offroit à mes regards le célébre Fontenelle. Osons ne pas le traiter autrement, que comme feront nos derniers neveux. Vous avez voulu, par une émulation qui vous honore l'un & l'autre, lui enlever la gloire d'être un homme unique. Tous les deux vous faites voir qu'il étoit réservé à notre siécle, de joindre l'universalité des connoissances à celle des talens. Originaux l'un & l'autre, qui conserveront leur prix, mais

B 2   dont,

dont, vrai-femblablement, il n'y aura jamais que de mauvaifes copies.

Pendant que je parle de talens univerfels, & de connoiffances fans bornes, il eft difficile qu'on ne fe rapelle pas l'idée de votre prédéceffeur. Ce fut un Savant du premier ordre, mais un Savant poli, modefte, utile à fes amis, à fa patrie, à lui-même. Vous attendez, MESSIEURS, que j'entre dans un détail, qui puiffe pour quelques inftans fufpendre votre douleur ; & qui n'aboutira enfin qu'à l'aigrir, parce qu'il mettra notre perte dans un plus grand jour.

J'ai dit, un Savant du premier ordre ; & ne croïez pas que j'abufe des termes. Depuis la renaiffance des Lettres, à peine comptons-nous trois fiécles : & à peine chaque fiécle nous a-t'il montré deux ou trois prodiges d'érudition, qui foient comparables à feu M. le Préfident Bouhier. Héritier d'une riche bibliothéque, qui fut à fes yeux la plus belle portion de fon patrimoine ; deftiné à être le feptiéme de fon nom, qui de pere en fils rendroit au Parlement de Bourgogne l'honneur qu'il en recevroit ; il fe propofa d'égaler, de furpaffer même ces grands perfonnages qui ont décoré la Robe par leur éminent favoir, les Budez, les Bignons, les Briffons: & bien-tôt ne mettant plus de frein à une ambition fi refpectable, il embraffa tout à la

fois

fois l'ancien & le moderne, le profane & le sacré, les langues savantes, la Chronologie, la connoissance des monumens antiques, la Jurisprudence, la Critique. Vous dis-je rien, Messieurs, dont vous n'aïez des preuves entre les mains ?

Que ceux qui ne l'ont connu que par ses ouvrages, ne se figurent pourtant pas qu'il fût de ces Auteurs ensévelis dans leurs livres, & dont l'humeur sombre est le voile d'un ridicule orgueil. Jamais homme ne fut d'un commerce plus aisé, ni plus aimable. Une douceur naturelle, une grande candeur, autant de vivacité qu'il en faut, & jamais rien au-delà, tel fut son caractére; & vous le retrouvez dans tous ses écrits. Jusque dans les ronces de la Critique, il fait éclore les fleurs de l'urbanité. Quand il reléve une méprise, il vous insinue que celui à qui elle est échappée, mérite de l'estime par d'autres endroits. Quand il développe un sens nouveau, quand il présente une heureuse conjecture; si le germe imperceptible s'en trouve quelque part, il vous le dit; & on voit qu'il le dit avec plus de plaisir que n'en ont les plagiaires à se cacher. Avant lui, rien de si commun parmi les Doctes de la premiére classe, que de se faire entre eux une langue à part, féconde en termes injurieux. Mais lui, ne sachant que la langue de l'honnête-homme, soit qu'il se dé-

B 3 fende,

fende, soit qu'il attaque, c'est avec un air de politesse, qui fait sentir ce qu'il est.

Remontons à la source de cette urbanité, que l'imitation ne donne point, & où l'affectation n'arrive point. Vous croirez peut-être l'avoir trouvée dans une éducation, qui répondit à sa naissance. Pour moi, en convenant que cela doit y avoir contribué, je crois qu'il n'y a qu'une modestie sincére, qui fasse des hommes véritablement polis. Et qu'entendons-nous par modestie, si ce n'est la connoissance de soi-même ? Il avoit trop étudié, trop réfléchi, pour tomber dans les piéges que l'orgueil tend à l'ignorance. Quiconque croit beaucoup valoir, est bien éloigné de savoir beaucoup.

On reproche un autre vice aux Savans, une espéce d'avarice qui leur est propre. Tout ce qu'ils ont de lumiéres, ils le gardent pour eux uniquement ; comme si c'étoit s'appauvrir, que d'en faire part. Publions à la gloire de M. le Président Bouhier, qu'en ce genre, plus il étoit opulent, plus il a été libéral. Hé dans quelle bouche seroit mieux placé que dans la mienne, l'aveu de cette générosité, que tous ses amis ont éprouvée ? Puisqu'elle se conformoit à leurs besoins : j'ai dû m'en ressentir plus que personne. J'avois en lui un guide incapable de m'égarer, & si mon fardeau me paroissoit trop lourd, disposé à me foulager d'une partie. Que ne puis-je donner ici un plein effor à ma reconnoiffance ! Mais je ne dois pas, MESSIEURS, préfumer qu'il me fût permis de parler longtems de moi.

Une érudition fi profonde, & fi variée, lorfqu'elle fe rencontre dans une perfonne publique, feroit-elle la fuite d'une intempérance, ou plûtôt d'une manie, qui fait qu'on veut quelquefois apprendre tout, hors ce qu'on eft obligé de favoir ? Vous n'en foupçonnerez point le Magiftrat, qui caufe nos regrets. Perfuadé, comme il le fut dès fa plus tendre jeuneffe, que le mérite effentiel du grand homme eft de fervir la patrie, & que les fervices qu'elle attend de nous, fe réglent fur le rang qu'on y tient ; il comprit que fi d'autres études ne lui étoient pas interdites, fi elles lui étoient même néceffaires pour nourrir l'activité, & l'étonnante facilité de fon efprit, au moins l'étude des Loix devoit-elle toujours être fon principal objet. De-là ces deux immenfes volumes, qui ne laifferont dans le Droit municipal de fa Province, ni obfcurité, ni contradiction, ni équivoque. Ouvrage dans lequel je ne fais ce qu'on admirera le plus, ou le zèle qui l'a fait entreprendre, ou le courage & la perfévérance d'un Savant, dont le goût étoit décidé pour des travaux Académiques, & à qui les Mufes

fes & les Graces offroient de continuelles diftractions.

Que me refte-t-il qu'à vous le peindre dans fa vie privée ? Car à quel propos nous applaudir de nos laborieufes veilles, fi elles ne fervent pas à nous rendre heureux, & par-conféquent vertueux, ou, ce qui eft la même chofe, plus dociles à la Raifon, qui nous parle dans nos livres ? Voilà en quel fens M. le Préfident Bouhier, bon citoïen, bon mari, bon pére, bon ami, juge intégre, fage économe de fon bien, & de fes talens, recueilloit fans ceffe le fruit d'une étude tournée à fa propre utilité. Ses jours, partagez entre fa charge, fa famille, & fon cabinet, formérent le cours d'une vie égale, qui ne refpiroit que l'honneur & la décence. Arrive le jour fatal, & il n'en eft point ému, parce qu'il avoit appris de la Philofophie à le prévoir, & de la Religion à s'y préparer. Un frére digne de lui, & dont les vertus illuftrent l'Epifcopat, reçoit fon dernier foupir. Une tendre mére, plus que nonagénaire, lui ferme les yeux.

Vous avez, MESSIEURS, bien peu joui de fa préfence, & vous ne vous flattiez prefque plus de le revoir dans vos Affemblées. Une goutte impitoïable l'a tenu, pour ainfi dire, enchaîné depuis près de quinze ans. Ce qu'il y trouva de plus dur, il m'a fréquemment

ment chargé de vous le témoigner, ce fut de se voir séparé de vous, & hors d'état de vous rejoindre. Au milieu des plus vives douleurs, il pensoit à vous. Dans ces tristes momens où il n'avoit de libre que la tête & le cœur, il versifioit : aimant à croire qu'un genre de travail, qui est plus particuliérement le vôtre, MESSIEURS, le rapprochoit de vous. Il a même consenti à publier quelques-unes de ses Poësies, non pour se parer d'un talent qu'il avoit de bonne heure sacrifié à de plus importantes occupations, mais pour avoir dequoi offrir un hommage à l'Académie.

Je reviens à vous, MONSIEUR, & je finis en vous exhortant à une assiduité, qui nous dédommage de ce que la longue absence de votre Prédécesseur nous a fait perdre. Tout doit vous attirer ici : des exercices qui tendent à épurer la langue & le goût ; des efforts unanimes pour avancer le progrès des beaux arts ; une estime réciproque, & une parfaite union ; des talens, plûtôt divers qu'inégaux ; & nulle dispute, si ce n'est à qui marquera le plus de zèle pour la gloire de notre auguste Protecteur. Quelle apparence que nous eussions pû voir l'Histoire de son merveilleux Régne, prendre naissance ailleurs que dans le sein de l'Académie ? Venez donc vous asseoir parmi nous : & afin que

que cette Histoire, qui ne sera qu'un tissu de faits admirables, mérite d'être admirée elle-même, n'oubliez point qu'aujourd'hui nous contractons un engagement mutuel ; vous, Monsieur, de nous faire honneur par vos travaux ; nous, de nous intéresser à vos succès.

FIN.

VIE
DE
MONSIEUR
JEAN-BATISTE
ROUSSEAU.

AVERTISSEMENT.

LA VIE DU SIEUR ROUSSEAU (*mort à Bruxelles, après une longue ataque d'Apoplexie, le* 17. *Mars* 1741.) *a été nouvellement recouvrée Manuscrite. Le raport qu'elle a avec la Lettre de Mr.* DE VOLTAIRE, *adressée aux Auteurs de la Bibliothéque Françaife, le* 20. *Septembre* 1736. *& inferée dans le* Tome XXIV. *d'où elle a été extraite, ainfi qu'une autre Lettre de Mr.* DE MOLIN, *concernant le même fujet, & mifes au* Tome VII. Pag. 107. & 229. *de* SES ŒUVRES, *nous a déterminé à joindre ici cette* VIE. *Il y a auffi une Lettre de Mr.* DE VOLTAIRE *à Mr.* SEGUY, *fur fa Réconciliation avec la Mémoire dudit Sieur* ROUSSEAU, *du* 29. *Septembre* 1741. *à la fuite du* Tome I. Pag. 637.

VIE
DE
MONSIEUR
JEAN-BATISTE
ROUSSEAU.

J EAN-BATISTE ROUSSEAU naquit à Paris dans la ruë des Noïers en 1670. Dieu qui donne comme il lui plaît, ce que les hommes apellent la grandeur & la bassesse, le fit naître dans un état très-humilié, sa Mere aïant été long-tems servante, & son Pere garçon cordonnier; mais une petite succession étant venuë au Pere, il devint maître Cordonnier, & aquit même de la réputation dans son métier; & dans son Corps. Il en fut Syndic, & il étoit regardé par ceux avec qui il vivoit comme un très-honnête homme; réputation aussi dificile

ficile à aquérir parmi le Peuple, que chez les gens du monde. Le Pere n'épargna rien pour donner à son Fils une éducation qui pût le mettre au-dessus de sa naissance : il le destinoit d'abord à l'Eglise, profession où l'on fait souvent fortune avec du mérite sans naissance, & même sans l'un & sans l'autre; mais les mœurs du jeune homme n'étoient pas tournées de ce côté.

Le Pere de Rousseau, par une destinée assez singuliére, chauffoit depuis long-tems Mr. Arroüet, Tréforier de la Chambre-des-Comptes, Pere de celui qui a été depuis si célèbre dans le monde, sous le nom de VOLTAIRE, & qui a eu avec Rousseau de si grands démêlés; le Sr. Arroüet se chargea de placer le jeune Rousseau chez un Procureur, nommé *Gentil*. Rousseau ne se sentoit pas plus destiné aux Loix, qu'à l'Eglise; il lisoit Catulle chez son Maître; il alloit aux Spectacles & ne travailloit point. Un jour son Maître lui aïant ordonné d'aller porter des papiers chez un Conseiller du Parlement, le petit Rousseau dit à ce Conseiller, avec la vanité d'un jeune homme; *Monsieur Gentil, mon ami, m'a prié, Monsieur, de vous rendre ces papiers en passant dans votre quartier.* Le Conseiller étant venu le jour même chez le Procureur, & voïant ce jeune homme dans les fonctions de son emploi,

avertit

avertit le Maître de la petite vanité du Clerc; le Procureur battit son Clerc, lequel sortit & renonça à la Pratique. Cette avanture valut à la France un Poëte distingué.

Rousseau débuta l'an 1694. par la *Comédie du Caffé*, petite Piéce d'un jeune homme, sans aucune expérience ni du monde, ni des Lettres, ni du Théâtre, & qui sembloit même n'anoncer aucun génie; un jeune Officier fit cet inpromtu en ma presence à cette Comédie.

> Le Caffé toujours nous réveille,
> Cher Rousseau; par quel triste éfort
> Fais-tu qu'ici chacun sommeille?
> Le Caffé chez toi seul endort.

Cette Comédie valut à l'Auteur quelque argent, mais nulle réputation. Il avoit une écriture assez bonne, qui lui fut alors plus utile que l'esprit; elle lui procura une place de Copiste dans la Secrétairerie de Mr. de Tallard, Ambassadeur en Angleterre & depuis Maréchal de France.

Son génie pour les Vers & pour la Satyre commençoit déja à se développer; il eut l'impudence de faire une Epigramme contre Mr. de Tallard, qui se contenta de le chasser de sa maison.

Revenu en France aſſez pauvre, il fut domeſtique chez un Evêque de Viviers; ce fut-là qu'il compoſa *la Moïſade*, & l'Evêque aïant vû cet ouvrage écrit de la main de Rouſſeau, le chaſſa très-ignominieuſement. Obligé de chercher un Maître, il entra dans la Secrétairerie de l'Ambaſſade de Suede, & n'y reſta que très-peu de tems: ſon goût & ſes talens le vouloient à Paris; chargé à ſon retour d'une lettre pour le Baron de Breteuil, Introducteur des Ambaſſadeurs, il lui recita quelques-uns de ſes Vers: Mr. de Breteuil avoit beaucoup de goût & de culture d'eſprit, il retint Rouſſeau chez lui, en qualité de Sécretaire & d'homme de Lettres; il eut pour lui beaucoup de bontez. Dans les Maiſons un peu grandes, il y a ſouvent des quérelles & caſtilles entre les principaux Domeſtiques; Rouſſeau qui avoit cet amour-propre dangereux, qu'inſpire la ſupériorité du génie, quand la raiſon ne la retient point, fut aſſez maltraité dans un voïage qu'il faiſoit avec eux à Preuſly, Terre du Baron en Touraine; Rouſſeau fit retomber ſur le Maître le déſagrément qu'il reçevoit de ſes gens; il compoſa contre lui une petite Satyre, intitulée *la Baronade*; comme il avoit intitulé ſa Piéce contre Moïſe, *la Moïſade*; & comme depuis il apella celle contre Mr. de Francine, *la Francinade*; il

l'al'avoüa quelques années après à Madame la Duchesse de St. Pierre, sœur de Mr. de Torcy. Le bruit de cette Satyre vint aux oreilles du Baron ; mais Rousseau lui protesta avec serment que c'étoit une calomnie. Il lui fut aisé de persuader son Maître, car il n'avoit donné aucune copie de cette Satyre ; son Maître resta son protecteur ; il le mit chez Mr. Roüillé, Intendant des Finances, dans l'espérance que Mr. Roüillé lui procureroit un emploi, à l'aide duquel il pourroit cultiver son talent ; Mr. Roüillé avoit lui-même quelque disposition à la Poësie, il faisoit des Chansons de table assez passablement, & ce fut chez lui que Rousseau fit ses premiéres Epigrammes dans le goût de Marot, & quelques Vaudevilles.

Mr. Roüillé avoit une Maîtresse, nommée Mademoiselle de Louvancourt, qui avoit une très-jolie voix, & qui quelquefois composa les paroles de ses Chansons ; Rousseau aprit un peu de musique pour leur plaire ; il composa aussi les paroles des *Cantates*, que Bernier, Maître de la Sainte-Chapelle, mit en musique, & ce sont les premiéres *Cantates* que nous aïons en Français ; il les retoucha depuis : il y en a de très-belles ; c'est un genre nouveau dont nous lui avons l'obligation. Cette vie qu'il menoit chez Mr. Roüillé eût été délicieuse, mais le malheureux penchant qu'il avoit pour la Satyre, lui fit perdre bien-tôt son bonheur & ses espérances. Mr. Roüillé avoit fait une Chanson qui commençoit ainsi :

>Charmante Louvancourt
>Qui donne chaque jour
>Quelque nouvel amour, &c.

Rousseau la parodia d'une maniére injurieuse.

>Catin de Louvancourt
>Qui prenez chaque jour
>Quelque nouvel amour.

Le reste contient des expressions que la pudeur ne permet pas de raporter.

Voilà donc encore Rousseau chassé de chez ce nouveau Patron ; & c'est pourquoi dans les éditions qu'il a fait en Hollande de ses Ouvrages, il a ôté le nom de Mr. Roüillé de la dédicace d'une Ode qu'il lui avoit adressée, qui commence ainsi :

>Digne & noble héritier des premiéres vertus
>Qu'on adora jadis sous l'empire de Rhée.

Il désigna aussi dans une Satyre très-violente

lente Mademoiselle de Louvancourt, & ses deux Sœurs, par ces Vers.

Et ces trois Louves surannées,
Qui, tour-à-tour, à me mordre acharnées, &c.

Privé de toute ressource dans le monde, il songea à réussir au Théâtre; il ne joüoit pas mal la Comédie. Son dessein étoit d'abord d'établir une Troupe & d'y joüer; mais cette idée n'eut aucune suite; cependant dans les intervalles de ses avantures, il avoit fait la *Comédie du Flâteur*, dans laquelle on voit un stile très-supérieur à la *Comédie du Caffé*; la Piéce fut jouée en 1695. elle étoit bien écrite, naturelle, sagement conduite; elle eut un espéce de succès, quoiqu'un peu froide, & qu'elle fût une imitation assez foible du *Tartuffe de Moliére*.

Son Pere qui vivoit encore, & qui tenoit toujours sa boutique ruë des Noïers, aïant entendu dire que son Fils avoit fait une Piéce de Théâtre où tout Paris couroit; ce bon homme se crut trop païé des peines qu'il avoit prises, pour l'éducation d'un Fils qui lui faisoit tant d'honneur, & quoique l'Auteur, depuis qu'il étoit répandu dans le monde, eût méprisé le Cordonnier, & que le Fils eût oublié le Pere, cependant la tendresse paternelle fit voler ce Vieillard à la Comédie.

die. Il entra dans le Parterre pour son argent, là il se vanta à tout le monde d'être le Pere de l'Auteur, avec cette complaisance qu'on imagine bien dans un artisan simple & dans un Pere tendre; Rousseau qui se trouva dans le Parterre, remonta vîte en haut, craignant une vûë qui l'humilioit; le Pere le suivit, & en presence de la Toriliére, bon Comédien, qui étoit une de ses Pratiques, il se jetta au cou de son Fils en versant des larmes; *Ah pour le coup,* dit-il, *vous ne me méconnoîtrez pas pour votre Pere!* VOUS, MON PERE! s'écria Rousseau, & il le quitta brusquement, laissant tout le monde consterné, & le Pere au desespoir.

Cette action fit plus de tort à Rousseau, que toutes les Comédies du monde n'eussent pû lui faire d'honneur. Mr. Boindin, Procureur-Général des Trésoriers-de-France, jeune encore & present à cette scène, lui dit hautement, *que cette action étoit détestable, & qu'il n'entendoit pas même les intérêts de sa vanité, qu'il y auroit eu de la gloire à reconnoître son Pere, & qu'il ne devoit rougir que de l'avoir méconnu;* ce fut-là l'origine de l'inimitié que Rousseau conserva toute sa vie contre Mr. Boindin, qu'il désigna bientôt par des Vers cruels dans son Epître à Marot.

Rousseau alors changea de nom, il prit celui

lui de VERTUETS; c'étoit le nom d'un jeune homme avec qui il avoit été Clerc en pension; il se fit produire sous ce nom chez Mr. le Prince d'Armagnac, grand Ecuïer de France; mais malheureusement pour lui le Prince d'Armagnac avoit le Pere de Rousseau pour Cordonnier; celui-ci vint un jour pour chausser le Prince, dans le tems que le Fils étoit assis auprès de lui; le Pere indigné & attendri se mit à pleurer, & se plaignit au Prince, qui fit à Rousseau la réprimande la plus humiliante; & ce qu'il y a de cruel, c'est qu'elle fut inutile: le Pere mourut de chagrin bien-tôt après, & le Fils ne porta pas le deüil.

Un jeune Page qui étoit dans la chambre du Prince, lorsque Rousseau, sous le nom de *Vertuets*, fut reconnu par son Pere, trouva sur le champ que l'*Anagramme de Vertuets* étoit juste.

Je me souviens d'une fin d'Epigramme que fit Mr. Boindin en ce tems-là, elle finissoit ainsi:

Le Dieu dans sa juste colére,
Ordonna qu'au bas du coupeau,
On fit écorcher le faux-frére,
Et que l'on envoïât sa peau
Pour servir de cuir à son pere.

Après

Après la *Comédie du Flâteur*, Rousseau eut accès chez Mr. de Francine, Maître-d'Hôtel du Roi, gendre du célèbre Lully, & alors Directeur de l'Opéra : M. de Francine engagea Rousseau à composer *l'Opéra de Jason* ; cette Tragédie, mise en Musique par Colasse, n'eut aucun succès ; cependant Mr. de Francine donna cent pistoles à Rousseau pour l'encourager. Ce Poëte composa dans l'année suivante *Adonis*, qui tomba encore, & Mr. de Francine, malgré ces deux essais malheureux, eut encore la générosité de donner mil francs à l'Auteur des Vers. Rousseau se crut mal païé, & pour s'en venger, il fit la *Satyre de la Francinade*, Piéce cruellement mordante, qu'il a fait imprimer sous le nom de *Masque de Laverne*, & dans laquelle il a mis le nom de *Mancine*, au lieu de *Francine* : cette correction a été faite dans son édition de Soleure ; parce que dans une quête que Madame de Bouzole faisoit pour Rousseau, pendant son évasion en Suisse, Mr. de Francine eut la bonté de donner vingt louïs d'or ; ce trait singulier est raporté dans un Journal de 1736. imprimé à Amsterdam. Il faut souvent se défier de ces Journaux ; mais c'est un trait dont j'ai été témoin oculaire.

Rebuté du mauvais succès de ses *Opéra*, forte d'ouvrage pour lequel il n'étoit pas propre, Rousseau se remit à faire des *Comédies*,

dies, & fit *le Capricieux* ; cette Piéce réuffit encore moins que fes Opéra, & l'Auteur eut la mortification de fe voir fiffler lui-même quand il parut fur le Théâtre.

Il y avoit alors dans Paris un Caffé affez fameux, où s'affembloient plufieurs amateurs de belles-Lettres, des Philofophes, des Muficiens, des Peintres, des Poëtes, Mr. de Fontenelles y venoit quelquefois, Mr. de la Motte, Mr. Saurin, fameux Géométre, Mr. Danchet, Poëte affez méprifé, mais d'ailleurs homme de Lettres & honnête homme, l'Abbé Alazy, fils d'un fameux Apotiquaire, garçon fort favant, Mr. Boindin, Procureur-Général des Tréforiers-de-France, Mr. de la Faye, Capitaine aux Gardes, de l'Académie des Sciences, Mr. fon Frére, mort Sécretaire du Cabinet, homme délié & qui faifoit de jolis Vers, le Sieur Roy, depuis chaffé de l'Académie des Infcriptions & du Châtelet, où il étoit Confeiller, mais qui avoit quelques talens pour les *Ballets*, le Sr. de Rochebrune, qui faifoit des *Chanfons*; enfin plufieurs Lettrés s'y rendoient tous les jours. Là, on examinoit avec beaucoup de févérité, & quelquefois avec des railleries fort améres, tous les Ouvrages nouveaux.

On faifoit des Epigrammes, des Chanfons fort jolies. C'étoit une Ecole d'efprit, dans laquelle il y avoit un peu de licence.

La Motte Houdart, après avoir, par une foibleſſe d'eſprit aſſez bizare, été un an Novice à la Trape, revint à Paris : ſon génie pour les Vers commençoit à ſe déveloder ; il débuta par le *Ballet de l'Europe Galante* en 1697. & il le lut à Mrs. Boindin, Saurin, & la Faye le cadet, qui étoient de bons juges. Ils dirent publiquement que Rouſſeau faiſoit fort bien de renoncer à l'Opéra, & qu'il s'élevoit un homme qui valoit bien mieux que lui en ce genre ; Rouſſeau commença dès-lors par haïr la Motte ; ils firent enſuite tous deux des Odes, & la haine devint plus grande. La Motte étoit d'un commerce infiniment doux. Je n'ai guéres connu d'homme plus poli, & plus attentif dans la ſociété. Il avoit toujours quelque choſe d'agréable à dire. Il avoit tout l'art qu'il faut pour ſe faire des amis & de la réputation : ſes talens s'étendoient à tout ; mais ils n'étoient guéres élevés au-deſſus du médiocre, ſi vous en exceptez quelques Odes. Il eſt devenu totalement aveugle ſur la fin de ſa vie, mais il étoit encore fort aimable ; tout le monde préféroit ſon commerce à celui de Rouſſeau. En éfet, il n'y avoit nulle comparaiſon à faire entr'eux, ſoit pour le cœur ou pour l'eſprit ; car quoique Rouſſeau entendit mieux les Vers Marotiques, & ſçut mieux tourner une Epigramme, & répandit

dans

dans ſes Odes plus de feu & d'harmonie, il étoit néanmoins bien loin d'avoir cet eſprit juſte & Philoſophique qui caractériſoit la Motte.

Rouſſeau étoit beaucoup meilleur verſificateur, & la Motte avoit plus d'eſprit ; car l'eſprit & le talent ſont deux choſes fort différentes.

Cependant en 1700. on nous donna *l'Opéra d'Héſione* ; les Paroles étoient de Danchet, la Muſique étoit du Sieur Campra, déja connu par *l'Europe Galante* : cette Muſique eut un prodigieux ſuccès ; il y avoit même dans les paroles quelques morceaux de Danchet très-bien faits, quoiqu'en général la Piéce ſoit mal écrite : Rouſſeau fit alors un Couplet contre Danchet, Campra, Pécour le danſeur, & pluſieurs autres : ce Couplet étoit ſur un *air d'Héſione* ; cannevas malheureux des Couplets qui ont été ſi funeſtes. Celui dont je parle finiſſoit ainſi.

> Que le Bourreau, par ſon valet,
> Faſſe un jour ſerrer le ſiflet
> De Berrin & de ſa ſequelle ;
> Que Pécour, qui fait le Ballet,
> Ait le foüet au bas de l'échelle.

Pécour fut piqué & rencontra Rouſſeau

dans la ruë Caſſette; j'y étois preſent, & il n'eſt pas tout-à-fait vrai, comme on le dit dans la *Bibliothèque Françaiſe*, que Pécour ait outragé Rouſſeau. Il étoit prêt de le faire; je le retins. Rouſſeau lui demanda pardon, & lui jura qu'il n'étoit point l'Auteur de cette Chanſon. Pécour ne le crut pas, & je les ſéparai; ce fut alors que je rompis tout commerce avec Rouſſeau, dont j'aimois beaucoup certains ouvrages; mais dont le caractére me parut trop odieux; je ceſſai même d'aller au Caffé, laſſé des quérelles des gens de Lettres, & irrité de l'uſage indigne que les hommes font ſouvent de leur eſprit. Danchet repliqua à Rouſſeau par une Chanſon aſſez forte, parodiée encore de *l'Opéra d'Héſione*.

Fils ingrat, cœur perfide,
Eſprit infecté,
Ennemi timide,
Ami redouté,
A te maſquer habile,
Traduis tour-à-tour
Pétrone à la Ville,
David à la Cour,
Sur nos Airs,

Fais

Fais des Vers,
Que ton fiel se distile
Sur tout l'Univers ;
Nouveau Théophile,
Sers-toi de son stile,
Mais crains ses revers.

Ce que le Sieur Danchet disoit dans cette Chanson s'éfectua depuis, Rousseau essuïa de plus grandes humiliations que Théophile, sur quoi on disoit, *qui l'eût cru ! que Danchet eut été Prophête ?*

Rousseau continua de faire beaucoup de Couplets sur cet air dont nous avons parlé ; ils étoient la plûpart contre les personnes qui s'assembloient au Caffé de la veuve Laurent. Il en fit jusqu'à soixante & douze, que les curieux conservent dans leurs Porte-feuilles ; les intéressés ne manquérent pas de le païer en même monnoïe. C'étoit une guerre d'esprit, & le Public rioit aux dépens des combattans ; Mr. de la Faye le cadet, fit entr'autres cette Epigramme estimée.

Un Aspirant récitoit au Parnasse,
Riant d'orgueil, Satyres & dixains,
Illec portant le fiel à pleines mains,
Etoit versé, non quelquefois sans grace ;

Mais

Mais aussi-tôt reconnoissant son bien,
Maître Clément à tous le vol exhibe;
Maître François redemande le sien,
Voire Melin reconnut mainte bribe.
Chacun reprit tous les larcins du Scribe,
Si qu'en son propre il ne lui resta rien,
Que sa malice & son fade maintien.

Rousseau aïant besoin d'un Protecteur contre tant d'Ennemis, en trouva un très-vif dans Mr. le Duc de Noailles, qui le produisit à la Cour; Mr. de Chamillard lui fit donner un emploi de Directeur d'une affaire dans les sous-Fermes; il eut le plaisir de voir jouer une de ses Comédies par les principaux Seigneurs, & même par des Princes du Sang, devant Madame la Dauphine de Bourgogne; cette Piéce est la *Ceinture Magique*; elle n'est pas au-dessus de celle du *Caffé*; si l'Auteur n'avoit fait que des Piéces de Théâtre, il seroit inconnu aujourd'hui, & probablement eut été plus heureux.

Mais alors une vive émulation contre Mr. de la Motte, lui fit composer des Vers, soit profanes, soit sacrés, parmi lesquels il y en a de très-beaux; il fit *l'Epître aux Muses, & à Marot*, où parmi des traits forcés & des choses trop alongées, on trouve des morceaux
char-

VIE DE ROUSSEAU. 19

charmans; heureux fi ces ouvrages n'étoient pas infectés d'un fiel qui révolte les lecteurs fages; il fit des Epigrammes excellentes dans leur genre, telle eft entr'autres celle contre les Jéfuites.

Un Mandarin de la Société.
. . . .
. . . .
. . . .
. . . .

Il feroit à fouhaiter qu'il n'eût point deshonoré ce talent, par la licence éfrénée avec laquelle il mit en Epigramme les traits les plus impudiques, & dont la nature s'éfarouche davantage, la Sodomie, la Beftialité; un Prêtre qui fe vante d'avoir violé un chat, des malheureux qui fe plaifantent au moment de leur fuplice, fur le crime qui les y a conduits; * voilà les fujets qu'il a traité. Eft-il poffible qu'un homme qui avoit du goût, eût pû rimer ces horreurs, contre la premiére régle de l'Epigramme, qui veut que le fujet puiffe faire rire d'honnêtes gens?
mais

* L'on ne décrit ces exécrations que pour l'horreur des infames, & qu'afin d'exciter aux Priéres les gens de bien contre de pareilles abominations.

mais ces mêmes infamies qui le faifoient détefter des gens de bien, lui donnoient accès chez de jeunes libertins. Il traduifoit des Pfeaumes pour plaire à Mr. le Duc de Bourgogne, Prince religieux, & il rimoit des ordures pour fouper avec des débauchez de Paris. Un jour que Mr. le Duc de Bourgogne lui reprochoit de mêler ainfi le facré avec le profane, il répondit que fes Epigrammes étoient *le Gloria Patri de fes Pfeaumes*; & à propos d'un Epigramme où il étoit queftion du Temple antérieur d'une Nonain & de fon anexe, une Dame lui demanda ce que ce Temple & fon anexe fignifioient; il répondit que c'étoit *Nôtre-Dame & St. Jean le Rond*. Cette réponfe n'étoit pourtant pas originairement de lui; c'étoit un bon mot de l'Abbé Servien, frére du Marquis de Sablé. Quant aux Epigrammes, & aux Contes, dont le fujet a toujours roulé fur des Moines, ce fut Mr. Ferrand, très-bon Epigrammifte, qui dit lui-même qu'il n'y a point de falut en Epigramme, & en Contes hors de l'Eglife.

Vers l'an 1707. l'Académie Françaife aïant propofé pour Prix du fujet de Poëfie, *la Gloire du Roi fupérieure à tous les événemens*, la Motte, & Roufleau, compoférent pour ce Prix, chacun très-fecrettement; aucun des Juges ne favoit les noms des Concurrens; la Motte eut le Prix tout d'une voix, & le méritoit.

ritoit. Son Ode eſt très-belle ; on la connoît, elle commence par ces Vers.

> Vérité qui jamais ne change,
> Et dont les traits toujours chéris,
> Seule aux plus pompeuſes loüanges,
> Donne leur véritable prix.

Il nous manque deux Strophes de l'Ode de Rouſſeau : il n'oſa point en faire imprimer davantage ; en voici une.

> France, à ces Images illuſtres,
> Reconnois ce Roi glorieux,
> Eprouvé durant tant de luſtres,
> Par des ſuccès victorieux,
> Rapelle ces tems qu'on admire,
> Ces tems qui de ton ferme Empire,
> Font encore l'immortel apui,
> Ou par lui la fortune altiére,
> Triomphoit de l'Europe entiére
> Sans pouvoir triompher de lui.

Les autres Strophes de l'Ode étoient bien différentes ; je me ſouviens de les avoir entendu lire à feu de Brie ; mais quoique Rouſseau fût fort au-dessous de la Motte dans cette Ode, aussi-bien que dans ses Opéra, il étoit fort supérieur dans ses autres Odes, & il passera toujours pour un meilleur Poëte.

Rousseau étoit depuis quelque-tems de l'Académie des Inscriptions & belles Lettres. C'étoit un espéce de Noviciat pour obtenir une Place à l'Académie Françaiſe; il étoit entré dans celle des Inscriptions par le crédit de Mr. l'Abbé Bignon, Protecteur déclaré des Lettres; mais il eût le malheur d'encourir presque en même-tems la disgrace de Mr. l'Abbé Bignon, & celle de Mr. le Duc de Noailles. Il fit des Vers contr'eux, précisément dans le tems qu'ils alloient lui rendre les meilleurs ofices. Je ne sçais si Mr. le Duc de Noailles & Mr. l'Abbé Bignon furent informés des Vers; mais je sais bien que Mr. de Longepierre montra à Mr. le Duc de Noailles une Lettre pleine d'ingratitude & de railleries, que Rousseau avoit écrite à Mr. Duffé, contre Mr. le Duc de Noailles son bienfaiteur.

Mr. Duffé étoit un homme de beaucoup de mérite, aimant tous les Arts. Il avoit fait la *Tragédie de Péloppée*, qu'il n'a jamais donné au Théâtre, quoiqu'elle soit estimée des connoisseurs, & il avoit donné celle de *Cofroes*, corrigée d'après Rotrou, laquelle ne vaut pas sa *Péloppée*. Il protégeoit beaucoup Rousseau.

Il l'avoit produit chez Mr. le Maréchal de Vauban fon beau-pere; mais enfin il ne put le foutenir, contre le reffentiment de Mr. le Duc de Noailles. Dans ce tems-là même, Rouffeau s'atira encore l'inimitié de Mr. de Fontenelles par des Epigrammes, lefquelles fans beaucoup de fel pour le Public, ne laiffoient pas d'être fort piquantes pour celui qu'elles attaquoient. Dans ces circonftances il follicita une Place à l'Académie Françaife, aïant fait tout ce qu'il falloit pour n'en être pas, & parlant même avec mépris de ce Corps; chofe étrange que prefque tous les beaux-Efprits aïent fait des Epigrammes contre l'Académie Françaife, & aïent fait des brigues pour y être admis. » On ne connoît » guéres que Mr. de Voltaire qui n'en a ja- » mais médit fatyriquement, & qui n'a fait au- » cune démarche pour en être. « M. de la Motte, Auteur de plufieurs Ouvrages qui avoient du cours, & qui n'avoit point d'ennemis, fe mettoit fur les rangs : Rouffeau faifoit des Vers contre la Motte & le décrioit par tout; & la Motte fe contentoit de faire des Adreffes à chaque Académicien, qu'il loüoit de fon mieux. La Motte flâtoit avec un peu de baffeffe. (Il le faut avouer.) Rouffeau déchiroit avec emportement les Académiciens, la Motte & fes Amis ; enfin, la Motte outré, répondit à Rouffeau, par une très-
belle

belle Ode sur le mérite personnel. Il y avoit des traits que l'indignation avoit arraché à son caractére doux.

Cette Ode récitée au Caffé, y fut extrêmement aplaudie, & Rousseau fut au désespoir; il répondit par de nouveaux Couplets, qu'il fit distribuer sous-main, contre tous ceux qui venoient alors au Caffé, & sur-tout contre la Motte; il n'est pas permis à un honnête homme de raporter les paroles de ses Satyres; tout étoit dans la tournure de ce Couplet que nous avons raporté contre Pécour & Campra; mais les expressions étoient plus cyniques.

Dans cette guerre, si deshonorante pour l'esprit humain, un nommé Autreau, homme assez franc, d'ailleurs mauvais Peintre & mauvais Poëte, fit contre Rousseau une Chanson, qui fut pour lui le plus cuisant de tant d'affronts. Cette Chanson, que nous raportons, étoit dans le goût le plus naïf de celles du Pont-Neuf, & par-là même n'étoit que plus outrageante, comme on le va voir.

HISTOIRE

HISTOIRE

Véritable & remarquable, arrivée à l'endroit d'un nommé le Roux *Fils d'un Cordonnier, lequel aïant renié son Pere, le Diable en prit possession.* Sur l'Air des Pendus.

OR écoutez, Petits & Grands,
L'Histoire d'un ingrat Enfant,
Fils d'un Cordonnier, honnête homme,
Et vous allez aprendre comme,
Le Diable pour punition,
Le prit en sa possession.

Ce fut un beau jour à midi,
Que sa Mere au monde le mit;
Sa naissance est assez publique,
Car il naquit dans la boutique,
Dieu ne voulant qu'il pût nier
Qu'il étoit Fils d'un Cordonnier.

Le Pere n'aïant qu'un Enfant,
L'éleva très-foigneufement;
Aimant ce Fils d'un amour tendre,
Au Collége lui fit aprendre
Le Latin, comme un Grand Seigneur,
Tant qu'il le favoit tout par cœur.

Puis il aprit pareillement
A joüer fur des inftrumens,
A faire des Airs en Mufique;
Et puis il aprit la Pratique;
Car le Pere n'épargnoit rien,
Pour en faire un homme de bien.

A peine eut-il ateint quinze ans,
Qu'il renia tous fes parens;
Il fut en Suéde, en Angleterre,
Pour éviter Monfieur fon Pere;

Plus traître, plus ingrat, hélas !
Que ne fut le *Rousseau Judas*.

☙❧

Pour s'introduire auprès des Grands,
Fit le flâteur, le chien couchant ;
Mais par permission Divine,
Il fut reconnu à la mine,
Et chacun disoit en tous lieux,
Que ce flâteur est ennuïeux !

☙❧

Et pour faire le bel esprit,
Se mit à coucher par écrit,
Des Opéra, des Comédies,
Des Chansons remplies d'infamies,
Chantant des ordures en tout lieu
Contre les Serviteurs de Dieu.

☙❧

Un jour en honnête maison
Il se vernissoit d'un faux nom.

B 2 On

On l'honoroit sans le connoître;
Son Pere vint chauffer le Maître,
S'écrie, en le voïant, *mon Fils!*
Aussi-tôt le Coquin s'enfuit.

Aussi-tôt entra dans son corps
Le Diable, nommé *Couplegor ;*
Son poil devint roux, son œil louche :
Il lui mit de travers la bouche ;
Et de sa bouche de travers,
Sortoient des crapaux & des vers.

Un jour, chez Monsieur *Francinois*,
Il y vomit tout à la fois,
Des serpens, avec des vipéres,
Tout couverts d'une bile noire,
Et chez Monsieur l'Abbé *Piquant*,
Il en a vomi tout autant.

Or donc aïant mordu quelqu'un,
Qui n'étoit pas gens du commun,
Ces gens lui cassèrent les côtes
Avec une canne fort grosse,
Dont il eut très-grande douleur,
Tant sur le dos que dans le cœur.

Vous, Pere & Mere, honnêtes gens,
A qui Dieu donne des enfans,
Gardés-vous bien qu'ils ne l'aproche;
Vous en recevriez du reproche,
Il les rendroit pour votre ennui
Aussi grands Scélérats que lui.

Or, prions le doux Rédempteur,
Qu'il marque au front cet Imposteur,
Afin qu'on fuïe ce détestable,
Comme le Précurseur du Diable;

Car *Nostradamus* a prédit
Qu'il doit engendrer l'Antechrist.

On avoit résolu de faire chanter cette Chanson fur le Pont-Neuf, & à la porte de Rousseau, par les Aveugles de la Ville; mais la Motte revenant à son caractére doux, aima mieux se réconcilier avec Rousseau, malgré les conseils de MM. de Fontenelles, Saurin, & Boindin. Ce qu'il y eut d'assez plaisant, c'est que la réconciliation des deux Poëtes qui s'étoient ataquez par des Satyres, se fit chez Mr. Despréaux. Enfin, après la mort de Thomas Corneille, & d'un autre Académicien, la Motte obtint une Place à l'Académie Françaife, & Rousseau fut refusé. Ce refus aigrit Rousseau; de nouveaux couplets en furent le fruit. Ce fut cette derniére démarche qui causa dans Paris un scandale dont il y a peu d'exemples, & qui finit enfin par perdre, sans retour, un homme qui eût pû faire beaucoup d'honneur à son Païs par ses talens, s'il en eût fait un autre usage.

Cette Chanson, si abominable & si connuë, contient quatorze Couplets contre la Motte, Saurin & Boindin, la Faye, l'Abbé de Bragelone, Crébillon, & enfin contre tous les amis de Mr. de la Motte: on en envoïa secretement des Copies chez les principaux in-
térest-

téreffez pour les outrager. Ce fut vers Pâques de l'année 1711. que cette avanture éclata ; un des plus offenfez dans ces Couplets étoit Mr. de la Faye, Capitaine aux Gardes, & bon Géométre de l'Académie des Sciences. Il venoit d'époufer une femme très-refpectable, & la Chanfon reprochoit à cette Dame les chofes les plus infames, & les maladies les plus honteufes. Mr. de la Faye rencontra Rouffeau un matin vers le Palais-Roïal ; il fort d'une chaife à porteurs (c'étoit fa voiture ordinaire) il court fur Rouffeau la canne haute, lui en donne vingt coups fur le vifage. Rouffeau s'enfuit dans le Palais-Roïal ; la Faye l'y pourfuit & le bat encore fur la porte; Rouffeau informe contre la Faye, comme de violence commife dans une Maifon Roïale. La Faye informe de fon côté contre Rouffeau, comme Auteur de Libelles infames & dignes du feu. Mr. de Contades, alors Major des Gardes, fe chargea d'accommoder l'affaire. Rouffeau fe défifta de fon Procès, moïennant cinquante louïs que la Faye devoit donner; mais la fuite de cette avanture priva encore Rouffeau de ces cinquante louïs.

Il fe fentoit perdu dans le public ; il voulut fe difculper de l'infamie de ces Couplets, & perdre en même-tems un de fes plus cruels ennemis, qui s'étoit déclaré contre lui, avec

B 4   plus

plus de hauteur & avec ces traits outrageans, qui offenfent prefque autant que l'infulte qu'il avoit reçûë de Mr. de la Faye.

Cet ennemi étoit Saurin, homme du caractére le plus dur que j'aïe jamais connu; il penfoit affez mal des hommes, & le leur difoit en face très-fouvent avec beaucoup d'énergie. Il avoit empêché Rouffeau de revenir au Caffé; il affectoit d'ailleurs une Philofophie rigide, beaucoup d'averfion pour le caractére de Rouffeau, & une eftime très-médiocre pour fes talens.

Rouffeau crut que le caractére de Saurin, qui avoit peu d'amis, pourroit l'aider à le perdre; de plus, Saurin avoit été autrefois Miniftre à Lauzane dans fa jeuneffe; il y avoit fait des fautes deshonorantes & publiques; réfugié en France, il s'étoit fait Catholique; il ne paffoit que pour Philofophe. Rouffeau efpéroit, avec affez de fondement, que s'il pouvoit parvenir à le faire arrêter, on découvriroit fûrement dans fes Papiers dequoi l'accabler. Ce qu'il y a de certain, c'eft que Rouffeau avoit totalement perdu la tête, & fa conduite fait voir qu'une imprudence atire toujours une nouvelle folie, & un crime un autre crime.

Il fit fuborner un malheureux garçon favetier, nommé Arnould, pour dépofer que Saurin lui avoit donné fecrettement les Couplets

plets à porter chez les Intéreſſez. Quand il eut ſuborné ce miſérable, il alla ſe jetter aux piés de Madame Voiſin, femme du Miniſtre de la Guerre, depuis Chancelier; cette Dame fit écrire au Lieutenant Criminel le Comte, pour apuïer Rouſſeau; il eut un Decret de priſe-de-corps contre Saurin le 24. Septembre 1710. Le même jour il eſt arrêté chez lui au milieu de ſept enfans, conduit au Châtelet, interrogé ſur le champ; nul intervale entre l'interrogatoire, le récolement & la confrontation; tout ſe faiſoit avec une rapidité & une partialité marquée, capable de faire trembler l'homme le plus ferme; cette procédure violente du Lieutenant-Criminel, fut ſévérement condamnée, même avant la concluſion du Procès, par Mr. le Chancelier de Pontchartrain; & le Lieutenant-Criminel en eut une réprimande ſi dure, qu'il en verſa des larmes.

Quoique Saurin fût ſans aucune protection, il eut pour amis dans cette affaire tous les ennemis de Rouſſeau, & ce fut preſque tout le public. Mr. de Fontenelles alla dans la priſon offrir ſa bourſe à Mr. Saurin; tout le monde l'aida & ſollicita pour lui; ce qui gagnoit le plus tous les eſprits en ſa faveur, c'eſt que lui-même étoit outragé indignement dans ces Couplets, dont Rouſſeau l'acuſoit d'être l'Auteur, & il gémiſſoit

à la

à la fois, fous la honte des horreurs que la Chanfon lui atribuoit, & fous l'oprobre d'être accufé de cette Chanfon.

Il fit un FACTUM, moins pour fe juftifier, que pour remercier le Public, qui prenoit ainfi fa défenfe; je ne crois pas qu'il y ait aucun ouvrage de cette nature plus adroit & plus véritablement éloquent.

Je ne comprends pas comment Mr. Rollin peut dire dans fon *Traité des Etudes*, que nous n'avons aucun Plaidoïé digne d'être tranfmis à la poftérité, & que cette difette vient de la modeftie des Avocats, qui n'ont point publié leurs *Factums*. Nous avons plus de cinquante Plaidoïers imprimés, & plus de mille Factums; mais il n'y en a aucun de comparable à celui de Mr. Saurin; l'éfet qu'il fit ne peut fe comprendre; je me fouviens fur-tout que Mr. GAILLARD, un des Juges, en lifant l'endroit que je vais raporter, s'écria; *fi je tenois Rouffeau, je le ferois pendre tout-à-l'heure*. Voici le morceau qui fit tant d'impreffion à ce Juge.

J'avouë que ce n'eft point-là l'effai d'un Scélérat, & qu'il faut être bien habitué à la perfidie pour la pouvoir pouffer jufqu'à ces excès: mais qui en croira-t'on plus capable, qu'un homme qui a defavoué fon Pere dès fon enfance, qui l'a fait mourir de chagrin par fes ingratitudes, qui lui a refufé les derniers devoirs, qui a calomnié fes Maîtres,

tres, ses Amis, ses Bienfaiteurs, qui fait trophée de Satyres, d'impudence & d'impiété, & qui pousse enfin l'audace jusqu'à me faire demander par mon Juge ; comment je nie d'avoir fait les Couplets en question, moi qui conserve des Epigrammes infames ? & ces Epigrammes qu'il me reproche de conserver, ce sont les siennes.

Pendant qu'on instruisoit ce Procès, auquel tout Paris s'intéressoit, Rousseau parut au Châtelet ; le Peuple fut prêt de le lapider ; il étoit avec un nommé de Brie, contre lequel il avoit fait autrefois cette sanglante Epigramme.

L'Usure & la Poësie
Ont fait jusqu'aujourd'hui,
Du fesse-mathieu de Brie,
Les délices & l'ennui ;
Ce rimailleur à la glace,
N'a fait qu'un saut de Ballet
Du Châtelet au Parnasse,
Du Parnasse au Châtelet.

C'étoit un spectacle instructif pour les hommes, de voir dans cette ocasion un Accusateur, qui n'avoit pour toute ressource & pour toute compagnie, qu'un malheureux qu'il avoit outragé, & un Accufé dont cent mille voix prenoient la défenfe.

Le 12. Décembre 1711. Mr. Saurin fut élargi par Sentence du Châtelet, & permis à lui d'informer criminellement contre Rouffeau, & contre les Témoins.

Plus de trente perfonnes fe trouvérent à fa fortie de Prifon ; Mr. de la Motte Houdart, & lui, allérent le lendemain dîner chez Mr. de Mefmes, Premier Préfident : le Procès criminel fut inftruit contre Rouffeau. Je ne peux m'empêcher de raporter ici une plaifanterie du jeune Voltaire ; une fervante de la maifon de fon Pere étoit impliquée au Procès ; elle étoit mere de ce malheureux garçon favetier que Rouffeau avoit fuborné ; cette pauvre femme craignant que fon fils ne fut pendu, étourdiffoit tout le quartier de fes cris : *Confolez-vous ma bonne*, lui dit le jeune homme, *il n'y a rien à craindre ; Rouffeau, fils d'un Cordonnier, fuborne un Savetier, que, dites-vous, eft complice d'un Décroteur, tout cela ne paffera pas la cheville du pié.*

Rouffeau fut à fon tour décrété de prife-de-corps ; il fallut prendre le parti de la retraite & de la fuite ; Madame de Férioles, diftinguée dans le monde pour fon efprit, le retira chez elle pendant quelques jours ; le mari de cette Dame qui ne favoit pas qu'il fut chez lui, & qui étoit animé contre lui

de

de la haine du public, n'eût pas souffert qu'on lui donnât azile dans sa maison. Madame de Férioles dit à Rousseau ; *ne craignez rien, mettez une perruque noire, au lieu de la blonde que vous portez, placez-vous à souper à côté de lui, je vous répons qu'il ne vous reconnoîtra pas.* En éfet, Mr. de Férioles, fatigué des afaires du jour, se mettoit à table le soir sans trop considérer qui étoit auprès de lui ; il soupa trois fois à côté de Rousseau, lui disant à lui-même, qu'il le feroit pendre s'il étoit son Juge, & Rousseau défendoit de son mieux la cause de Rousseau, que Mr. de Férioles ataquoit si violemment.

Il ne sortit de cette retraite que pour en aller faire une autre au Noviciat des Jésuites ; il crut que s'il pouvoit mettre la Religion dans ses intérêts il seroit sauvé ; il s'adressa au vieux Pere Sanadon, qui étoit à la tête de ces Retraites de dévotion. Il se confessa à lui, & lui jura qu'il n'étoit auteur d'aucune des choses qu'on lui atribuoit ; il lui demanda la Communion, prêt de faire Serment sur l'Hostie, qu'il n'étoit point coupable ; le Pere Sanadon ne crut devoir l'admettre ni à la Communion, ni à cet étrange Serment. C'est un fait que j'ai entendu conter au Pere Sanadon, & dont plusieurs Jésuites ont été informés.

Enfin pendant que son Procès s'instruisoit,

il se déroba à la Justice, & se retira en Suisse à Soleure auprès du Comte du Luc, Ambassadeur de France, avec des Lettres de recommandation de Madame de Bouzoles, de Madame de Férioles, & de quelques autres personnes.

Le Parlement saisi de l'affaire, le jugea le 7. Avril 1712. il y eut trois voix qui le condamnérent à la corde, & le reste fut pour le bannissement. Voici l'Arrêt qui fut rendu par la Tournelle Criminelle.

ARREST

ARRÊT DU PARLEMENT
CONTRE
JEAN-BATISTE ROUSSEAU.

DE PAR LE ROI,
ET
NOSSEIGNEURS
DE LA COUR DE PARLEMENT.

» ON fait à favoir que par ARREST
» DE LADITE COUR *du 7. Avril*
» 1712. la Coutumace a été déclarée
» bien inftruite contre JEAN-BATISTE
» ROUSSEAU de l'Académie Roïale des Inf-
» criptions, & ajugeant le profit d'icelle, A
» E'TE' DE'CLARE' DÛMENT ATEINT
» ET CONVAINCU d'avoir compofé & dif-
» tribué *les Vers impurs, fatiriques & difamatoi-*
» *res* qui font au *Procès*, & fait de *mauvaifes*
» *Pratiques* pour faire réuffir l'Acufation ca-
» *lom-*

» *lomnieuse* qu'il a intentée contre JOSEPH
» SAURIN de l'Académie des Sciences, pour
» raison *de l'envoi* desdits Vers difamatoires
» au *Caffé de la Veuve Laurent.*

» Pour Réparation dequoi ledit ROUS-
» SEAU est *Bani à perpétuité du Roïaume*, en-
» joint à lui de garder son Ban, sous les pei-
» nes portées par la Déclaration du Roi. Tous
» & un chacuns ses Biens, situés en païs de
» Confiscation, déclarés aquis & confisqués à
» qui il apartiendra; sur iceux, & autres non
» sujets à confiscation, préalablement pris *cin-*
» *quante livres* d'Amende, & *cent livres* de
» Réparation Civile vers ledit SAURIN, &
» *condanné aux Dépens*; & ladite Condanna-
» tion sera écrite dans un *Tableau* atiaché à
» un *Poteau* qui sera planté en Place de *Grève.*

Cet Arrêt n'empêcha pas le Comte du Luc de retirer Rousseau dans sa maison à Soleure. Il s'y comporta d'abord avec la sagesse qui devoit être le fruit de tant d'impudences, de crimes, & de malheurs; mais enfin son penchant l'emporta; il fit des Vers contre un homme de la maison que le Fils du Comte du Luc aimoit beaucoup; il resta protégé du Père, mais totalement brouillé avec le Fils.

Il fit imprimer à Soleure une partie de ses Ouvrages, dans lesquels on estima beaucoup

coup les mêmes choses dont j'ai déja parlé; c'est-à-dire, plusieurs Pseaumes, quelques Cantates, & des Epigrammes.

Il eut la sagesse de ne point faire imprimer une Ode, très-bien tournée, qu'il avoit faite à Paris contre une de ses Protections; mais les mêmes raisons qui l'engagérent à la suprimer, ne subsistant plus, je croi faire plaisir au lecteur de la raporter.

Quel charme, Hélene dangereuse,
Assoupit ton nouveau Paris?
Dans quelle oisiveté honteuse,
De tes yeux la douceur flâteuse
A-t'elle plongé ses esprits?

Pourquoi ce Guerrier inutile,
Cherche-t'il l'ombre & le repos?
D'où vient que déja vieux Achille,
Il suit le modèle stérile
De l'enfance de ce Héros?

En proïe au plaisir qui l'enchante,
Il laisse enyvrer sa raison,
Et dans la Coupe séduisante,
Que le fol Amour lui presente,
Il boit à longs traits le poison.

Ton

Ton accueil qui le follicite,
Le nourrit dans ce doux état.
Eh ! qu'il est beau de voir écrite
La moleffe d'un Sibarite,
Sur le front brûlé d'un Soldat.

De ses langueurs efféminées,
Il recevra bien-tôt le prix :
Et déja ses mains bazannées,
Aux palmes de Mars destinées,
Cueillent les myrthes de Cypris.

Mais qu'il connoît peu quel orage
Suivra ce calme furborneur.
Qu'il va regretter le rivage.
Que je plains le triste nauffrage
Que lui prépare son bonheur.

Quand les vents, maintenant paifibles,
Enfleront la mer en couroux ;
Quand pour lui les Dieux inflexibles,
Changeront en des nuits horribles,
Des jours qu'il a trouvé fi doux.

Insensé, qui sur des promesses
Croit fonder son apui,
Sans songer que mêmes tendresses,
Mêmes sermens, mêmes caresses,
Trompérent un autre avant lui.

L'Amour a marqué son suplice:
Je vois cet Amant irrité,
Des Dieux accusant l'injustice,
Détester son lâche caprice,
   Et pleurer sa fidélité.

Tandis qu'au mépirs de ses larmes,
Oubliant qu'il se peut venger,
Tu mets tes atraits sous les armes,
Pour profiter des nouveaux charmes
De quelqu'autre amour passager.

Beaucoup de Piéces fugitives qu'il imprima, n'étoient pas de cette force ; mais le bon l'emportoit infiniment sur le mauvais. Ce qu'on blâme le plus dans cette édition, ce fut la Préface, dans laquelle il ataqua indigement Mr. Dufresny, mon camarade, chez le Roi, homme d'esprit & de talent, Auteur de plusieurs Comédies charmantes, qui
                             n'avoit

n'avoit envers Rousseau d'autre crime, que d'avoir publié plusieurs de ses Piéces fugitives dans le Mercure Galant.

Rousseau se donne dans cette Préface pour un homme du monde qui n'a fait des Vers que par amusement, & qui est devenu Auteur malgré lui. *Voici enfin*, dit-il, *le petit nom d'Ouvrages qui m'ont donné, malgré moi, la qualité d'Auteur.* Il faut avoüer que cette vanité étoit intolérable dans un homme de son espéce, qui avoit passé une partie de sa vie à faire des Opéra, & des Comédies, pour subsister. Ce qu'il y a peut-être encore de plus honteux, c'est d'avoir, dans cette Préface, traité Mr. de Francine d'homme divin, après lui avoir prodigué dans la *Francinade* les injures les plus grossiéres.

La raison de cet Apothéoze de Mr. de Francine, étoit, comme je l'ai déja insinué, une quête faite en faveur de Rousseau par Madame de Bouzoles ; Mr. de Francine donna vingt loüis d'or. J'ai lû dans un Journal que le jeune Voltaire en avoit aussi donné quelques-uns. Ce fait est très-vrai-semblable ; car on remarque qu'il s'est toujours fait un mérite d'aider les gens de Lettres ; mais en vérité divinifer Mr. de Francine, parce qu'il en avoit reçû vingt loüis, & l'avoir accablé d'injures, parce que l'*Opéra de Jason*, n'avoit été païé que cent pistoles, c'étoient
deux

deux baffeffes également méprifables.

Rouffeau ne quitta la maifon de Mr. du Luc, que pour paffer au fervice du Prince Eugène, auprès de qui il refta quelques années; on efpéroit même qu'il écriroit la Vie de ce Prince, qui a joué un fi grand rôle; mais, foit qu'il manquât de Mémoires, foit qu'il ne fe fentit pas les mêmes talens pour la Profe, que pour les Vers, il n'a jamais commencé cette Hiftoire.

De Vienne, il paffa à Bruxelles, fous l'efpérance que le Marquis de Prié, Commandant aux Païs-Bas, lui feroit avoir quelque emploi; mais fa principale reffource fut l'Angleterre; car dans un voïage en Hollande, aïant fait fa cour à Milord Cadogan, qui étoit à la Haïe, ce Seigneur Anglais le mena à Londres, & lui procura des Soufcriptions pour l'impreffion de fes Œuvres. Il revint d'Angleterre avec environ cinq cens guinées; mais les Vers furent très-peu goûtés des Anglais; & plufieurs qui avoient foufcrit deux guinées revendirent pour une.

La raifon de cette indifférence de la Nation Anglaife pour les Vers de ce Poëte, vient de ce que le grand mérite de Rouffeau confifte dans un grand choix d'expreffions, & dans la richeffe des rimes plûtôt que des penfées; d'ailleurs tout ce qui eft en ftile Marotique, demande une intelligence très-fine de

notre

notre langue, pour être, je ne dis pas goûté, mais entendu. Enfin, la plûpart des sujets que Rousseau a traité, le regardent assez personnellement; presque toutes ses Epitres roulent sur lui & sur ses ennemis, objets peu intéressants pour des lecteurs Anglais, & qui cessent bien-tôt de l'être pour la postérité.

Revenu à Bruxelles, il lui arriva ce qu'il avoit presque toujours éprouvé, il se broüilla avec son Protecteur. Il y avoit déja quelquetems que le Prince Eugène s'étoit refroidi envers lui, sur des plaintes que des personnes de distinction de France lui avoient faites; mais la véritable raison de la disgrace de Rousseau auprès de son Protecteur, vient de ce misérable penchant à la satyre, qu'il ne put jamais réprimer. Il semble qu'il y ait dans de certains hommes une prédétermination invincible & absoluë à certaines fautes. Lorsque le Comte de Bonneval eut à Bruxelles cette malheureuse quérelle avec le Marquis de Prié, laquelle enfin conduit un excellent Officier Chrétien à se faire Mahométan, & à commander les Armées des Turcs; au tems, dis-je, de cette quérelle, le Comte de Bonneval fit quelques Couplets contre le Prince Eugène, & Rousseau eut la criminelle complaisance d'aiguiser ses traits, & d'ajoûter une demie douzaine de rimes à ces injures. Le Prince Eugène le sçut, & se contenta de lui retrantrancher la gratification annuelle qu'il lui faisoit, & de le priver de l'emploi qu'il lui avoit promis dans les Païs-Bas.

Rousseau passa alors en Hollande, où il fut fort mal reçû, à cause d'une Épigramme contre un Suisse, qui ataquoit à la fois les Nations Suisse & Hollandoise ; le sel de cette Epigramme, s'il y en a, consiste dans ces deux Vers.

C'est la politesse d'un Suisse,
   En Hollande civilisé.

Les choses changérent à Bruxelles ; le Marquis de Prié, qui vouloit punir Rousseau, fut disgracié ; l'Archiduchesse gouverna le Païs-Bas Flamand. Le Duc d'Aremberg, Prince de l'Empire, établi à Bruxelles, ami du Général de Bonneval, protégeoit Rousseau & lui donna retraite à Bruxelles, au Petit Hôtel d'Aremberg ; il y vécut assez paisiblement, jusqu'à ce qu'une nouvelle quérelle l'en fit chasser.

Cette quérelle publique fut contre Mr. de Voltaire, déja connu par le seul Poëme épique dont la France puisse se vanter, par plusieurs Tragédies d'un goût nouveau, dont la plûpart sont très-aplaudies, par l'Histoire de Charles XII. peut-être mieux écrite qu'aucune Histoire Françaife, par quantité de Piéces fugitives qui sont entre les mains des curieux, & enfin par la Philosophie de Newton qu'il
nous

nous promet depuis plusieurs années ; je ne saurois dire positivement quel fut le sujet de l'inimitié si publique entre ces deux hommes célèbres ; il y a grande aparence qu'il n'y en a point d'autre que cette malheureuse jalousie, qui broüille toujours les gens qui prétendent aux mêmes honneurs. Ils ont écrit l'un contre l'autre des espéces de Factums fort sanglans, imprimés dans la Bibliothéque Françoise. Rousseau imprima, qu'une des sources de leur quérelle venoit de ce que son Adversaire l'avoit beaucoup décrié un jour chez Mr. le Duc d'Aremberg ; Mr. de Voltaire se plaignit à ce Prince de cette accusation ; le Prince lui répondit que c'étoit une calomnie ; & il fut si fâché d'être compris dans cette imposture par Rousseau, qu'il le chassa de chez lui. La preuve de ce fait est une Lettre de M. le Prince d'Aremberg, raportée dans la Bibliotéque en l'année 1736.

Rousseau vers ce tems-là, fit imprimer à Paris trois Epitres nouvelles ; la premiére adressée au Pere Brumoy Jésuite, sur *sa Tragédie*; la seconde *Athalie*, sur le genre Comique; la troisiéme, au Sr. Rollin, Ancien Professeur au Collége de Beauvais, Auteur d'un Livre estimé, concernant les *Etudes de la Jeunesse*, & Auteur d'une *Compilation de l'Histoire Ancienne*, dont les premiers Tomes ont eu beaucoup de vogue en leur tems.

Rousseau,

Rousseau, dans sa premiére Epitre, sembloit désigner par des traits fort piquants son ennemi, Mr. de Voltaire; dans la seconde, il attaquoit tous les Auteurs Comiques, & prétendoit que depuis Moliére nous n'avions rien de bon en fait de Comédie. Il se trompoit en cela visiblement; car, sans parler de la Comédie inimitable *du Joüeur*, de l'excellente Piéce *du Grondeur*, *de l'Esprit de Contradiction*, *du Double Veuvage*, *de la Pupile*, nous avons en dernier lieu *le Glorieux*, de Mr. des Touches, ci-devant Ministre du Roi à Londres, & *le Préjugé à la Mode*, de Mr. de la Chauffée, qui sont de très-bons ouvrages dans leur genre, & infiniment goûtés, sur-tout *le Gloreiux*. A l'égard de la Tragédie, nous ne conviendrons pas aisément que *Manlius*, *Ariane*, *Electre*, *Radamiste*, *Oedipe*, *Brutus*, *Zaïre*, *Alzire*, *Maximien*, soient des Piéces médiocres.

Les trois Epitres de Rousseau se sentoient de sa vieillesse; parmi quelques traits forts & bien tournés, on remarquoit ce stile dur & dépourvû de graces, qui caractérise d'ordinaire l'épuisement d'un homme avancé en âge : ce qu'il y avoit de pis; c'est qu'en prétendant donner des régles du Théâtre, il composa dans ce tems-là même une Comédie, intitulée *les Ayeux Chimériques*, qui est dans le goût de sa Piéce du *Caffé*; c'étoit en en quelque façon retomber en enfance.

La Comédie *des Ayeux Chimériques* fut totalement oubliée en naissant ; mais les trois Epitres causérent une nouvelle guerre sur le Parnasse. Un nommé l'Abbé Gyot Desfontaines, qui faisoit une espéce de Gazette littéraire, homme extrêmement caustique, bon Littérateur ; mais manquant de finesse & de goût, fit un éloge outré de ces nouvelles Satyres, & aggrava encore le coup que Rousseau vouloit porter aux Auteurs Modernes. On répondit par plusieurs Piéces à Rousseau & à ce Desfontaines ; mais ce qu'il y eut de plus vif & de plus emporté, ce furent deux Piéces atribuées à Mr. de Voltaire : l'une est une *Ode sur l'Ingratitude* ; & l'autre, une espéce d'*Allégorie* & de *Conte :* je ne sais si effectivement *le Conte* est de Mr. de Voltaire ; mais pour *l'Ode*, elle est sûrement de sa façon, & il est dificile de l'y méconnoître. Il est triste qu'un homme comme Mr. de Voltaire, qui jusques-là avoit eu la gloire de ne se jamais servir de son talent pour accabler ses ennemis, eut voulu perdre cette gloire.

Il est vrai qu'il se croïoit outragé par Rousseau, & encore plus par ce Desfontaines, qui lui avoit en éfet les derniéres obligations ; car on disoit que Desfontaines ne lui devoit pas moins que la vie. Il est certain qu'il l'avoit retiré de Bissêtre, où cet homme avoit été

été enfermé pour des crimes infâmes, & on assuroit que depuis ce tems l'Abbé Desfontaines avoit fait beaucoup de Libelles contre son bienfaiteur; mais enfin il eut été plus beau au Chantre du Grand Henri de ne se point abaisser à de si indignes sujets ; quoiqu'il en soit, voici *l'Ode*, telle qu'elle est parvenuë entre nos mains. On y voit un homme qui aime bien ses amis, & qui hait beaucoup ses ennemis.

ODE

ODE
SUR
L'INGRATITUDE.

I.

Toi, mon suport & ma gloire,
Que j'aime à nourrir ma mémoire
Des biens que ta vertu m'a faits,
Lorsqu'en tous lieux l'Ingratitude
Se fait une pénible étude
De l'oubli honteux des bienfaits.

II.

Doux nœuds de la reconnoissance,
C'est par vous que dès mon enfance
Mon cœur à jamais fut lié;
La voix du sang, de la nature,
N'est rien qu'un languissant murmure,
Près de la voix de l'amitié.

III.

Eh quel est en effet mon Pere?
Celui qui m'instruit, qui m'éclaire,

Dont

Dont le secours m'est assuré,
Et celui dont le cœur oublie
Les biens répandus sur sa vie;
C'est-là le Fils dénaturé.

IV.

Ingrat, monstre que la nature,
A paîtri d'une fange impure,
Qu'elle dédaigna d'animer,
Il manque à votre ame sauvage,
Des humains le plus beau partage,
Vous n'avez pas le don d'aimer.

V.

Nous admirons le fier courage,
D'un Lion fumant de carnage,
Simbole du Dieu des Combats.
D'où vient que l'Univers déteste
La Couleuvre bien moins funeste?
Elle est l'image des Ingrats.

VI.

Tel fut ce Plagiaire habile,
Singe de Marot & d'Ouvile, *
Connu par ses viles Chansons,
Semblable à l'infâme Locuste,

Qui,

* Ancien Répertoire des Contes obscènes.

Qui, sous les Successeurs d'Auguste,
Fut illustré par les Poisons.

VII.

Dis-nous, Rousseau, quel premier crime
Entraîna tes pas dans l'abîme
Où j'ai vû Thémis te plonger ?
Ah ! ce fut l'oubli des services ;
Tu fus ingrat, & tous les vices,
Vinrent en foule t'assiéger.

VIII.

Aussi-tôt le Dieu qui m'inspire,
T'arracha le luth & la lyre
Qu'avoient deshonorés tes mains ;
Tu n'es plus qu'un reptile immonde,
Rebut du Parnasse & du monde,
Enséveli dans tes venins.

IX.

Quel Monstre plus hideux s'avance ?
La nature fuit & s'offense
A l'aspect de ce vieux Giton ;
Il a la rage de Zoïle,
De Gacon l'esprit & le stile,
Et l'ame impure de Chausson.*

* Mauvais Satirique, universellement haï & méprisé ; exécuté publiquement pour Sodomie.

X.

C'est Desfontaines ; c'est ce Prêtre,
Venu de Sodôme à Bissètre,
De Bissètre au sacré Vallon ;
A-t'il l'espérance bizare
Que le bucher qu'on lui prépare
Soit fait des lauriers d'Apollon ?

XI.

Il m'a dû l'honneur & la vie,
Et dans son ingrate furie,
De Rousseau lâche imitateur,
Avec moins d'art, & plus d'audace,
De la fange où sa voix croace,
Il outrage son bienfaiteur.

XII.

Que Makarty, * loin de la France,

Aille

---

* Makarty, Abbé Irlandois, fils d'un Chirurgien de Nantes, qui se disoit de l'ancienne Maison de Makarty, aïant subsisté long-tems des bienfaits de Mr. de Voltaire, & lui aïant en dernier lieu emprunté deux mille livres, s'associa en 1733. avec un Ecossois, nommé Ramsai, qui se disoit aussi des bons Ramsai, & avec un Officier Français, nommé Mornay; ils passèrent tous trois à Constantinople, & se firent Circoncire chez le Comte de Bonneval ; Makarty est à present Officier d'Artillerie en Portugal.

Aille enſévelir dans Bizance
Sa honte à l'abri du Croiſſant;
D'un œil tranquile & ſans colére,
Je vois ſon crime & ſa miſére,
Il n'emporte que mon argent.

XIII.

Mais l'ingrat dévoré d'envie,
Trompette de la calomnie,
Qui cherche à flétrir mon honneur ;
Voilà le raviſſeur coupable,
Voilà le larcin déteſtable,
Dont je dois punir la noirceur.

XIV.

Pardon, ſi ma main vengereſſe
Sur ce monſtre un moment s'abaiſſe
A lancer ces utiles traits,
Et ſi de la douce peinture,
De la vertu brillante & pure,
Je paſſe à ces ſombres Portraits.

XV.

Mais lorſque Virgile & le Taſſe,
Ont chanté dans leur noble audace
Les Dieux de la terre & des mers,
Leur Muſe que le Ciel inſpire

Ouvre

Ouvre le ténébreux Empire
Et peint les Monstres des Enfers.

Rousseau avoit espéré que son Epitre au Pere Brumoy lui donneroit les suffrages de tous les Jésuites ; que celle au Sieur Rollin, lui donneroit tout le parti Janséniste, & que par-là il pourroit revenir bien-tôt à Paris, & avoir des Lettres-de-Grace. On disoit même qu'un homme fort riche devoit se charger de satisfaire aux dépens, dommages & intérêts dûs à la Partie civile. Ce dessein paroissoit bien concerté. Pour mieux réussir, il fit une Ode à la loüange du Cardinal de Fleury, au sujet de la Paix. L'Ode fut assez bien reçuë du Ministre, quoique fort indigné de ses premiéres Odes, & très-mal reçuë du Public. C'est une espéce de fatalité que cette Paix n'ait produit que des Odes médiocres ; si vous en exceptez peut-être une du jeune Saurin, fils de celui qui avoit eu contre Rousseau ce fameux Procès. Mr. Chauvelin, alors Garde-des-Sçeaux, fut vivement sollicité pour faire revenir celui qui avoit été puni si long-tems. Le Sieur Hardion, ci-devant Précepteur de Mr. Dupré de St. Maur, s'emploïa beaucoup dans cette affaire ; mais toutes ces tentatives furent inutiles, Rousseau s'étoit fermé toutes les portes par une Allégorie, intitulée *le Jugement de Pluton*, dans laquelle il representoit un

Procu-

Procureur-Général que Pluton faisoit écorcher, & dont il étendoit la peau fur un fiége. On avoit fenti trop bien l'aplication. Il n'y a point de Procureur-Général qui veuille être écorché ; l'Auteur avoit trop oublié la maxime, qu'*il ne faut point écrire contre ceux qui peuvent profcrire.*

Il avoit d'autant plus befoin de retourner en France, qu'il ne lui reftoit prefque plus d'azile à Bruxelles, depuis fa difgrace auprès de Mr. le Duc d'Aremberg ; il paffoit fa vie chez un Banquier, nommé ME'DINE. Il fe broüilla encore avec ce Banquier, d'une maniére qui fait frémir. Voici la Lettre de cet homme, écrite à un de fes Correfpondans, laquelle éclaircit beaucoup mieux le fait que tout autre détail ne pourroit faire.

LETTRE

LETTRE
DE Mr. MÉDINE
A UN DE SES CORRESPONDANS,
CONTRE Mr. ROUSSEAU.

A Bruxelles le 17. Février 1737.

» Vous allez être étonné du malheur
» qui m'arrive. Il m'est revenu des
» Lettres protestées. Je n'ai pû les
» rembourser. J'avois quelques au-
» tres petites affaires, dont l'objet n'étoit pas
» important. Enfin on m'enleve mercredi au
» soir, & on me met en prison, d'où je vous
» écris. Je compte païer ces jours-ci & en être
» dehors ; mais croïez-vous que ce coquin, cet
» indigne, ce monstre de Rousseau, qui de-
» puis six mois n'a bû & mangé que chez moi,
» à qui j'ai rendu les services les plus essentiels
» & en nombre, a été la cause qu'on m'a pris ;
» que c'est lui qui en a donné le conseil, & que
» c'est lui qui a irrité contre moi le porteur de
» mes Lettres, qui n'avoit pas dessein de me
» chagriner ; & qu'enfin ce monstre, vomi des
» Enfers, achevant de boire avec moi à ma ta-
» ble, de me baiser & m'embrasser, a servi
» d'es-

» d'espion pour me faire enlever à minuit dans
» ma chambre. Non, jamais trait n'a été si noir,
» si épouventable ; je n'y puis penser sans hor-
» reur. Si vous saviez tout ce que j'ai fait pour
» lui, toutes les obligations qu'il m'a ; en un
» mot, tout ce qu'il me doit, vous frémiriez d'en
» faire un paralelle avec sa manœuvre. Enfin,
» patience, je compte que nôtre Correspon-
» dant, à vous & à moi, ne sera pas altéré par cet
» événement. Je serai toute ma vie de même ;
» c'est-à-dire, l'ami le plus vrai, & le plus tendre
» que vous puissiez avoir, & toujours à vous.
ME'DINE.

Ce Banquier, quelque-tems après revint sur l'eau. Rousseau voulut se raccommoder avec lui ; mais n'y pouvant réussir, il demeura privé de toute société, jusqu'à ce qu'enfin une apoplexie, au commencement de l'année 1738. où nous sommes, vint lui ôter l'usage de ses membres & de la raison. * Telle a été la vie & la fin déplorable d'un homme qui auroit pû être très-heureux, s'il eût dompté son malheureux penchant. Il est à souhaiter que son exemple instruise les jeunes gens qui s'apliquent aux Lettres. On verra par cette courte Histoire dans quelles suites funestes le talent d'écrire entraîne souvent, & on conclura,

Qui bene latuit, bene vixit.

* Il mourut à Bruxelles le 17. Mars 1741.

LETTRE

LETTRE
DU
Sʀ. SAURIN
A
Mᴹᴱ. VOISIN.

MADAME,

» Q̲U̲O̲I̲Q̲U̲E̲ j'aïe le malheur de n'ê-
» tre connu à la Cour que par les af-
» freuses idées qu'y a données de moi
» un cruel Ennemi, j'ose me jetter
» à vos piés & implorer votre justice contre
» la protection même que vous avez accor-
» dée à mon Acusateur. Il en fait ici contre
» moi,

» moi, MADAME, un violent abus; elle
» prévient les Juges. Que ne peut point con-
» tre un homme de ma sorte, la protection
» d'une personne de votre rang, qui joint en-
» core à cette élévation les plus grandes lu-
» miéres, & la plus haute réputation de pié-
» té ! Hé, quel regret n'auriez-vous pas,
» MADAME, si vous reconnoissiez dans la
» suite que cette puissante protection eut
» servi à oprimer un innocent ? Je l'oserai
» dire, avec la confiance & le courage que
» donne à un homme de bien le témoigna-
» ge de sa conscience, on vous expose à ce
» danger. Il ne s'agit pas de justifier & de
» sauver le Sieur Rousseau; il s'agit de me
» rendre coupable & de me perdre. Je lais-
» se, MADAME, à votre sagesse & à votre
» piété à juger si vous me connoissez assez
» pour ne pas douter que je ne sois un Scé-
» lérat, que vous pouvez sans scrupule acca-
» bler sous le poids des plus vives sollicita-
» tions. Nous sommes tous sous les yeux de
» Dieu, le Souverain Juge, devant qui tou-
» te la grandeur humaine s'éclipse. Pesez,
» MADAME, en sa presence ce que j'ai l'hon-
» neur de vous représenter. Si vous exami-
» nez à sa lumière les démarches où vous ont
» engagé les artifices & les feintes larmes
» de celui qui me persécute, j'ose atendre,
» MADAME, d'un cœur comme le vôtre,

» droit,

A MADAME VOISIN.

» droit, grand, généreux, plein de bonté,
» & de Religion, que vous réparerez le mal
» qu'elles m'ont fait, ou que vous suspendrez
» du moins à l'avenir votre protection, dans
» l'incertitude où vous devez être à mon
» égard. Un jour, MADAME, vous en se-
» rez davantage ; vous serez indignée de la
» surprise qu'on vous a faite, & vous plain-
» drez l'infortune d'un Philosophe, d'un Géo-
» metre, dont le caractére d'esprit a toujours
» été très-éloigné du goût de la Poësie, qui
» se voit emprisonné pour des Vers infames,
» faits contre ses plus particuliers Amis, &
» contre lui-même, acusé d'en être l'Auteur,
» par celui-là même à qui toute la terre les
» attribuë ; Poëte de profession, Poëte Sati-
» rique & Libertin, dont toute la réputation
» n'est fondée que sur de violentes Satires,
» & des Epigrammes dignes du feu, qu'il
» ne rougit pas d'avoüer. Tel est, MADAME,
» de notoriété publique mon Acusateur. Mon
» respect pour la considération qu'il a surpri-
» se auprès de vous, ne me permet pas d'en
» dire davantage. Je suis avec tous les sen-
» timens d'une profonde vénération,

MADAME,

Votre, &c.

Du Châtelet le 8.
Octobre 1710.

EXTRAIT

EXTRAIT
DE L'ARRET DU PARLEMENT
RENDU AU SUJET DU
PROCEZ CRIMINEL
ENTRE
JEAN-BATISTE ROUSSEAU
ET
JOSEPH SAURIN,
DE
L'ACADEMIE ROYALE DES SCIENCES.

» V U par la Cour le Procès Criminel
» fait par le Lieutenant - Criminel du
» Châtelet, à la Requête de Rousseau,
» Demandeur & Acusateur, contre Joseph
» Saurin, Guillaume Arnoult, Nicolas Boin-
» din, & Charlotte Mailly, Défendeurs &
» Acusés ; ledit Arnoult, prisonnier ès pri-
» sons de la Conciergerie du Palais, la Sen-
» tence du 12. Décembre 1710. par laquel-
» le ledit Saurin a été déchargé des plaintes,
» demandes & acusations contre lui faites ;
» ordon-

» ordonné que l'Ecroue fait de la personne
» dudit Saurin sera raïé & biffé, & ledit Rous-
» seau condanné en quatre mille livres de
» dommages & intérêts envers ledit Saurin,
» & aux dépens du Procès, à l'égard dudit Ar-
» noult. Les Parties mises hors de Cour, dé-
» pens à cet égard compensés. Ledit Boindin
» & ladite Mailly pareillement déchargés avec
» dépens, pour tous dépens, dommages & in-
» térêts. Faisant droit sur la Requête dudit
» Saurin, qui demande permission d'informer
» de la Subornation de Témoins ; permis au-
» dit Saurin d'informer de ladite Suborna-
» tion, & cependant ordonné que ledit Ar-
» noult seroit arrêté & recommandé ès pri-
» sons ; l'Acte d'Apel de ladite Sentence in-
» terjetté par ledit Rousseau ; Requête dudit
» Arnoult ; Requête dudit Saurin en réponse
» à celle dudit Arnoult ; autre Requête dudit
» Saurin ; Arrêt rendu à l'Audience, par le-
» quel la Cour auroit donné Défaut, & pour
» le profit ordonné que les Informations fai-
» tes à la Requête du Procureur-Général con-
» tre ledit Rousseau seroient jointes au Pro-
» cès, pour en jugeant y avoir tel égard que
» de raison, sans préjudice de la continuation
» desdites Informations. Vû aussi par ladite
» Cour l'Addition d'Information, faite par le
» Conseiller à ce commis ; Oüis, & Interro-
» gés en ladite Cour lesdits Saurin, Arnoult,
   » Boin-

» Boindin, & ladite Mailly, fur les faits réſul-
» tans du Procès & cas à eux impoſés. Tout
» conſidéré, ladite Cour, ſans s'arrêter à la Re-
» quête dudit Arnoult, aïant égard à celle de
» Saurin, a mis & met les Apellations au
» néant, ordonne que la Sentence dont a été
» apellé, ſortira éfet, & néanmoins ſera pro-
» cédé en la Cour par-devant le Conſeiller-
» Raporteur à l'Information en Subornation
» de Témoins à la Requête dudit Saurin, pour
» icelle faite, communiqué au Procureur-
» Général pour être ordonné ce que de rai-
» ſon. Condanné leſdits Rouſſeau & Arnoult
» chacun en l'amende ordinaire de douze li-
» vres, & ledit Rouſſeau aux dépens de la Cau-
» ſe d'Apel vers leſdits Saurin, Boindin, &
» ladite Mailly, ceux faits entre ledit Rouſ-
» ſeau & Arnoult compenſés, & les autres
» faits entre ledit Saurin & Arnoult réſervés.
» Fait en Parlement, le vingt-ſept Mars mil
» ſept cens onze.

LETTRES

LETTRES
DE MONSIEUR
ROUSSEAU
ET DE
SON AMI,
AUX AUTEURS
DE LA
BIBLIOTÉQUE FRANÇAISE;
CONCERNANT
M. DE VOLTAIRE.

AVERTISSEMENT.

Ces deux Lettres, dont l'une est par un Anonyme, l'autre du Sieur Rousseau, au sujet de M. de Voltaire, auroient dû précéder ses Réponses, qui sont au Tome VII. de ses Œuvres, pag. 107. & 229. mais pour y supléer, nous avons cru les devoir mettre à la suite de la VIE DU SIEUR ROUSSEAU, avec d'autant plus de fondement, qu'elle est par ledit Sieur de Voltaire, lequel a eu aparemment ses raisons, qu'il a bien voulu joindre à sa modestie ordinaire, pour ne s'y pas nommer.

***

Nota. *Il y a deux* Notes *omises auxdites* REPONSES, *qui sont dans la Bibliotéque Française,* Tome XXIV. *telles qu'on les raporte ici. La première est au commencement de la Lettre de l'Ami dudit Sieur de Voltaire,* pag. 107. *de sesdites* Œuvres; *& la seconde, qui est dans la sienne même, se raporte aux Vers de la* pag. 118. *ensuivant.*

I. NOTE. Nous publions à regret cette Lettre de M. de Voltaire; mais après avoir eu la complaisance de donner place dans notre Journal à la Lettre de M. Rousseau, nous sommes dans la nécessité d'y insérer la Réponse de M. de Voltaire, à qui on ne peut refuser cette justice. Pour éviter un pareil inconvénient, nous

AVERTISSEMENT.

nous avertiſſons ces Meſſieurs que nous ne recevrons plus rien à l'avenir de ce qui viendra de leur part, touchant une quérelle ſi meſſéante entre des gens de Lettres, eſtimables par leurs talens.

II. NOTE. M. de Voltaire nous permettra de remarquer, que les Vers qu'il aplique ici directement à M. Rouſſeau, ne ſont dans l'Ode de M. de la Motte *ſur le Mérite perſonnel*, adreſſée à ce Poëte, que l'odieuſe peinture générale d'un homme à déteſter,

» *Fût-il ſorti du ſang des Dieux*.

LETTRE
AUX
AUTEURS
DE LA
BIBLIOTÉQUE
FRANÇAISE.

JE ne doute pas, MESSIEURS, que vous n'aïez été aussi étonnez & indignez que moi, & tous les honnêtes-gens, qui pensent d'une certaine maniére, en lisant l'*Epitre sur la Calomnie* de Mr. de *Voltaire*, & la Préface qu'il a mise sous le nom des Editeurs de ses Ouvrages, à la tête

Cette Lettre, & la suivante, sont extraites de la Bibliotéque Françaises, ou Histoire Littéraire de la France. *Tome XXIII. I. Partie. Articles IX. & X.* à Amsterdam, chez H. du Sauzet. 1736.

tête d'une prétenduë seconde Edition de la *Mort de Céfar*. On y trouve un déchaînement contre Mr. *Rouffeau* qui révolte ; & quand même cet illuftre Poëte, qui fait certainement honneur à fon Siécle & à fa Nation, feroit, quant aux mœurs, tel qu'il plaît à Mr. de Voltaire de le dépeindre *nominatim*, on ne voit pas de quel droit, par quelle raifon & *cui bono*, ce dernier s'ingére de décrier & calomnier horriblement & en vrai Crocheteur, un Confrére, un Auteur diftingué, qui s'eft fait une réputation univerfelle, que toutes les infamies vomies par un *Voltaire* ne terniront pas, lui fur-tout, qui dans le *Difcours Préliminaire* qui eft à la tête d'*Alzire*, déclare qu'*attaché aux Beaux-Arts plus qu'à fes Ecrits* (c'eft beaucoup dire) *il regarde un grand Poëte, un bon Muficien*, &c. *comme un frére que les Beaux-Arts lui ont donné.* Il eft vrai qu'il ajoûte, *& comme un homme qu'il doit chérir (s'il a de la probité)* ce qui le condanne ; car fi dans cette reftriction, il a eu en vûë de prévenir le reproche que devoient lui atirer fes calomnies contre *Rouffeau*, il y a mal réuffi ; l'expreffion de ces mots, (*s'il a de la probité*) ne tombe que fur ces termes, *comme un homme qu'il doit chérir* ; or regardant *Rouffeau* comme dépourvû de cette probité, on confent qu'il foit exempt *de le chérir ;* mais *Rouffeau* étant *un frére que les Arts lui ont donné*, & même un frére aîné en toute maniére, les Loix de la nature &

de

de la Religion ne lui permettent pas de le déchirer, de le calomnier ; en un mot, de * l'assassiner, autant qu'il est en lui : car *Voltaire* ne tuera jamais personne de son épée, il n'en a pas le cœur ; il ne se sert que du poison de son cœur & du venin de sa plume.

A le considérer comme Auteur ; & je veux même avoüer, comme Auteur que la renommée prône volontiers, il n'agit point par principe ; lui qui se fait tant de gloire d'imiter les savans Anglais, il auroit dû se souvenir qu'il a dit ; *Il est bien cruel, bien honteux pour l'esprit humain, que la littérature soit infectée de ces haines personnelles, de ces cabales, de ces intrigues qui dévroient être le partage des esclaves de la fortune. Que gagnent les Auteurs en se déchirant mutuellement ? Ils avilissent une profession qu'il ne tient qu'à eux de rendre respectable. Faut-il que l'art de penser, le plus beau partage des hommes, devienne une source de ridicule, & que les gens d'esprit rendus souvent par leurs querelles le joüet des sots, soient les bouffons d'un public, dont ils dévroient être les maîtres.* †

Après avoir lû, & ceci & l'Epitre sur la Calomnie,

---

* Les Théologiens regardent la calomnie comme un homicide, & un crime contre le cinquiéme Commandement de Dieu. *Voïez le Catéchisme de Montpellier.*
† Discours à la tête d'Alzire, *pag.* 20. édit. d'Hollande, *& pag.* 127. *Tome III. I. Partie,* de celle-ci.

D

lomnie, & la Préface des Editeurs, & la Note qui eſt au bas de la *page* 25. du Diſcours préliminaire d'Alzire, ne peut-on pas dire à Mr. *de Voltaire?*

Mutato nomine de te

Fabula narratur. . . . .

C'eſt vous qui êtes *le joüet des ſots & le bouffon du public*, & peut-être quelque choſe de plus. Voïant cette continuité de *Libelles de toute eſpéce* * *& un déchaînement cruel*, par lequel *Voltaire* cherche à *opprimer* Mr. *Rouſſeau*, je me ſuis dit à moi-même, il faut que Mr. *Rouſſeau* ait attaqué *Voltaire* avec bien de la violence pour s'atirer de pareils brocards, à la vérité copiez d'après ceux de l'indigne *Gacon*. Je n'ai jamais connu Mr. *Rouſſeau* ſur ce pié; il m'avoit même dit beaucoup de bien de Mr. de *Voltaire*, lorſque paſſant à la Haye nous dînâmes enſemble chez l'Ambaſſadeur de .... à la table duquel il loüa fort ce Poëte qui devenoit à la mode, & il m'en avoit encore parlé de même dans le dernier voïage que j'ai fait à Bruxelles. Ainſi je m'imaginai que le ſeul parti que j'avois à prendre, pour me mettre au fait de l'origine de ce démêlé, étoit d'en écrire à Mr. *Rouſſeau*, & de le prier de m'en inſtruire ſincérement.
Voici

* *Ubi ſuprà*, pag. 18.

Voici, Messieurs, la réponse qu'il m'a faite; & comme il ne m'a pas recommandé le secret, & que je croi qu'elle ne contient rien qui ne parte de la sincérité qui doit régner entre deux amis, j'ai cru faire plaisir, en la publiant, à ceux qui, comme moi, ne peuvent pardonner à Mr. de *Voltaire* toutes les grossiéretés qui lui sont échapées contre cet illustre Poëte; c'est ce qui m'a fait prendre la résolution de vous l'adresser, persuadé qu'elle ne peut être mieux placée que dans votre Journal. Mr. *Rousseau* n'a pas aprouvé la *Mariamne*; il a fait part à un ami des impertinences qu'il avoit trouvé dans cette Piéce; il a osé critiquer *Zaïre*; il s'est révolté contre l'infame *Epitre à Julie*, qui est celle à Uranie. N'en voilà-t'il pas plus qu'il n'en faut pour armer des traits de la calomnie la plus atroce un Poëte * *à qui il est dur de ne pas obtenir de ses Contemporains & de ses Compatriotes ce qu'il peut espérer* (on ne voit pas sur quel fondement, si ce n'est celui de son amour-propre) *des étrangers & de la postérité*. On a désaprouvé ses Ouvrages, c'est un crime capital; il ne considére plus rien; il ne fait pas réflexion que c'est un ami qui écrit à un ami en particulier, ce qu'il pense d'une Piéce dont il a païé le droit de la critiquer en l'achetant, ou en païant à la porte de la Comédie; il ne fait pas aten-

* *Ubi suprà*, pag. 19. au bas.

atention que ce n'eſt pas la faute du Critique, ſi ſa Lettre a paſſé de main en main ; enfin il oublie que les mœurs de *Rouſſeau* n'ont rien de commun avec la critique de quelques Scènes de *Zaïre* ou de *Mariamne*, & que c'eſt à ſon eſprit qu'il doit s'en prendre, puiſque le grand *Locke*, qu'il chérit tant, ne lui a jamais apris dans tout ſon gros volume de l'*Entendement humain*, qu'un yvrogne, un avare, un joüeur, &c. ne puiſſe pas penſer auſſi juſte d'un Ouvrage d'eſprit, qu'un homme ſobre, libéral, & ennemi des plaiſirs de la ſociété. On l'a critiqué, c'en eſt aſſez, *Cœlum & Acheronta movebo*. Il faut tout mettre en œuvre pour punir un homme de ce qu'il a uſé contre lui de cette *liberté*, qui eſt peut-être la ſeule qui nous reſte en partie, je veux dire la *liberté* de penſer ſur les Ecrits qui ſortent de la preſſe : *liberté* que *Voltaire* éleve ſi haut dans les Anglais, parce qu'ils l'ont loüé, mais qu'il trouve très-mal placée dans *Rouſſeau*, parce qu'il ne l'encenſe pas ; quel afreux travers, que de contradictions ! Vous verrez dans cette Lettre l'Hiſtoire de la fameuſe *Epitre à Uranie* ; je puis la confirmer : la même choſe m'étant arrivée à la Haye, où *Voltaire* me l'a lûë auſſi, lors de ſon voïage avec Madame de *Rupelmonde* ; je lui en dis mon ſentiment encore un peu plus vivement que Mr. *Rouſſeau* ; il me demanda le ſecret, que je lui ai gardé inviolablement, juſqu'à

qu'à ce que j'ai fçû qu'il l'avoit mife *en Juftice*, fur le compte du cher & aimable Abbé de *Chaulieu*, qui étant mort, ne pouvoit repouffer la calomnie, & à la mémoire duquel j'ai cru devoir le témoignage que je lui ai rendu dans cette occafion.

Enfin j'ajouterai ici que depuis que j'ai reçû de Mr. *Rouffeau* la Lettre que je vous envoïe, j'ai apris de Bruxelles qu'il s'y étoit répandu plufieurs autres *Libelles anonimes*, écrits à la main & envoïés par la pofte à plufieurs perfonnes de diftinction. La circonftance du tems auroit aifément fait deviner l'Auteur d'un procédé fi lâche; mais l'indifcrétion de la perfonne à qui il s'en eft confié ne permet plus d'en douter, & c'eft prefentement un fait auffi généralement avéré que détefté. Je vous laiffe à juger après de pareils traits ce qu'on doit penfer du caractére & du cœur de *Voltaire*, & s'il y a bien de la diférence à mettre entre l'*Odium Theologicum*, & la faveur de tels Auteurs.

Je fuis, &c. &c.

LETTRE
DE MONSIEUR
ROUSSEAU
A MONSIEUR ***.

O N vient de m'envoïer, Monsieur, le nouveau Libelle que Voltaire a publié contre moi. Les afronts qu'il a essuïés à l'occasion des premiers ne l'ont point découragé. Celui-ci est sur le même ton. Il est composé de deux Piéces, dont l'une est une Préface en prose, sous le nom de ses Editeurs ; l'autre est cette Epitre à Madame la Marquise du Chastelet, dont toutes les Nouvelles de Paris & les Gazettes d'Hollande me menacent depuis quelques mois. L'un & l'autre de ces deux chefs-d'œuvre étoit destiné à

paroître

Nous donnons au Public cette Lettre, telle qu'elle nous a été communiquée, sans prendre aucun parti dans la querelle qui en fait le sujet.

paroître à la tête de la nouvelle Piéce de Théâtre qu'il vient de faire imprimer à Paris : mais les Approbateurs les aïant rejettés, avec l'indignation qu'ils méritent, il s'eſt aviſé, pour ne point perdre le fruit d'un ſi beau travail, de les envoïer imprimer furtivement à ſes Libraires d'Amſterdam, avec ordre de les publier, ſous peine d'encourir ſa diſgrace & d'être privez à jamais de l'honneur d'imprimer ſes Œuvres. Je ſuis perſuadé, Monſieur, que vous n'atendez pas de moi une réponſe du même ſtile. Il y a trop long-tems que *Voltaire* eſt en poſſeſſion de donner la Comédie au Public, pour la lui diſputer & pour vouloir partager avec lui un ſi honteux privilége. Les injures groſſiéres qu'il me dit, & les abſurdités dont elles ſont accompagnées, ne prouvent autre choſe contre moi que ſa haine, dont je n'ai garde de m'affliger & qui me fait beaucoup plus d'honneur que ſon eſtime. Mais puiſque vous deſirés de ſavoir l'origine de cette haine, il faut vous mettre en état d'en juger vous-même, par un recit abrégé de ce qui s'eſt paſſé entre lui & moi depuis que je le connois.

Des Dames de ma connoiſſance m'avoient mené voir une Tragédie des Jéſuites au mois d'Août de l'année 1710. A la diſtribution des Prix qui ſe fait ordinairement après ces repreſentations, je remarquai qu'on apella deux fois le même Ecolier, & je demandai au Pere Tarte-

Tarteron, qui faisoit les honneurs de la chambre où nous étions, qui étoit ce jeune homme si distingué parmi ses camarades? Il me dit que c'étoit un petit garçon, qui avoit des dispositions surprenantes pour la Poësie, & me proposa de me l'amener, à quoi je consentis. Il me l'alla chercher, & je le vis revenir un moment après avec un jeune Ecolier, qui me parut avoir seize à dix-sept ans, d'assez mauvaise phisionomie, mais d'un regard vif & éveillé, & qui vint m'embrasser de fort bonne grace. Je n'en apris plus rien depuis ce moment, sinon environ deux ans après, que me trouvant à Soleure, j'en reçus une Lettre de compliment, accompagnée d'une Ode, qu'il avoit composée pour le Prix de l'Académie, & sur laquelle il me demandoit mon sentiment, que je lui marquai, avec toute la sincérité qu'on doit à la confiance d'un jeune homme qu'on aime. J'apris pourtant que l'Académie avoit mis cette Ode au rebut, & que l'année d'après une seconde Ode qu'il avoit faite à dessein de prendre sa revanche, avoit eu le même sort. Il continuoit cependant à m'écrire de tems en tems, toujours dans des termes exagérés, m'apellant son maître & son modèle, & m'envoïant quelquefois de petites Piéces de sa façon, où son génie mordant & amer commençoit à se déveloper; mais à la vérité très-mal pourvû de ce sel & de ces graces naïves

qui

qui aſſaiſonnent la bonne plaiſanterie, & dont le privilége eſt de mettre le Lecteur dans les intérêts de l'Ecrivain, art que le fiel & la colére n'enſeignent point, & que Voltaire, comme on voit, n'a jamais connu. Il me reſte encore quelques-unes de ſes Lettres, & Mr. le Baron de Breteuil qui le protégeoit, & qui m'a toujours écrit réguliérement juſqu'à ſa mort, ne manquoit jamais, de ſon côté, de me parler de lui, & de m'informer, tantôt de ſes ſuccès, tantôt de ſes diſgraces. C'eſt par les Lettres de ce Seigneur, que je conſerve encore, écrites la plûpart de ſa main, que j'ai ſçû une partie des premiers malheurs de ce Poëte fougueux, dont un ſeul auroit dû ſufire pour le corriger, s'il étoit ſuſceptible de correction. L'inſulte qu'il s'atira de la main du vieux Poiſſon dans les foïers de la Comédie; la balafre dont il fut marqué au Pont-de-Séve par un Oficier qu'il avoit calomnié, ſon empriſonnement à la Baſtille pour des Vers ſatyriques & ſcandaleux, ſes fureurs ridicules au Parterre & au Théâtre pendant qu'on ſiffloit ſon *Artémire*, & une infinité d'autres faits que je retrouverois dans les Lettres qui me ſont reſtées de Mr. de Breteuil, ſi je voulois prendre la peine de les y chercher; ce que je ne raporterois même pas, ſi ce n'étoit pour montrer par ce témoignage d'un commerce familier, ſoutenu ſans interruption vingt ans durant, avec un des plus illuſ-

illustres amis que j'aïe jamais eu, quelle est l'impudence d'un imposteur qui ose avancer que j'ai manqué à mon bienfaiteur, & *piqué*, comme il dit, *le sein qui m'avoit ranimé*, pendant que son amitié & ma reconnoissance sont un fait avéré publiquement dans mes Ouvrages même, dont un des plus considérables est l'Epitre que je lui ai adressée.

Permettez-moi, Monsieur, d'interrompre mon recit pour un moment, & de vous demander si une calomnie si atroce ne sufit pas pour faire juger de toutes les autres. Elles se réduisent, les injures à part, auxquelles je ne prétends pas répondre, à une liste de noms qu'il prétend, dans sa Préface, que j'ai insulté. Mais où trouvera-t'il ces noms dans aucun de mes Ecrits ? Si les portraits qui y sont ressemblent aux personnes qu'il nomme, pourquoi se mêle-t'il d'avertir le public de cette ressemblance, peut-être imaginaire ? A-t'il pénétré dans mes intentions ? Aura-t'il le front de dire que je les lui ai déclarées ? Croit-il rendre un fort bon ofice aux personnes qu'il nomme, en leur aprenant qu'on les reconnoît dans les tableaux ridicules qui sont peints dans mes Ouvrages ? Si je m'avisois de faire la peinture d'un fat écervelé, plein de lui-même, pillant à droit & à gauche tous les Auteurs qu'il trouve sous sa main, & les dénigrant ensuite, dans l'espérance que sur sa parole on se dégoûtera

de

de les lire, & que par ce moïen ses larcins demeureront à couvert. Si je peignois dans le même homme une ignorance consommée, revêtue de tout l'orgueil du pédantisme, une étourderie, qui annonce jusques dans son geste & dans sa démarche un frénétique achevé ; une témérité, qui commence toujours par l'insolence & finit par la bassesse ; enfin une bigarure de sentimens & de conduite, qui habille tantôt la Religion en impiété, & tantôt l'impiété en Religion, seroit-il bien obligé à celui qui lui viendroit dire ; Monsieur, c'est votre portrait qu'on a voulu faire ? C'est ainsi cependant qu'il en use à l'égard de tous ces Messieurs qu'il nomme & qu'il offense seul. C'est donc lui seul qui est le satirique, & non pas moi, qui ne fais que ce qu'ont fait avant moi tous les Poëtes, tous les Orateurs, tous les Prédicateurs, & tous ceux dont le talent & la vocation sont de peindre les vices & le ridicule de l'humanité ? Mr. Despréaux, notre Maître à tous, n'y cherchoit pas tant de façon. Il n'a pas craint de citer nommément les Voltaire, & les autres impertinens de son siécle. Moins autorisé que lui, je me suis tenu obligé à plus de réserve. Je n'ai nommé personne dans mes Ecrits. J'ai assez bonne opinion de ceux qui ne s'y reconnoissent point, pour espérer qu'ils ne se laisseront point surprendre aux aplications malignes d'un homme comme Voltaire ;

& quant à ceux qui croïent s'y reconnoître, je n'ai d'autre réponse à leur faire, que celle du bon Afranchi d'Auguste.

Suspicione si quis errabit suâ

Et trahet ad se quod erit commune omnium,

Stultè nudabit animi conscientiam.

Phædri, Fab. Prol. Lib. III.

Cette voïe indigne dont il se sert pour m'atirer des ennemis, n'est qu'une copie grossiére de l'artifice des scélérats, qui m'ont calomnié avant lui. Il n'a pas le don de l'invention; mais comme Dieu merci il est plus connu pour ce qu'il est, que les originaux qu'il copie ne l'étoient alors, j'espére que ses impostures n'auront pas le même succès. Il n'est pas question ici des Vers infames qui m'ont été si indignement atribuez, & dans lesquels la malignité la plus noire ne sauroit reconnoître ni mon stile ni ma maniére de penser. S'il y a encore quelqu'un assez impudent pour m'acuser d'en être l'Auteur, il n'y en a pas d'assez sot pour le croire. Cette discussion m'écarteroit trop de mon sujet. J'y reviens, & je reprens ma narration où je l'ai laissée.

J'étois encore à Vienne lorsqu'il m'envoïa sa *Tragédie d'Oedipe*. Quelques défauts dont cette Piéce fourmille, comme ma coutume est
de

A MONSIEUR ***.

de les excuser dans les jeunes gens, jusqu'à ce que le tems & l'étude aïent mûri leur génie, je lui fis une réponse, dont un plus habile homme que lui auroit dû être satisfait, & je l'avertis seulement de parler desormais avec un peu plus de retenuë de Sophocle & des autres grands hommes qu'il maltraitoit dans ses Préfaces. Il m'envoïa quelque-tems après une copie du commencement de son *Poëme de la Ligue* ; & aïant apris par ma réponse que Mr. le Prince Eugène m'avoit fait l'honneur de me nommer du voïage qu'il se proposoit de faire alors au Païs-Bas, il me témoigna que dès que j'y serois, il ne tarderoit pas à s'y rendre pour me voir. Ce voïage du Prince aïant été rompu, par les raisons que tout le monde a sçuës en ce tems-là, je fis le voïage seul l'année d'ensuite, & Voltaire éfectivement ne manqua pas de se rendre à Bruxelles deux mois après, à la suite de Madame de Rupelmonde, que des intérêts domestiques apelloient en Hollande. Je ne puis m'empêcher de raconter ici de quelle maniére je fus informé de son arrivée. Mr. le Comte de Lannoy que je trouvai à midi chés le Marquis de Prié, me demanda ce que c'étoit qu'un jeune homme qu'il venoit de voir à l'Eglise des Sablons, & qui avoit tellement scandalisé tout le monde par ses indécences durant le service, que le peuple avoit été sur le point de le mettre dehors. J'apris le moment d'après,

près, par un compliment de Voltaire, que c'étoit lui-même qui étoit arrivé dans la Ville à minuit & qui avoit commencé à y signaler son entrée par ce beau début. Je l'allai voir l'après-dînée, & dès le lendemain je ne manquai pas de le produire chez Mr. le Marquis de Prié, qui gouvernoit alors, chez Madame la Princesse de la Tour, & dans les autres maisons où j'étois reçû, & où, à ma grande confusion, il ne débuta pas mieux qu'il n'avoit fait dans l'Eglise des Sablons. Son séjour fut d'environ trois semaines, pendant lesquelles j'eus à soufrir, pour l'expiation de mes péchez, tout ce que l'importunité, l'extravagance, les mauvaises disputes d'un étourdi fieffé, peuvent causer de suplice à un homme posé & retenu. Mais comme Dieu m'a doué d'une patience, qui souvent tourne plus à mon dommage qu'à mon profit, je ne lui en témoignai rien, & je continuai à le combler de toutes sortes de civilités & de complaisances. Il me confia son *Poëme de la Ligue*, que je lui rendis deux jours après, en l'avertissant en ami d'y corriger les déclamations satiriques & passionnées où il s'emporte à tout propos contre l'Eglise Romaine, le Pape, les Prêtres Séculiers & Réguliers, & enfin contre tous les Gouvernements Ecclésiastiques & Politiques, le priant de songer qu'un Poëme Epique ne doit pas être traité comme une Satyre, & que c'est le stile de Virgile qu'on s'y doit proposer

pour

pour modèle, & non celui de Juvenal. Je lui donnai en même-tems les loüanges que je crus qu'il méritoit sur plusieurs caractéres qui m'avoient paru bien touchés, & sur-tout sur celui de Mr. de Rosni, que j'ai été fort surpris de voir qu'il avoit retranché depuis, pour substituer en sa place celui de l'Amiral de Coligni, le Héros des Protestans à la vérité, mais encore plus véritablement le boute-feu de la France; j'en ai sçû depuis la raison, fondée sur le ressentiment d'une menace humiliante qu'il s'étoit atiré de feu M. le Duc de Sully, son premier Protecteur, dont il n'avoit apaisé la juste indignation que par une de ses bassesses ordinaires. Comme il faisoit régulièrement sa cour à Madame de Rupelmonde, je ne pus me défendre des instances qu'il m'avoit fait plusieurs fois, en presence de cette Dame, de lui reciter quelques-uns des Ouvrages nouveaux que je destinois à l'édition de Londres, où je me rendis à ce dessein quatre mois après. Il les loüa beaucoup en sa presence, & il ne s'avisoit point encore d'y trouver le Germanisme, dont il fait aujourd'hui le refrain perpétuel de ses agréables plaisanteries. Je ne prétens point m'ériger ici en champion du mérite de mes Ouvrages. Ce n'est ni à Voltaire ni à moi d'en juger. C'est au Public, dont il paroît jusqu'à present que mes Libraires ne se plaignent point. Je suis pourtant bien aise d'aprendre à

ce

ce prétendu plaisant, que je n'ai jamais sçu un mot d'Allemand ; que dans tous les Païs où j'ai été, j'ai toujours vécu avec des gens qui parlent Français mieux que lui, qui savent mieux que lui ce que c'est que la propriété & la vraie harmonie du langage, qui n'ont point l'oreille assez gâtée pour confondre la prononciation de *Pere* avec celle de *guerre*, pour croire qu'*amour* & *amour* pris dans le même sens, fassent une bonne rime, & pour taxer de pédanterie ridicule la correction des Malherbes, des Corneilles, & des Racines, oposée à la licence des Chantres de la Samaritaine.

Il fit, avec Madame de Rupelmonde, *le Voïage* de Hollande, d'où on me manda, peu de tems après son départ, une infame tracasserie de sa façon, qui avoit pensé mettre les armes à la main à Mr. Basnage & à Mr. le Clerc, & qui alloit produire un facheux éclat entre ces deux Savans, si un éclaircissement venu à propos n'avoit fait bien-tôt après retomber leur indignation sur l'Auteur de l'imposture. Ce procédé, beaucoup plus sérieux que ses autres impertinences, m'avoit mal disposé à le bien recevoir à son retour ; je crus pourtant devoir me contraindre, pour le peu de tems qu'il avoit à rester à Bruxelles ; & tout alloit encore assez bien entre nous, lorsqu'un jour m'aïant invité à le mener à une promenade hors de la Ville, il s'avisa de me reciter

citer une Piéce en Vers de sa façon, portant le titre d'*Epitre à Julie*, si remplie d'horreurs contre ce que nous avons de plus Saint dans la Religion, & contre la personne même de Jesus-Christ, qui y étoit qualifié par tout d'une épithéte, dont je ne puis me souvenir sans frémir; enfin, si marquée au coin de l'impiété la plus noire, que je croirois manquer à la Religion & au Public même, si je m'étendois davantage sur un Ouvrage si afreux, que j'interrompis enfin, en prenant tout-à-fait mon sérieux, & lui disant, que je ne comprenois pas comment il pouvoit s'adresser à moi pour une confidence si détestable. Il voulut alors entrer en raisonnement & venir à la preuve de ses principes. Je l'interrompis encore, & je lui dis que j'allois descendre de carosse s'il ne changeoit de propos. Il se tût alors, & me pria seulement de ne point parler de cette Piéce. Je le lui promis, & je lui tins parole : mais d'autres personnes avec qui vraisemblablement il n'avoit pas pris la même précaution, m'en parlérent dans la suite, & entr'autres, une Dame de la premiére considération en France, & un Prince, dont il devinera aisément le nom, & dont le témoignage n'est pas moins respectable, que sa naissance & ses grandes qualités. Je dirai plus bas à quelle ocasion il a changé le titre & mitigé

mitigé les expressions de cette infâme Poësie, qui, en l'état où il l'a mise, ne laisse pas de faire encore horreur aux libertins même. Voilà quel est le personnage, qui pillant, selon sa coutume, la fin d'une chanson que Mr. Despréaux fit autrefois contre Linière, ose dire dans son Epitre, que mes Ecrits *seront brûlez, s'il se peut, avant moi*, & oublie en ce moment qu'il n'y a pas encore deux ans qu'un de ses Livres, avoué de lui & imprimé à ses frais, avec la lettre initiale de son nom, a été brûlé publiquement par la main du Bourreau, & que le decret rendu contre lui à cette ocasion n'est pas encore purgé.

Je m'aperçûs depuis ce jour-là qu'il étoit plus réservé avec moi qu'à l'ordinaire, & il partit enfin, prenant son chemin par Marimont où chassoit Mr. le Duc d'Aremberg, que j'allai quelques jours après trouver à Mons. Ce fut-là où j'apris de ce Prince & de deux de ses Gentilhommes, qu'il leur avoit parlé de moi à Marimont de la maniére du monde la plus indigne; & un Colonel de mes amis, qui a été depuis Général-Major & Gouverneur de Dam, me dit qu'à Mons, s'étant trouvé avec lui à l'Hôtellerie, où il dînoit à Table-d'Hôte, il révolta tellement la compagnie par les propos qu'il tint sur mon chapitre, que jamais homme ne fût plus près

près d'être jetté par les fenêtres, ce qui seroit peut-être arrivé, si dans le courant du discours, il ne s'étoit pas reclamé à propos du nom de Mr. le Duc d'Aremberg.

J'apris à mon retour d'Angleterre qu'il tenoit à Paris les mêmes discours, & ce fut dans ce tems-là qu'il s'avisa de ce joli mot de *Germanisme*, dont il fait depuis douze ans son épée de chevet, pour combattre tous mes Ecrits, passés, presents, & à venir. Il fit quelque-tems après representer sa *Mariamne*, qui me fut envoïée imprimée par un de mes amis, à qui je ne pûs m'empêcher de marquer dans ma Réponse une partie des impertinences qui m'avoient choqué, dans cette pitoïable superfétation Poëtique, sifflée six mois auparavant, & depuis rapetassée & redonnée au Public comme neuve. Je ne sai comment ma Lettre vint à sa connoissance, mais elle m'en atira bien-tôt une autre anonime, & d'une écriture contrefaite, où j'étois acommodé de toutes piéces, à laquelle je me contentai de répondre en huit lignes, *qu'après la manière dont il avoit traité* JESUS-CHRIST, *je n'étois pas assez délicat pour m'offenser de ses injures, mais que je l'avertissois qu'un homme qui avoit donné une telle prise sur lui, étoit obligé d'être sage & d'éviter surtout de se faire des ennemis.* J'ai passé depuis

puis 8. à 9. ans sans entendre parler de lui; du moins relativement à moi; son avanture près de l'Hôtel-de-Sully, sa fuite de France, ses extravagances à Londres, & ses démêlez avec son Libraire, qui servoient tous les jours de matière aux Gazetiers, avant qu'il eût mis celui d'Utrecht dans ses intérêts, ne me regardent ni de près ni de loin. Mais l'avis charitable que je lui avois donné dans mon Billet le fit, à son retour en France, songer à ses afaires, & ce fut aparemment ce qui l'engagea à changer le titre de son *Epitre à Julie*, en celui d'*Epitre à Uranie*, & d'en convertir les blasphêmes en ceux qu'il y a substitués, où il se contente d'avoüer qu'il n'est pas *Chrétien*, & de soutenir qu'il est ridicule de l'être, ce qui n'en parût pas pour cela moins digne des atentions de la Police, où il fut cité, & où il se tira d'afaire, en disant que cet Ouvrage n'étoit pas de lui, mais du feu Abbé de Chaulieu. Si ce fait est vrai, comme une personne digne de foi m'en a assuré, on peut voir sur qui doivent retomber ses lieux communs sur la calomnie.

Enfin voici la grande époque de son déchaînement. Un homme de Lettres de Paris, apellé Mr. de Lannoy, avec qui j'ai fait connoissance par écrit, m'aïant envoïé la *Tragédie de Zaïre* qui se joüoit alors, ses réflexions

xions fur l'Ouvrage & fur l'Auteur, je lui fis réponfe fur le même ton, & cette réponfe aïant couru, contre mon intention, Voltaire, à qui un nouveau fuccès eft toujours le prélude d'une nouvelle folie, crût que le moment étoit venu de m'acabler, & ce fut alors qu'il produifit ce fameux *Temple du Goût*, qui lui a atiré les huées de tout Paris, dont on peut dire que la révolte fût générale, & qui fe chargea fi éficacement de ma quérelle, que jamais peut-être on ne vit un ofenfé mieux vengé, ni un ofenfeur fi completement berné; cela fut au point, qu'il paffa trois mois fans ofer fe montrer, enfuite de quoi fa difgrace étant oubliée du Public, il l'oublia auffi, & effaïa de remonter fur l'eau par fon *Adelaïde*, qui tomba dès la premiére repréfentation, & par fes Lettres Anglaifes qui furent brûlées, comme j'ai déja dit. J'oubliois de dire, qu'avant l'impreffion de fon *Temple du Goût*, j'avois reçû une Lettre de Mr. de Launay, qui m'avertiffoit des menaces qu'il faifoit contre moi & contre lui, & me marquoit que fur ces derniéres lui aïant fait dire que s'il s'avifoit jamais de mettre fon nom en jeu, il pouvoit compter fur une replique prompte, & qui ne fe feroit pas avec la plume, ce Capitan du Parnaffe l'étoit venu trouver à la Comédie, où il lui avoit fait

des

des excuses & des bassesses, dont Mr. de Launay me mande dans sa Lettre, qu'il se sentit autant émû de pitié que de mépris. Voilà, Monsieur, puisque vous avez voulu le savoir, tout ce qui a précédé l'éclat d'aujourd'hui, qu'il m'auroit été facile de prévenir, si j'avois daigné me prêter aux ouvertures de paix qu'un de ses amis m'a faites dès l'année derniére, & si j'avois cru digne de moi d'entrer en négociation avec un homme aussi décrié que Voltaire. Il ne me seroit pas moins aisé d'en punir au moins ses distributeurs, si je voulois me prévaloir des Ordonnances fulminantes du Magistrat d'Amsterdam & de la Cour d'Hollande, contre les Libelles & les Satyres personnelles; mais il m'importe trop que le caractère d'un pareil ennemi soit connu, & il ne sçauroit mieux l'être que par l'indignité & l'emportement de ses écrits. Dieu merci, ce n'est point-là le caractère des miens; & si la nécessité m'a obligé de révéler une partie de ses turpitudes, au moins puis-je vous assurer que ce n'est point la colére qui m'a mis la plume à la main; c'est ce que j'ai assez fait entendre à cet ami inconnu qui m'ofroit sa médiation, dont je me contentai de le remercier, en l'assûrant que je n'étois pas fâché contre Voltaire; que ses injures ne m'aïant point fait de tort, elles ne
m'a-

m'avoient point fait de peine, & que je souhaitois seulement qu'il se montrât plus sage à l'avenir. Mr. Despréaux, dont l'exemple sera toujours ma régle, m'a apris par son indiférence pour les invectives des Pradons, des Bonnecorses & des Cotins, à méprifer celles des Lenglets, des Gacons, & des Voltaires. Mes dispositions à cet égard sont connuës de tous mes amis, & le motif s'en trouve marqué assez au long dans une Epitre que j'ai déja composée depuis quelque-tems, & qui paroîtra avec la premiere Edition de mes Œuvres. Ainsi Voltaire peut achever de vomir tout ce qu'il a sur le cœur. C'est ici la dernière réponse en forme qu'on verra de moi. Je suis las de marcher si long-tems dans l'ordure; & il me sufira, si cela devient nécessaire, d'envoïer à l'Imprimeur, comme on m'en a déja sollicité plusieurs fois, le Recueil de tous les Brocards, tant en Vers qu'en Prose, de tous les Mémoires & de toutes les Lettres qui m'ont été envoïez à son sujet en diférents tems, & sur-tout lors de la publication de son *Temple du Goût*. J'en ai de quoi fournir deux bons Volumes complets. C'est la seule façon dont je puis lui répondre avec honneur, sauf pourtant la faculté de le saluer en passant quand l'ocasion s'en presentera, dans les Ouvrages que je pourrai faire par

la

la suite. Quant à préfent, ce que j'ai dit fu-fit pour vous mettre au fait de ce que vous defiriez favoir, & pour lui aprendre qu'un homme qui a une maifon de verre ne doit point jetter des pierres dans celle d'autrui.

Je fuis, &c.

A Enghien ce 22. *May* 1736.

LETTRE
DE MONSIEUR
ANTOINE,
COLPORTEUR,
A MONSIEUR
PARISIEN,
GRENADIER-ROYAL, ETANT A L'HOPITAL DE MALINES,
AU SUJET DU SIEUR
ARROUET, dit VOLTAIRE,
HISTORIOGRAPHÉ
ET
POËTE DE FRANCE.

E

AVERTISSEMENT.

Homo sum, humani à me nihil alienum puto.

JE ne prends aucune part aux démêlez du Sieur Voltaire, avec les Colporteurs de Paris. Humble & paisible diseur de Messes à la suite d'un Régiment, je ne connois ni cet Ecrivain ni ses Œuvres. Mais comme rien de ce qui touche l'humanité ne m'est indifférent, & que dans l'ordre de la Société tout doit intéresser l'homme & le Chrétien, je n'ai pû lire, sans indignation, ce que le pauvre Antoine (quelqu'il soit) raconte avec une énergie si naïve à son Cousin le Grenadier. C'est pourquoi, tant pour l'intérêt de la vérité, que pour convertir le Persécuteur, (s'il est capable de résipiscence) j'ai cru devoir rendre cette Lettre

AVERTISSEMENT.

publique. Je protefte, qu'excepté l'ortographe qui étoit fort défectueufe, il n'y a pas un ïota de moi, & que je donne cet écrit, fans la moindre altération, tel qu'il m'eft tombé dans les mains.

LETTRE

LETTRE
DE MONSIEUR
ANTOINE,
COLPORTEUR,
A MONSIEUR
PARISIEN,
AU SUJET DE MONSIEUR
DE VOLTAIRE.

MON COUSIN,

 OUR répondre à l'honneur de la tienne, fonge une autrefois à datter tes Lettres ; je commence par te remercier des Nouvelles Militaires de la Guerre, que tu m'as mandées, très-curieufes ;

& enfuite, je fuis fâché de la jambe que tu as laiffée dans la tranchée d'Anvers. A cette jambe près, tu as très-bien fait de quitter le commerce pour les Armes: car outre que nous ne faifons plus rien, fi les Grenadiers Royaux fe font écharper en Flandres, les Pandoures de la Police nous houfpillent ici diablement; & nouvelles pour nouvelles, mon Coufin, j'aime mieux t'affranchir celle-ci, il faut que je te conte au long toute l'Hiftoire.

Te fouviens-tu d'une Relation fur la Bataille de Fontenoy, faite en maniére de Poëfie que je t'ai fait lire cet hyver ? Mon Dieu, qu'elle nous a valu de noïaux ! Auffi dans ce tems-là nous avions, comme on dit, le Faifeur dans notre manche. Tous les jours il retournoit fa Piéce, & nous la revendions aux Badauts, qui, comme tu fçais, mon pauvre Parifien, ne fe laffent pas de voir cent fois la même chofe. Cette Piéce a valu à l'Auteur une Charge d'Hiftoriographe de France, avec des Indulgences du Papé; & la Charge d'Hiftoriographe de France lui a valu celle d'Académicien dans l'Académie des Beaux-Efprits. Comme tout le monde veut avoir de l'Efprit, & que ç'en eft-là le Magazin, tu penfes bien qu'une place comme celle-là ne fe jette point à la tête. Or ce Monfieur Voltaire, dont nous parlons, après avoir, à ce qu'on dit, raté la fienne plufieurs fois, follicitoit de
plus

plus belle, & se mettoit en quatre pour l'attraper. Tandis qu'il remuë tout Paris, un Rieur s'avise d'emboucher le Directeur de l'Académie, & lui fait tenir un Discours plein d'amphigouris, adressé justement à notre homme. Quoique toutes vérités ne soient pas bonnes à dire, un autre auroit pris le parti d'avaler doucement la pilulle, sans réveiller le chat qui dort. Que fait ledit Voltaire ? La tête lui tourne. Il met toute la Pousse en Campagne, il remplit tout d'Espions & d'Archers ; il emprisonne à tort à travers. Je l'ai vû, pour gagner son argent, remoucher lui-même la Bienvenu, & il étoit chez Monsieur Prault le fils, c'est-à-dire, presqu'à sa porte, quand elle fut prise. Mais aprends la trahison la plus lâche, le trait le plus odieux, le plus noir, aussi le plus bas dont il y ait d'exemple. Tu connois bien FELISOT, un de nos Confréres ? Le pauvre Diable, depuis quelque-tems fournissoit Voltaire. Celui-ci, le plus vilain des hommes, lui promet des monts d'or, pour lui aporter tout ce qui pouvoit rester d'Exemplaires du Discours en question. Felisot, non plus que moi, n'hait point l'argent ; il trouve un coup à faire, & il fait si bien qu'il ramasse environ sept cens Exemplaires de ce même & propre Discours. On dit qu'il les fit imprimer lui-même, ce qui gâteroit un peu son Histoire. Mais à suposer

le

le fait véritable, l'action du Sieur Voltaire n'en est pas plus belle : Ecoute le reste. Felisot étant venu lui annoncer sa découverte, il fut convenu que le lendemain il aporteroit toute l'Edition, & que son argent lui seroit compté. Moi qui connois le Pélerin, je l'aurois fait attendre sous l'orme. Mais mon sot va se brûler à la chandelle.

Le Sieur Voltaire dans le dessein de faire un bon coup de filet en retirant lesdits Exemplaires, sans bourse délier, fait cacher la Pousse chez lui, & remplit sa maison d'Happechairs. Felisot en pleine confiance ne manque point de venir au jour dit chez ledit Voltaire : il est gobé sur le champ, & pris ce qu'on apelle la main dans le sac ; ledit Voltaire, comme tout le monde dit, servant en mêmetems de Dénonciateur, d'Espion, de Mouche, & presque d'Archer. De-là Felisot est conduit à Bicêtre, où il est encore, & Dieu sçache quand il en sortira.

Le Sieur Voltaire ne s'en tient pas-là. Tu sçais que c'est ce pauvre Josse qui s'est fait casser de Maîtrise pour avoir imprimé *ses Lettres Philosophiques*; par reconnoissance de s'être perdu pour lui, il l'a fait mettre aujourd'hui dans le Castu, sur de simples soupçons; & voilà la récompense qu'il nous donne pour tous les risques que nous avons courus à vendre

dre & débiter ses Ouvrages. Comme lesdites *Lettres Philosophiques* qui ont fait pincer tant de nos Camarades, tandis qu'il se gobergeoit à Cirey, & qu'on les brûloit au Parlement; son *Epitre à Uranie*, dont je sçai bien qu'il n'est pas l'Auteur, mais qu'il a revûe & corrigée; son Poëme impie sur la *Pucelle d'Orléans*, qui m'a valu trois mois de Bicêtre, pour en avoir vendu des lambeaux Manuscrits à un Pensionnaire de la Police; sa vilaine *Tragédie de Mahomet*, sur laquelle j'ai perdu plus de quatre louis pour m'en être chargé de deux cens Exemplaires.

Aussi quoiqu'il ait promis un Sonnet à Messieurs les Imprimeurs & Libraires, ils sont tous soulevés contre lui. Il est bienheureux que Messieurs Prault pere & fils veulent bien se charger de ses drogues. Car je connois vingt des meilleurs Libraires qui ne veulent se charger ni pour ni contre, & qui préféreroient, faut-il dire, la pratique du Grand-Thomas à la sienne. Et de vrai, il y a-t'il de la sûreté à se mêler de ses Ouvrages! Travaillez pour sa gloire, & à multiplier les éditions de ses Ouvrages, comme il en veut seul tirer le profit, il vous fait aussi-tôt claquemurer, comme il a fait à Messieurs Didot & Barois. On diroit qu'il cherche à se vanger sur nous de tous les mauvais quarts-d'heure qu'il a passez fez autrefois, foit à la Baſtille, foit dans ſes voïages forcez en Champagne & ailleurs. De plus, tout le monde, entre-nous, trouve qu'il baiſſe bien, & qu'il ne fait plus rien qui vaille. Je ne m'y connois pas : Mais toutes mes Pratiques, quand je leur porte du Voltaire, me le jettent au nez, & me diſent : *Ne veux-tu pas lui faire quitter ſa Phiſique, où il n'entend rien, & lui faire faire de meilleurs Vers ?* De fait, pourquoi ſe mêle-t'il de tant de métiers ? Et puis pour l'achever de peindre, au lieu de s'occuper utilement dans ſon cabinet, il eſt tous les jours ſur le dos de Mr. Marville pour faire empriſonner le monde. *Il lui faudroit un Lieutenant de Police pour lui ſeul.* Au lieu de voir bonne compagnie & d'honnêtes gens, il ne voit plus que des Exempts & autre racaille avec leſquels il n'y a rien de bon à aprendre. Tous les jours ils viennent à l'ordre chez lui, & l'autre jour un de mes Confréres qui lui aportoit une Brochure, vit entrer un de ces coquins, qui lui demanda, MONSEIGNEUR, *y a-t'il quelqu'un à prendre aujourd'hui ?*

Je te laiſſe à penſer, mon Couſin, ſi jamais Miniſtre d'Etat (car on a écrit contre les Miniſtres) a fait dans Paris autant de fracas que Monſieur l'Hiſtoriographe, & comme j'ai entendu dire à des gens de Robe, *Il eſt étonnant*

étonnant qu'un ministére auſſi ſage que le nôtre ſe livre à la paſſion d'un particulier tel que Voltaire. N'eſt-ce pas-là, diſent-ils, un perſonnage bien important, pour troubler en ſa faveur le Commerce, & harceler toute la Librairie. Que n'imitoit-il la modération dont il a tant d'exemples, dans la Compagnie où il vient d'entrer. Il a tant écrit contre les autres. Comment n'a-t'il pas traité le pauvre Rouſſeau, qui fut ſon Maitre & qui le ſera toujours ? Comment a-t'il habillé l'Abbé Desfontaines qui, à la vérité, lui a bien rendu ?

Médiſant qui ſe plaint des Brocards qu'il eſſuïe.

Voilà ce que j'entends tous les jours. Heureuſement que je n'ai point encore tombé ſous ſa patte, & que je me conduits de façon à ne craindre ni lui ni ſes Alguaſils.

Si ma Lettre étoit un peu mieux bâtie, je te chargerois bien de la faire imprimer en quelque endroit du païs conquis, où ſes Emiſſaires n'auroient pas beau jeu à fourer leur nez. Mais en atendant que quelqu'un veuille lui rendre ce ſervice, ne te fait faute d'en donner des Copies à tous les Curieux qui t'en demanderont.

Excuſe la longueur de ma Lettre ; tu ſçais que je ſuis un peu babillard, & d'ailleurs c'eſt l'état du métier.

Ma

108 LETTRE D'ANT. A PARISIEN, &c.

Ma Femme & ton Filleau t'embraffent, & moi qui ai l'honneur d'être,

MON CHER COUSIN,

Ton bon Ami & Coufin.

ANTOINE.

EPITRE

EPITRE
IMPIE
A URANIE,

ET trois autres Epitres, avec le Poëme de la Religion défendue, & l'Ode à Monsieur***, contre l'Epitre impie.

AVERTISSEMENT.

L'Epitre impie à Uranie (faussement attribuée à M. de Voltaire) paroissant non-seulement imprimée en divers Recueils de Poésie, mais encore plus universellement répandue Manuscrite, a donné lieu au POEME DE LA RELIGION DÉFENDUE, que l'on a joint ici contre cette dangereuse Epitre, afin d'arrêter le cours des effets pernicieux qu'elle pouvoit causer. C'est ce qui a aussi déterminé de la joindre à ce Poëme, ainsi que trois autres Epitres, avec une Epigramme & une Ode en réponse, tirées des Journaux, & d'autres endroits, pour y servir de contrepoison, & empêcher les Copies Manuscrites, peut-être encore plus mauvaises (par les altérations & changemens qu'en pourroient faire certains Copistes libertins) de se multiplier.

EXTRAIT DE JOURNAL.

A la Haye le 4 Mai 1733.

THOMAS JONSON, Libraire à Rotterdam vient de publier un Poëme intitulé: LA RELIGION DÉFENDUE contre l'Epitre à Uranie. Cette Epitre est peut-être le plus dangereux Ouvrage que l'impiété ait produit depuis long-tems : le poison y est caché sous des preuves si séduisantes & la versification en est si charmante, qu'elle pourroit produire dans le Public de très-mauvais effets,

AVERTISSEMENT.

si des personnes éclairées ne prenoient soin de découvrir aux autres les pieges qui y sont tendus de toutes parts.

Le POEME que nous annonçons est sûrement ce qu'on a jusqu'ici écrit de plus solide & de plus étendu contre cette pernicieuse Epitre, l'Anonyme qui l'a composé paroît pénétré des grandes vérités de la Religion, & il se sert parfaitement bien de tous les avantages que la bonne cause qu'il défend lui donne sur son Adversaire; il l'emporteroit à tous égards, s'il avoit eu le talent d'orner aussi pompeusement la vérité, qu'on a pris soin de travailler l'autre Piece, qui est l'ouvrage du mensonge.

EPITRE

EPITRE
IMPIE
A URANIE

Tu prétens donc, belle Uranie,
Qu'érigé par ton ordre en Lucréce nouveau,
Devant toi d'une main hardie,
De la Religion j'arrache le bandeau,
Que j'expose à tes yeux le dangereux tableau
Des mensonges sacrez dont la terre est remplie ;
Et qu'enfin ma Philosophie
T'aprenne à méprifer les horreurs du tombeau,
Et les terreurs de l'autre vie.

Ne crois pas qu'enivré de l'erreur de mes sens,
De ma Religion blasphémateur profane,
Je veuille par dépit dans mes égaremens,
Détruire en libertin la loi qui les condanne.

Examinateur scrupuleux
De ce redoutable mistére,

EPITRE IMPIE

Je prétens pénétrer d'un pas respectueux
    Au plus profond du Sanctuaire,
Du Dieu mort sur la Croix, que l'Europe révére.

    L'horreur d'une éfroïable nuit
Semble cacher son Temple à mon œil téméraire;
    Mais la raison qui m'y conduit
Fait marcher devant moi son flambeau qui m'éclaire.
Les Prêtres de ce Temple, avec un ton sévére,
M'offrent d'abord un Dieu que je devrois haïr;
Un Dieu qui nous forma pour être misérables,
    Qui nous donna des cœurs coupables
    Pour avoir droit de nous punir;
Qui nous créa d'abord à lui-même semblables,
    Afin de nous mieux avilir,
    Et nous faire à jamais souffrir
    Des tourmens plus épouventables.

Sa main créoit à peine une ame à son Image
    Qu'il fut touché de repentir,
Comme si l'Ouvrier n'avoit pas dû sentir
    Les défauts de son propre ouvrage
    Et sagement les prévenir.

    Bien-tôt sa fureur meurtriére,
Du monde épouventé sapant les fondemens,
Dans un déluge d'eau, détruit en même-tems
    Les sacriléges habitans,

Qui

A URANIE.

    Qui rempliſſoient la terre entiére
    De leurs honteux déréglemens.
Sans doute on le verra, par d'heureux changemens,
Sous un Ciel épuré redonner la lumiére
A de nouveaux humains, à des cœurs innocens,
De ſa lente ſageſſe aimables mouvemens!
    Non, il tire de la pouſſiére
    Un nouveau Peuple de Titans,
Une race livrée à ſes emportemens,
    Plus coupable que la premiére.
    Que fera-t'il? Quels foudres éclatans
Vont ſur ces malheureux lancer ſes mains ſévéres?
Va-t'il dans le Cahos plonger les Elémens?
Ecoutez. O prodige! ô tendreſſe! ô miſtéres!
    Il venoit de noïer les peres,
    Il va mourir pour les enfans.

Il eſt un Peuple obſcur, imbécille, volage,
Amateur inſenſé des Superſtitions,
Vaincu par ſes Voiſins, rampant dans l'eſclavage,
Et l'éternel mépris des autres Nations.
Le Fils de Dieu lui-même, oubliant ſa puiſſance,
Se fait Concitoïen de ce Peuple odieux:
Dans le flanc d'une Juive il vient prendre naiſſance;
Il rampe ſous ſa mere, il ſouffre ſous ſes yeux
    Les infirmitez de l'enfance.
Long-tems vil Ouvrier, le rabot à la main,
Ses beaux jours ſont perdus dans ce lâche exercice;

EPITRE IMPIE

Il prêche enfin trois ans ce Peuple Iduméen,
    Et périt du dernier suplice.
Son Sang, du moins le Sang d'un Dieu mourant pour nous,
N'étoit-il pas d'un prix assez noble, assez rare,
    Pour suffire à parer les coups
    Que l'Enfer jaloux nous prépare ?
Quoi ! Dieu voulut mourir pour le salut de tous,
    Et son trépas est inutile ?
Quoi ! l'on me vantera sa clémence facile,
Quand remontant au Ciel, il reprend son couroux;
Quand sa main nous replonge aux éternels abîmes,
Et que par sa fureur éfaçant ses bienfaits,
Aïant versé son sang pour expier nos crimes,
Il nous punit de ceux que nous n'avons point faits ?
Ce Dieu poursuit encore, aveugle en sa colére,
Sur les derniers enfans, l'erreur d'un premier pere;
Il redemande compte à cent Peuples divers
    Assis dans la nuit du mensonge,
De ces obscuritez où lui-même il les plonge,
Lui qui vient, nous dit-on, éclairer l'Univers.

    Amérique, vastes Contrées,
Peuples que Dieu fit naître aux portes du Soleil;
    Vous, Nations Hiperborées,
Vous, que l'erreur nourrit dans un profond sommeil,
Vous serez donc un jour à sa fureur livrées,

Pour n'avoir pas fçû qu'autrefois,
Sous un autre Hémifphére, aux Plaines Idumées,
Le fils d'un Charpentier expira fur la Croix.
Non, je ne connois point à cette indigne image
    Le Dieu que je dois adorer;
    Je croirois le deshonorer
    Par un fi criminel hommage.

Entens, Dieu que j'implore, entens du haut des Cieux,
    Une voix plaintive & fincére;
Mon incrédulité ne doit point te déplaire;
    Mon cœur eft ouvert à tes yeux;
On te fait un Tyran, je cherche en toi mon Pere;
Je ne fuis point Chrétien; mais c'eft pour t'aimer mieux.

Ciel! ô Ciel! quel objet vient éfraïer ma vuë!
Je reconnois le CHRIST, puiffant & glorieux;
    Auprès de lui dans une nuë
    Sa Croix fe prefente à mes yeux:
Sous fes pieds triomphans la Mort eft abatuë,
Des portes de l'Enfer il fort victorieux;
Son Régne eft annoncé par la voix des Oracles;
Son Trône eft cimenté par le fang des Martirs;
Tous les pas de fes Saints font autant de Miracles;
Il leur promet des biens plus grands que leurs defirs;
Ses exemples font faints, fa morale eft divine;
Il confole en fecret les cœurs qu'il illumine;

Dans les plus grands malheurs, il nous offre un apui;
Et si sur l'imposture il fonda sa doctrine,
C'est un bonheur encor d'être trompé par lui.

Entre ces deux Portraits, incertaine Uranie,
C'est à toi de chercher l'obscure vérité :
A toi que la nature honora d'un génie
   Qui seul égale ta beauté.
Songe que du Très-Haut la sagesse immortelle,
A gravé de sa main dans le fond de ton cœur
   La Religion naturelle.
Crois que ta bonne-foi, ta bonté, ta douceur,
Ne sont point les objets de sa haine éternelle :
Crois que devant son Trône, en tout tems, en tous
  lieux,
   Le cœur du Juste est précieux.
Crois qu'un Bonze modeste, un Dervis charitable,
   Trouve plûtôt grace à ses yeux,
   Qu'un Janséniste impitoïable,
   Ou qu'un Prélat ambitieux.

Et qu'importe en éfet sous quel titre on l'implore;
Tout hommage est reçû, mais aucun ne l'honore.
Ce Dieu n'a pas besoin de nos vœux assidus :
Si l'on peut l'ofenser, c'est par des injustices;
   Il nous juge sur nos vertus,
   Et non pas par nos sacrifices.

        I. EPITRE

I. EPITRE

A L'AUTEUR
DE L'EPITRE IMPIE
A URANIE.

UELLE audace éfrenée? O Ciel! qu'ai-je entendu?
    Qui que tu sois, dont le fistême impie
      Insulte à la foi d'Uranie,
Par un si vain éfort as-tu donc prétendu
Arracher de nos cœurs les profondes racines,
Qu'y jettérent jadis les semences divines,
   D'un culte antique & du Ciel descendu?
Pour la Religion que mon ame respecte,
     Ta haîne me paroît suspecte,
     La destruction des Autels
     Flâte nos penchans criminels.
Que ces penchans sont doux! que le vice est aimable!
Dès qu'on ne connoît plus d'avenir redoutable.

Quels que soient tes raisonnemens ;
Certes, pour moi je me défie
De l'étrange Philosophie
Qui dans les passions puise ses Argumens.
La vertu tirannise, un Dieu vangeur nous gêne ;
Et le cœur vicieux qui redoute sa haïne,
Pour mieux s'en garantir
Voudroit pouvoir l'anéantir.
Nul frein pour lors à la licence ;
Gardez l'équilibre un moment,
De quel côté penchera la balance,
Si le vice est sans châtiment,
Et la vertu sans récompense ?
Loin d'ici tes projets dans le crime enfantez,
Et mille fois en naissant avortez.
Les saints Dogmes de l'Evangile
Surchargent ta raison débile ;
Elle ne peut, dis-tu, les accorder
Avec ce qu'on doit demander
D'un Dieu juste & debonnaire ;
J'en tire un Argument contraire :
Et s'il est un Dieu juste & bon,
Tout est certain dans ma Religion.

Quelle foule de témoignages,
Dans tous les tems, dans tous les âges,
De Jesus-Christ prouvent la Mission !
La foi d'un Dieu Sauveur en Miracles féconde,

A commencé les Annales du monde.

    Ouvre les Volumes Sacrez
    De ces Ecrivains inspirez,
    Qui, dans ce qu'ils ont sçû prédire;
    Du Divin Auteur des Chrétiens,
    Semblent être, à qui veut les lire,
    Moins Prophêtes qu'Historiens.
Quel autre que Dieu même a pu les faire écrire?
    Juge enfin sans prévention,
    Ce que te produit la Révélation,
    Des prodiges incontestables,
    Et des témoins irréprochables;
Du monde converti le miracle éclatant,
Un Peuple vagabond, détruit & subsistant;
    Qui porte dans cent Républiques
Du salut des humains les gages authentiques.
    D'humbles Pêcheurs que l'on charge de fers,
Troupe aux yeux des mortels, & vile & méprisable,
A peine ont répandu leur doctrine adorable,
    Que leurs vertus inondent l'Univers;
Ils déposent au fond, qu'après que le Messie
Sur l'Autel de la Croix eût immolé sa vie,
De la grace nouvelle allumant le flambeau,
Il sortit triomphant de la nuit du tombeau,
Et que montant au Ciel, une brillante nuë
Vint comme un Trône d'or l'enlever à leur vûë.

Je croirai, quoiqu'ici l'Impie ose en juger,
Je croirai des témoins qui se font égorger;
Je n'ai pas entrepris de retracer l'Histoire
    De l'Evangile & de sa gloire.
Dé sublimes Ecrits, pleins de force & de sens,
    En conservent les Monumens;
    Mais tous ces faits sont de nature
  A n'être point soupçonnez d'imposture.
Dieu qui les a permis ne peut être trompeur;
Il le seroit pourtant, au gré de ton erreur,
    Si du vrai, dont il est le pere,
Le mensonge odieux portoit le caractére.
Sa bonté, je l'ai dit, doit m'être un sur garand
Des merveilles qu'ici l'Evangile m'aprend;
  Sur cent vertus sa Doctrine se fonde,
    Et ton sistême fait horreur,
    Qui par la porte de l'erreur,
  Veut les faire entrer dans le monde.
L'éclat dont luit la Révélation,
    Et les ténèbres du Mistére,
    C'est la nuée obscure & claire,
Qui des Hébreux guidoit la Nation.

Tu ne peux concevoir la chute déplorable,
Qui de l'homme innocent fit un homme coupable;
Tu ne peux concevoir qu'un Dieu soit mort pour nous,
    Sans toutefois nous sauver tous;

Et cet adorable Mistére,
Pour ta raison est un joug trop austére;
Mais quand tu veux t'en afranchir,
La Révélation, source de l'évidence,
Malgré toi t'oblige à fléchir
Sous une immortelle puissance.

De Lucréce aujourd'hui, dangereux nourisson,
Sauve-toi des écarts de l'humaine raison;
Son devoir n'est pas de comprendre
Ce que Dieu nous a révélé;
Mais de se taire & de se rendre,
S'il est vrai qu'il nous ait parlé.
Cette raison reçoit des bornes légitimes;
C'est agir contre ses maximes,
Que de restraindre ainsi Dieu même & son pouvoir
A ce qu'elle en peut concevoir.
Dépouille donc ici l'orgueil de ton Déïsme,
Et crois-moi, rends ton vieil sophisme,
A Celse, à Porphire, à Julien;
Quoique leurs plumes criminelles,
En eussent rempli leurs Libelles,
Le monde entier n'en fut pas moins Chrétien.

Où suis-je! ô Ciel! quelle terreur subite
Se répand au fond de mon cœur?
Tout s'ébranle, la mer s'agite,
Et les flots irritez font un bruit plein d'horreur;

Les

Les antres au loin en mugiſſent,
Le ſoleil perd ſes feux, les aſtres s'obſcurciſſent;
Du Firmament, tous les Corps détachez,
S'en vont-ils fondre ſur ma tête?
Où fuir l'éfroïable tempête?

Terre ouvre-moi tes abîmes cachez,
Dé tout ſecours mon ame eſt dénuée;
Mais tout-à-coup les Cieux ſont éclaircis;
Le tonnerre & les feux partent de la nuée
Où le Fils-de-l'Homme eſt aſſis.
Crains l'Eternel, crains ſes vengeances,
Par un prompt repentir apaiſe ſon courroux;
Sache qu'il doit, ce Dieu jaloux,
Te juger ſur ta foi, comme ſur tes offenſes.

II. EPITRE

II. EPITRE
A URANIE,
CONTRE
LES IMPIES.

Vous voulez donc, sage Uranie,
Que je m'érige en Apôtre nouveau
Contre l'impiété, qui d'une voix hardie,
S'expliquant sans détour, sans voile, sans bandeau,
    Nous offre l'horrible tableau
    Des fureurs dont elle est remplie.

Maudit orgueil ! fausse Philosophie,
Que servent tes leçons à l'aspect du tombeau !
Quand on n'a point pensé qu'il est une autre vie,
Et que l'on n'a suivi que l'empire des sens ?
Dans ces derniers momens, l'incrédule prophane
Gémit, peut-être tard, de ses égaremens :
    Tout l'intimide & le condamne.
Heureux qui sur soi-même, atentif, scrupuleux,
Ne connoît que la foi quand il voit un mistére !

Mar-

  Marchant d'un pas respectueux
 Dans le chemin qui mene au Sanctuaire,
Du Dieu mort sur la Croix que le monde révére.
Ce Dieu tout-puissant laisse en une affreuse nuit,
  L'orgueilleux & le téméraire :
Implorons son secours, sa bonté nous conduit;
Gémissons & prions, sa grace nous éclaire.
 Les cœurs ingrats en font un Dieu sévére;
N'est-ce pas nous plûtôt qui devons nous haïr?
Nous que le péché seul a rendu misérables;
  Nous seuls, qui devenus coupables,
Sentons le droit qu'il a de nous punir;
Nous enfin qui créez à lui-même semblables,
Nous éloignons de lui pour nous mieux avilir
  En deshonorant son ouvrage.
Les crimes redoublez chassent le repentir,
Et le plus grand des maux est de ne pas sentir
Que cet Etre indulgent, pour sauver son ouvrage,
Par nombre de bienfaits cherche à nous prévenir.
Les hommes ont armé leur fureur meurtriére,
De la Religion sapé les fondemens :
 Ils devoient tous périr en même-tems;
Mais la bonté de Dieu sauva des habitans,
  Pour instruire la terre entiére
De la punition de ses déréglemens.
Le Déluge causa d'utiles changemens.
La race qui devoit bien-tôt voir la lumiére,

Sur

Sur des exemples innocens,
Auroit dû de son cœur régler les mouvemens :
Mais l'homme oublie encor qu'il est cendre & pouf-
 siére :
La révolte, l'orgueil, produisent des Titans,
Qui dans leurs noirs forfaits, dans leurs emporte-
 mens,
Surpassent les horreurs de la race premiére.
Dieu, loin de retirer ses bienfaits éclatans,
 Et par des châtimens sévéres
Contre ces cœurs ingrats armer les élémens,
O prodige de grace ! ô tendresse ! ô mistéres !
Ce qu'il avoit promis à la foi de leurs Peres,
Fidèle en sa parole, il l'acorde aux Enfans.
 Quand son Peuple devient volage,
Amateur insensé des superstitions,
 Il l'abandonne à l'esclavage,
Il le rend le mépris des autres Nations ;
Mais aux yeux du Sauveur, qui montre sa puissance,
Tous les cœurs ne sont pas criminels, odieux :
Dans les flancs d'une Vierge il vient prendre nais-
 sance ;
La lumiére qui doit briller à tous les yeux,
Se découvre déja sous les traits de l'enfance
 Dans l'étable de Bethléem.
Il fait de notre bien son plus doux exercice ;
Mais, ô comble d'horreur ! l'ingrat Iduméen
Prépare au Saint des Saints le plus honteux suplice :
 Le

Le sang d'un Dieu coule pour nous :
Quelle victime & plus noble & plus rare !
Tremblez, cœurs endurcis, & redoutez les coups
Que sa justice vous prépare.
Dieu veut mourir pour le salut de tous ;
Vôtre incrédulité rend sa mort inutile :
Avez-vous mérité sa clémence facile,
Vous qui n'êtes qu'objets de haine & de couroux ?
Vous courez vous plonger en d'éternels abîmes ;
Il veut vous en tirer à force de bienfaits :
Peuple sans foi, lui seul peut compter tous vos cri-
mes ;
Et vous ne comptez pas les biens qu'il vous a faits.
Ce Dieu vous abandonne à sa juste colére ;
Mais (ce qu'il a promis à notre premier Pere)
Le salut, va passer à cent Peuples divers :
La vérité détruira le mensonge ;
Dieu dissipe la nuit où le crime les plonge ;
L'Evangile & la Grace éclairent l'Univers.

Amérique, vastes Contrées,
Peuples que Dieu fit naître aux portes du Soleil ;
Vous, Nations Hiperborées,
Qui languîtes long-tems dans un profond sommeil
De toutes vos erreurs vous serez délivrées :
Vous ouvrirez les yeux, aprenant qu'autrefois
Dieu daigna se faire homme aux Plaines Idumées ;
Vous ne rougirez point le voïant sur la Croix ;

Et

Et vous reconnoîtrez à cette digne Image
  Le Dieu que l'on doit adorer;
  Vous chercherez à l'honorer
Par un culte assidu, par un pieux hommage.

Ce Vainqueur de la mort entend du haut des Cieux
  Une voix plaintive & sincére;
Oui, l'incrédulité peut seule lui déplaire:
 L'Impie est seul exécrable à ses yeux.
Qui ne connoîtra pas son Sauveur & son Pere,
Ne méritera pas d'avoir entrée aux Cieux.

Quels objets éclatans viennent fraper ma vûë?
 Je vois le CHRIST *puissant & glorieux;*
  Auprès de lui dans une nuë,
  Sa croix se découvre à mes yeux;
Sous ses pieds triomphans la mort est abatuë;
Des portes de l'Enfer il sort victorieux;
Son régne est annoncé par la voix des Oracles;
Son Trône est cimenté par le sang des Martirs;
Tous les pas de ses Saints sont autant de miracles;
Il leur promet des biens plus grands que leurs desirs;
Ses exemples sont saints, sa morale est divine;
Il console en secret les cœurs qu'il illumine,
  Par d'inexprimables plaisirs.
Sa sagesse éternelle a fondé sa doctrine;
 Nul n'est heureux ni sage que par lui.

Convenez donc, sage Uranie,
Qu'on tâche d'obscurcir la sainte vérité:
Mais quel pouvoir, quel éfort, quel génie
Détruira jamais sa beauté?
Le Très-Haut a parlé; sa lumiére immortelle,
Eclaire, frape, allume au fond de notre cœur,
Pour le vrai culte, une ardeur naturelle;
La foi, l'humilité, la bonté, la douceur,
Auront droit de prétendre à la gloire immortelle:
Devant son Trône, en tout tems, en tous lieux,
Le cœur du Juste est précieux.
N'a-t'il pas déclaré qu'une ame charitable
Trouve toujours grace à ses yeux;
Mais qu'il hait l'orgueilleux, le cœur impitoïable,
Et le superbe ambitieux?
Pour le prix de son sang est-ce trop qu'on l'implore?
Ce Dieu que la vertu, que la foi seule honore,
Régit seul l'Univers, & ses soins assidus
Daignent le conserver malgré nos injustices.
Adorons ses bontez, offrons-lui des vertus,
C'est le plus éloquent de tous les Sacrifices.

III. EPITRE

III. EPITRE
CONTRE
LES ATHÉES,
Concernant l'Epitre impie
A URANIE

Sourds à la voix de la nature,
Monstres dans la société,
On trouve dans leur cœur parjure
La plus noire infidélité.
Si tout périt avec la vie,
Quel droit est sacré pour l'Impie?
Il n'est plus ni vertu ni foi,
Tout est permis & légitime :
Il ne lui reste pour maxime
Que de tout raporter à soi.

Grand

224 III. EPITRE, CONTRE LES ATHEES.

Grand Dieu ! ne foufrés pas que d'aveugles mortels
Aboliffent ainfi ton culte & tes Autels.
Si du limon du vice, exécrables Infectes,
Ils fouillent l'Univers du venin de leurs Sectes,
Préviens du moins les maux qui menacent Sion,
Et fauve ton Troupeau de la contagion.

PRE'FACE

PRÉFACE
DE
L'ÉDITEUR.

L'Edition du Poeme que l'on donne ici au Public a été faite fur un exemplaire envoïé de Paris, fans nom d'Auteur, de Libraire & de lieu d'Impreffion, daté de 1733. On peut préfumer avec vraifemblance qu'il a été imprimé à Paris. Celui qui l'a envoïé, marque que l'Auteur, qui ne veut pas fe faire connoître, n'eft pas moins diftingué par fes emplois que par fon mérite.

L'Ecrit qui y a donné lieu, eft une *Epitre* en vers, adreffée à *Uranie*. Cette Epitre eft d'une belle verfification, mais d'une extrême impiété. Quoique pleinement réfutée, elle eft trop fcandaleufe pour être renduë publique. Les éfets d'un poifon, quoique corrigés par un contre-poifon, laiffent prefque toûjours

B   de

des impressions qui altérent la constitution du corps.

Les sentimens de l'Auteur de l'Epitre, non-seulement attaquent la Religion Chrétienne, mais encore tous les fondemens de la Morale.

- - - - Que ma Philosophie
T'aprenne à méprifer les horreurs du Tombeau,
Et les terreurs de l'autre vie.

Ce sont-là les instructions que cet Auteur donne à *Uranie* ; instructions très-impies, mais peu contagieuses. Que si elles prévaloient contre le sentiment intérieur à chaque homme, contre le consentement presque général de tous les hommes, contre les lumières de la raison & de la foi, que de scélérats, que cette crainte salutaire retient, deshonoreroient par leurs excès & leurs crimes la nature-humaine ! On ne peut envisager sans horreur les suites de pareilles instructions.

On croiroit après ces vers cités, qui sont au commencement de l'Epitre, que l'Auteur, conformément à son but, travailleroit à prouver ce qu'il avance ; mais il n'en est nullement question : le défaut de raisonnement, qui se fait sentir dans toute cette piéce, prouve évidemment qu'elle n'est en toutes maniéres que la production d'un esprit déréglé.

On

DE L'EDITEUR.

On y reconnoît encore une présomption outrée & un aveuglement marqué. L'Auteur s'y donne pour un *examinateur scrupuleux, & qui prétend pénétrer d'un pas respectueux au plus profond du Sanctuaire.* C'est avec quelqu'espéce de raison qu'il ne veut pas qu'on le croïe,

De sa Religion blasphémateur prophane ;

car il n'a nulle Religion ; & si c'est de la Religion Chrétienne qu'il parle ; n'est-ce point un blasphême afreux de dire qu'*elle ofre un Dieu qu'on doit haïr ?* Quels emportemens, & quelles contradictions ! L'esprit de mensonge & d'aveuglement a présidé à cet ouvrage.

L'Auteur de l'Epitre paroit d'autant plus inconcevable dans son aveuglement, que lui-même vers la fin de son Epitre, parle de la Religion Chrétienne avec tout l'entousiasme d'un Poëte Chrétien, & avec ce beau feu qui ne paroit naturel qu'à ceux qui sont pénétrez de la vérité du Christanisme.

Ciel ! ô Ciel ! quel objet vient éfraïer ma vuë ?
Je reconnois le CHRIST, *puissant & glorieux :*
   Auprès de lui dans une nuë,
   Sa Croix se presente à mes yeux ;
Sous ses piés triomphans la Mort est abatuë,
Des portes de l'Enfer, il sort victorieux.

B 2   Son

Son règne est annoncé par la voix des Oracles;
Son Trône est cimenté par le sang des Martirs;
Tous les pas de ses Saints sont autant de miracles,
Il leur promet des biens plus grands que leurs désirs:
Ses exemples sont saints, sa morale est divine;
Il console en secret les cœurs qu'il illumine;
Dans les plus grands malheurs il nous ofre un apui &c.

L'Auteur a donc senti toute la force de la vérité? la lumière l'a frapé de ses raïons les plus vifs ; & il a néanmoins résisté. Rien dans son ouvrage ne détruit ce beau tableau qu'il fait du Christianisme, & qui seul renverse & détruit toutes les impiétés qui le précédent, lesquelles ne renferment pour la plus grande partie que des objections impies, contre quelques Passages obscurs des Divines Ecriures.

La seule beauté de la Poësie, & quelques passages brillants & revêtus de l'aparence d'une certaine équité naturelle, font tout le mérite de L'EPITRE A URANIE.

Songes que du Très-Haut la sagesse immortelle,
A gravé de sa main dans le fonds de ton cœur
   La Religion naturelle:
Crois que ta bonne foi, ta bonté, ta douceur,
Ne sont point les objets de sa haine éternelle:

Crois

Crois que devant son Trône, en tous tems, en tous lieux,
* Le cœur du juste est précieux :*
Crois qu'un Bonze modeste, un Dervis charitable,
* Trouve plûtôt grace à ses yeux,*
* Qu'un Jansenistе impitoïable,*
* Ou qu'un Prélat ambitieux.*

— — — — — — — — —

Ce Dieu n'a pas besoin de nos vœux assidus ;
Si l'on peut l'offenser, c'est par des injustices :
* Il nous juge sur nos vertus,*
* Et non pas par nos sacrifices.*

C'est ainsi que l'Auteur, mauvais Logicien, par certaines restrictions, dont un peu de réflexion découvre le défaut, confond les principes mêmes de la Religion avec ceux de l'irréligion : c'est-là, à mon avis, l'endroit le plus dangereux de son *Epitre*, & le seul qui n'étant point rempli de blasphêmes, pût être raporté & cité au jugement du Public.

Le Poëme de la Religion défenduë contre l'Epitre à Uranie, renverse très-solidement toutes les prophanations de l'Epitre. La beauté de la versification correspond à la dignité du sujet ; elle est remplie de force & de feu : elle est d'autant plus admirable, que les matiéres de discussion, en sont dificilement susceptibles ; au lieu qu'un esprit qui permet tout à son imagination licentieuse, travaille avec plus de facilité. Ce Poëme, outre la réfutation de l'Epitre, renferme les principes les plus clairs & les plus intelligibles de la Religion Chrétienne : principes à la portée de tout le monde, & d'autant plus nécessaires, que le progrès de l'irréligion, & l'empire des vices & des passions s'acroit ; que l'irréligion est en quelque façon la Religion de mode & du bel air ; au moins ses Sectateurs, faux-Philosophes & libertins impies, s'en piquent.

Le Poëte établit d'abord un principe incontestable ; que l'esprit de l'homme est borné, que nos connoissances se bornent à des faits dont nous tirons des conséquences ; ce qu'il prouve par un exemple qui fournit de lui-même de nouvelles preuves de notre foiblesse.

Si j'ose m'observer, & que suis-je moi-même ?
Prodige merveilleux, autant qu'il est commun !
Deux êtres distingués qui n'en font qu'un,
Vivant & sublime problême !

— — — — — — — —

De l'ame avec le corps je connois l'union ;

Je

Je sens l'alternative étrange & régulière
De leur mutuelle action ;
Mais j'en ignore la manière.

- - - - - - -

Certain qu'elle (l'ame) connoît, se ressouvient & veut,
Je ne puis déchifer, dans tout ce qu'elle opére,
Par quel principe elle se meut.

- - - - - - -

Un groupe d'ombre & de lumière,
Est le seul terme de nos soins.

- - - - - - -

Par tout où je rencontre un côté lumineux,
Je dois admettre une substance,

- - - - - - -

Et regarder l'obscurité
Que je trouve sans cesse auprès de la clarté,
Comme un tribut que Dieu réserve à sa puissance.
Monument immortel de notre dépendance,
Qui de nos vains désirs restraint l'avidité,
Sans rien ôter à l'évidence

Des Etres qu'il veut bien, pour notre utilité,
Livrer à notre intelligence!

Ce font-là des principes certains, expofés avec force, & dont l'évidence eft irréfiftible. J'ai peut-être raporté ici trop au long ce qui fe trouve dans l'ouvrage même : mais comment fans cela donner une idée de l'ouvrage ? C'en eft le principe fondamental à quoi tout doit être raporté ; on ne peut trop l'inculquer & le répéter : l'amour-propre & la vanité le dérobent continuellement à nos réflexions. Enfin j'en étois pénétré, & je n'aurai à effuïer que les reproches de ceux qui n'en fentiront point toute la force & toute l'importance ; & ce font des reproches auxquels je fuis peu fenfible.

Ce principe de notre foibleffe pofé, l'Auteur juftifie premiérement la Loi de Moïfe, & les Livres Sacrés de ce Légiflateur Prophete. A cette occafion le Poëte fait le portrait du Peuple Juif d'alors.

Un peuple difperfé devant moi fe préfente,
Vil rebut des mortels, – – – – –
Toujours plein d'efpérance & toujours malheureux.

Tous ces traits font vifs, animés, & portent coup. C'eft avec une force & une précifion cision semblable qu'il tire l'histoire de l'homme des Saintes-Ecritures.

J'y vois l'homme au premier moment
Créé dans l'innocence & formé pour la gloire;
Mais criminel ensuite, & dans l'abaissement.
Sans le secours de cette histoire,
Puis-je de mon état percer la profondeur?
Puis-je concilier, à moi-même contraire,
Le sentiment de ma grandeur
Avec celui de ma misère?

Moïse éloigné seulement de cinq générations de Mathusalem contemporain d'Adam, a puisé les faits qu'il raporte.

Dans les sources héréditaires
De la tradition du premier de nos Peres.

Cette remarque judicieuse & savante prouve par ce fait, sur lequel il étoit moralement impossible à Moïse d'en imposer aux Juifs de son tems, la vérité de ces faits merveilleux dont sont remplis les premiers Livres de son Histoire du Monde.

L'Auteur fait une description courte, mais énergique, des Plaïes dont l'Egypte fut afligée, & des autres Miracles que Dieu a opérés en faveur des Juifs, avant & après leur arrivée dans la Terre-promife. Tous ces faits ont été écrits auſſi-tôt qu'arrivés : des Monumens élevés en public en ont porté le fouvenir chez la poſtérité. La fuite de l'hiſtoire, écrite d'âge en âge, en garantit la vérité. Pluſieurs autres raiſons habilement miſes en œuvre par le Poëte, prouvent l'impoſſibilité de l'impoſture. Les Miracles établiſſent la vérité de la Religion des Hébreux ; les Prophéties, vérifiées par l'événement, prouvent l'inſpiration des Auteurs Sacrés. C'eſt fur ces raiſons, qui me paroiſſent fans replique, qu'eſt fondée la juſtification de la Loi de Moïſe.

La preuve de la Réligion Hébraïque fert à celle de la Religion Chrétienne : la parfaite conformité des prédictions renfermées dans l'Ancien Teſtament, fur la venuë & la vie du Meſſie, avec la venuë & la vie de Jeſus de Nazareth, prouvent la Divinité de ce nouveau Légiſlateur. Toute l'hiſtoire de fa vie, fa naiſſance, la haine des Phariſiens & des Grands, la nature obéïſſante à fes ordres, les actions extraordinaires, dont la réalité n'a été ni niée ni réfutée par fes ennemis, & dont le fouvenir au contraire a été confervé dans leurs écrits, la foibleſſe de fes diſciples, fa mort, les événemens arrivés à cette mort, fa réfurrection, prouvée plus qu'aucun autre fait hiſtorique ; la force nouvelle dont ses Apôtres, ces hommes foibles & timides, sont remplis après sa mort, la propagation de l'Evangile, le sang des Martirs, la destruction de Jérusalem prédite, tout prouve la Divinité de JESUS-CHRIST & des Ecritures qui renferment sa Loi.

Quelle variété ! l'imposture jamais
Pouvoit-elle à son choix s'arroger tant de traits ?

— — — — — — — —

Seroient-ils (les Apôtres) devenus coupables,
Afin que la vertu fut l'objet de nos vœux ?
  Des Imposteurs sont-ils capables
  De braver des tourmens afreux,
  Pour nous rendre doux, sociables,
Justes, modestes, purs, sages & vertueux ?
Des scélérats ont-ils de si hautes maximes,
Et font-ils adorer Dieu qui vange les crimes ?

— — — — — — — —

Sans discuter ici le projet de Tibére,
  On sait qu'Alexandre Sévére
Honorant Jesus-Christ, pensa comme Adrien.
Frappé de sa doctrine, épris de ses exemples,

B 6   *Il*

Il voulut lui bâtir des Temples :
Mais il ne falloit pas, que prophane & chrétien,
L'Univers confondit le Dieu qui s'est fait homme,
Avec l'impureté des Idoles de Rome.
Ainsi le Paganisme à la Religion
  Prête une lumière fidèle ;
  Et malgré leur prévention
Ses plus grands ennemis ont déposé pour elle.

L'Auteur, après avoir prouvé l'existence & la divinité de Jesus-Christ, & la vérité des Ecritures, fait un portrait lumineux de la Religion Chrétienne. Il fait ensuite l'aplication du principe établi dès le commencement de son Poëme, à tous ces faits connus qu'il a raportés.

  Ainsi pour la Religion
Des faits les plus constans, l'inaltérable chaîne
  Forme une démonstration, &c.

L'esprit de l'homme étant borné, l'évidence de certains faits doit le porter à en croire d'autres qui lui sont inintelligibles. Quoique la Religion propose des mistéres qu'on ne sauroit pénétrer,

Dès que je suis certain que Dieu même a parlé,

Je dois une pleine créance
A tout ce qu'il a révélé.

- - - - - - - -

De la Religion nous jugeons, Uranie,
Par les traits lumineux jusqu'à nous parvenus,
Et non par les côtés qui nous sont inconnus.

Et c'est ce dont l'Auteur du Poëme taxe l'Auteur de l'Epitre. Il entre dans le détail de ses impiétés, pour les réfuter. Il raporte succinctement toute l'histoire de l'économie Céleste, & toutes les bontés de Dieu pour les hommes. Il n'éloigne aucune Nation de l'aproche du Trône de Dieu : tous les hommes y sont apellés ; tous sont pourvus par ce Dieu bienfaisant, mais à degrés inégaux, des graces nécessaires pour arriver à ce but, qui par sa nature supérieure est hors de l'ateinte de la nature-humaine. C'est par ces traits qu'il peint, en contraste avec l'Auteur de l'Epitre, le caractère de la Divinité, & qu'il met fin à son Poëme. Je finis cette Préface & cet Extrait par ces beaux vers, où le Poëte en nous remettant devant les yeux la dignité primitive de notre nature, & la chute qui nous en a dégradés, excite l'homme à l'aveu de sa foiblesse, à la reconnoissance envers Dieu, & à la pratique des vertus.

L'hom-

L'homme est un Roi dépossédé,
Qui de son premier rang se ressouvient sans cesse,
Et de qui le cœur combattu,
Entre le vice & la vertu,
L'avertit qu'en lui dure encore,
Au milieu de l'abaissement,
De sa grandeur passee un secret monument.

LA RELIGION DÉFENDUE.

POËME CONTRE L'EPITRE IMPIE A URANIE.

N Lucrece nouveau prétend que ton génie
De la Religion fonde la vérité.
  J'y confens, favante Uranie :
La Foi de la raifon ne craint point la clarté.
Mais ne préfumons pas de notre intelligence
Que tout à fes éforts foit pleinement ouvert.
Nous jugeons des faits feuls & de leur évidence,
Et le refte eft pour nous de ténèbres couvert.

Ces

Ces globes enflâmés qui roulent sur nos têtes,
Et ceux qui des premiers empruntent leur splendeur,
  Mon esprit veut avec ardeur
  Les mettre au rang de ses conquêtes :
  Il n'aperçoit de ces grands Corps
Que le mouvement, l'ordre & les divers rapports.
  Mais leur harmonie admirable,
Le ressort qui les meut, & leur germe fécond
  Sont un abîme impénétrable
  Qui me surpasse & me confond.
Si j'ose m'observer, eh ! que suis-je moi-même ?
Prodige merveilleux autant qu'il est commun !
Deux Etres distingués qui n'en composent qu'un,
  Vivant & sublime problême :
Deux Etres ennemis qui font société ;
Deux Etres assortis qui souvent sont en guerre ;
Un atôme enchaîné dans un coin de la terre,
  Comme un point dans l'immensité ;
Un esprit qui brisant le joug de la matière,
  Par sa grande vélocité
S'unit dans un moment à la nature entière,
  Se plonge dans l'infinité,
  Et par les plus sûrs témoignages
  Trouve enfin la Divinité
  Peinte & cachée en ses ouvrages.
De l'ame avec le corps je connois l'union,
Je sens l'alternative étrange & réguliére
  De leur mutuelle action :

        Mais

DÉFENDUE.

Mais j'en ignore la maniére.
Dans la ſtructure de mon corps
J'aperçois bien que les fluides
Balancés avec les ſolides
Y forment de parfaits accords ;
J'y découvre l'éfet des vaiſſeaux hydrauliques,
Et ne pénétre pas les cauſes méchaniques
Qui font joüer tant de reſſorts.
Dans mon ame pareil miſtére :
Certain qu'elle connoît, ſe reſſouvient & veut,
Je ne puis déchiffrer, dans tout ce qu'elle opére,
Par quel principe elle ſe meut.

C'eſt ainſi que nos connoiſſances
Se bornent toutes à des faits
Dont nous tirons des conſéquences,
Mais dont pour nous la ſource eſt ſous un voile
épais.
Un groupe d'ombre & de lumiére
Eſt le ſeul terme de nos ſoins,
Et l'Eternel ne nous éclaire
Qu'autant qu'il faut pour nos beſoins.
Inſtruits comme nous devons l'être,
Réprimons notre orgueil, & bien-tôt nous verrons
Que tout ce que nous ignorons
Nous eſt inutile à connoître.
Par tout où je rencontre un côté lumineux
Je dois admettre une ſubſtance,
Et ſans porter plus loin de téméraires vœux,

M'hu-

M'humilier dans l'ignorance
Des côtés qui sont ténébreux.
Le Dieu qui m'a formé, ce Dieu prudent & sage
De qui j'ai reçû la raison,
Ne m'eût-il fait un beau don
Que pour m'égarer davantage ?
Non ; mais je dois en faire un légitime usage ;
Croire que le Très-Haut ne permettra jamais
Que de la vérité les immuables traits
Du mensonge soient le partage ;
Et regarder l'obscurité
Que je trouve sans cesse auprès de la clarté,
Comme un tribut que Dieu réserve à sa puissance,
Monument immortel de notre dépendance,
Qui de nos vains desirs restraint l'avidité,
Sans rien ôter à l'évidence
Des Etres qu'il veut bien pour notre utilité
Livrer à notre intelligence.

Voilà des principes sacrés
Et d'une éternelle origine,
Que l'Esprit-fort qui t'endoctrine,
Ou te cache, Uranie, ou n'a point pénétrés.
C'est eux que ta raison doit recevoir pour guides
Dans l'examen qu'elle entreprend.
Devant eux passeront, de même qu'un torrent,
Ces Vers bien cadencés, mais de sens toujours
vuides,

Qui

Qui du Dieu des Chrétiens font un monſtre odieux.
De ton Lucrece alors les routes détournées
  Par toi feront abandonnées,
Et le ſentier du Christ plaira ſeul à tes yeux.

  Le culte tranſmis par Moïſe
N'eſt, ainſi que le notre, au gré de ton Docteur,
Qu'un tiſſu ridicule, un ouvrage impoſteur
  Qu'une ancienne erreur authoriſe;
  En qui la contradiction
  Manifeſte la fiction,
Et que par intérêt fait valoir, éterniſe,
  L'ambitieuſe faction
Des Prêtres exercés à la ſéduction.
  Eh! quoi? l'opinion bizarre
  D'un cerveau brûlé qui s'égare
Pourroit-elle obſcurcir pour nous de tous les tems
  Les témoignages éclatans?
Un Peuple diſperſé devant moi ſe préſente,
Vil rebut des mortels, mais épargné par eux,
Toujours plein d'eſpérance & toujours malheureux;
Ignorant que le Ciel a rempli ſon attente,
Fidèle obſervateur d'un culte inuſité,
Etranger que par tout ſur la terre on déteſte;
Il garde un Livre antique & par lui reſpecté,
Des biens qu'il poſſédoit, ſeul & précieux reſte.
  Ce Livre atire mes regards:
Je l'ouvre.... O Ciel! déja la nouveauté des arts
      M'apre-

M'aprenoit que le monde étoit dans son enfance;
Et là de l'Univers je trouve la naissance.
  J'y vois l'homme, au premier moment,
Créé dans l'innocence & formé pour la gloire;
Mais criminel ensuite & dans l'abaissement.
  Sans le secours de cette histoire,
Puis-je de mon état percer la profondeur ?
Puis-je concilier, à moi-même contraire,
  Le sentiment de ma grandeur
  Avec celui de ma misére?
  Si j'examine quelle main
Du monde a rassemblé les premiéres annales,
  Je trouve un sublime Ecrivain,
Qui sans peine a des tems franchi les intervales,
  Pour aprendre des faits puisés
  Dans les sources héréditaires
De la tradition du premier de nos Peres,
  Par cinq hommes * interposés ;
Un Prophête à qui Dieu s'est révélé lui-même,
Le Ministre inspiré des prodiges nombreux
  Que déploïa l'Etre suprême,
Pour captiver le cœur & la foi des Hébreux.

  Pourquoi l'Egypte consternée
  Est-elle au deüil abandonnée ?
         D'où

---

* *Amram Pere de Moïse, Lévi son Bisaïeul, Isaac, Sem, & Mathusalem, qui a vû Adam.*

D'où naissent les cris que j'entens ?
Quoi ! le sang au lieu d'eau coule dans ses fontaines ?
La poussiére s'anime & ravage ses plaines !
Un ulcére mortel couvre ses habitans !
 Des ténèbres épouventables
 Lui voilent la clarté du jour,
Et d'un si beau climat font l'horrible séjour
 Des Spectres les plus éfroïables !
L'Ange exterminateur frape les premiers-nés,
Et l'Hébreu satisfait voit les siens épargnés !
 Peuple savant, séche tes larmes :
 L'art magique t'offre des armes,
Il vole à ton secours.... mais bien-tôt confondu,
Il reconnoît que Dieu soutient l'Israëlite,
Et contre Misraïm * a le bras étendu.
Ainsi le Peuple élû triomphe dans sa fuite.
Il paroît, la mer s'ouvre & forme un double mur :
 Il y trouve un passage sûr,
Et voit ses ennemis ardens à sa poursuite,
Qui sans être effraïés d'un chemin si nouveau,
Sous les flots réunis ont trouvé leur tombeau.
Le sable du Desert pour lui devient fertile
En moissons que le Ciel a daigné préparer,
 Et l'aride Rocher distile,

         Des

---

 * *C'est l'Egypte, dans le langage de l'Ecriture-Sainte.*

   Des eaux pour le défaltérer.
Quels tourbillons de feux, quels éclats de tonnerre
Annoncent que le Ciel veut parler à la terre!
Dieu fur le Mont-Sina fait entendre fa voix :
Son Peuple épouventé, qui l'écoute & l'adore,
   Promet d'obéïr à fes loix.
Auffi le fer moiffonne, ou la flâme dévore
Les rebelles Hébreux qui prophanent fes droits.
Mais en vain je m'arrête à peindre les prodiges
Où s'eft manifefté le doigt de l'Eternel ;
   Dans tout le culte d'Ifraël
N'en eft-il pas refté de fenfibles veftiges ?
   Ecrits auffi-tôt qu'arrivés,
Les a-t'on regardés alors comme des fables ?
Combien de Monumens en public élevés
   Ont-ils de ces faits mémorables
Porté le fouvenir chez la poftérité,
   Sûrs garans de leur vérité ?
La fuite de l'hiftoire, écrite d'âge en âge,
   En rapelle les premiers traits ;
Et la Loi qui de même en retrace l'image,
Familiére aux Hébreux, la confirme à jamais.
Dans ces jours folemnels où l'Ecriture eft luë,
Le Peuple, inftruit des faits, n'ofe rien cenfurer :
Traduite tant de fois & par tout répanduë,
Comment dans fon effence eût-on pû l'altérer ?
   En vain le fchifme & la difcorde
   Ont partagé la Nation :

            Le

Le Texte de Moïse à Sébaste * s'accorde
Avec le même Ecrit que révére Sion.
Par quel aveuglement jufque dans l'efclavage
Les Juifs confervent-ils avec fidélité,
   Comme un précieux héritage,
Des faftes tant de fois échapés du naufrage,
Un Livre humiliant dont la fincérité
   Les rend plus odieux encore,
   Et pour toujours les deshonore ?
Quels excès y font peints ! Dans leurs premiers
 aïeux,
Si la vertu n'eft pas exempte de foibleffe,
La conduite des fils, plus énorme à mes yeux,
   N'a prefque rien qui ne me bleffe.
Je lis, en frémiffant, leur incrédulité,
   Leurs murmures, leur défiance,
Pour un Dieu bienfaifant l'ingrate indifférence
   Qui les porte à l'impiété ;
   Leurs fureurs fuperftitieufes,
   Leurs idolâtres changemens,
De leurs plus fages Rois les erreurs vicieufes,
   Leurs crimes & leurs châtimens.
Si Moïfe impofteur confacre des chiméres,
   Par quel étrange vanité
S'accufe-t'il d'un meurtre, & d'avoir réfifté,
Lorfque Dieu l'envoïoit au fecours de fes fréres ?
          Pour-

---

* *Samarie.*

Pourquoi tout un Peuple orgueilleux
Préfére-t'il même à la vie
Un tiſſu de faits merveilleux
Qui le couvrent d'ignominie?
C'eſt que les faits ſont arrivés;
C'eſt que ce Livre ſaint renferme des promeſſes,
Dont les éfets, ſouvent par les Juifs éprouvés,
Semblent leur garantir les nouvelles richeſſes,
Qu'ils attendent du Ciel touché de leurs travaux,
Pour faire ſuccéder l'allégreſſe à leurs maux.
Quelle autre Nation nous produit un ouvrage
Qui ſache à la fois réünir
Du paſſé la parfaite image
Et le tableau de l'avenir?
Le Juif, avant le tems, y trouve ſon hiſtoire,
Ses diverſes captivités,
Le rétabliſſement de ſa premiére gloire;
Enfin le comble affreux de ſes calamités.
Il y voit l'Empire du monde
Envahi par des Conquérans,
Leur éclat fugitif comme le vent & l'onde,
Et leurs Peuples en proïe à de nouveaux Tyrans.
Qui peut deſarmer la vengeance
Du rapide Vainqueur qu'il avoit offenſé?
Par les Oracles ſaints Alexandre annoncé
N'écoute plus que ſa clémence.
Celui qui par les tems ne peut être embraſſé,
Mais qui les comprend tous dans ſa divine eſſence,

N'eſt

N'est-il donc pas le seul qui puisse avoir tracé
Ce qui n'existe encore que dans sa connoissance ?
Quoi ! l'histoire prophane aura ma confiance
Pour les événemens qu'elle vient m'attester ?
Et mon caprice injuste osera rejetter
Des Ecrits inspirés qui les marquent d'avance ?

  Là me frapent de nouveaux traits :
Du Ciel avec la Terre une sainte alliance
  Doit rétablir par tout la paix,
Et de l'Enfer armé détruire la puissance.
  Un Libérateur est promis ;
  Tout doit marcher à sa lumiére :
  C'est à lui seul qu'il est permis
  De fléchir Dieu dans sa colére.
Sa force est invincible, & lui-même il est Dieu,
Les Oracles sacrés le font ainsi connoître :
  J'y vois même le tems, le lieu,
La Tribu, la Famille où le Christ devoit naître ;
  Son ministére, ses vertus,
  Le fondement inébranlable
  De son régne à jamais durable ;
Tous les Trônes du monde à ses pieds abatus ;
  La nature par lui contrainte
  A changer de cours à sa voix ;
Cette jalouse rage au cœur des Grands empreinte
  Qui l'accable enfin de son poids ;
  La fuite & la servile crainte

Des Disciples dont il fit choix ;
De l'un d'entr'eux la perfidie,
Et le prix de ce crime affreux ;
Les complots du mensonge armé contre sa vie ;
Les outrages sanglans & les barbares jeux
Sur son Maître exercés par une race impie ;
L'horreur du jugement qui le livre à la mort ;
Ses vêtemens jettés au sort.
Eh ! Quoi ? Tout est prédit ! Un suplice terrible
Avec des brigands le confond ;
Son corps dans le tombeau repose incorruptible,
Et soudain l'abîme profond
Fléchit devant le Christ, & céde la victoire ;
Triomphant de la mort & vainqueur des Enfers,
Il trouve enfin les Cieux ouverts
Et reprend l'éclat de sa gloire.
Quelle variété ! L'imposture jamais
Pouvoit-elle à son choix s'arroger tant de traits ?
Qui les rassemble tous est donc le vrai Messie.
Sans lui, ce grand dépôt que les Juifs ont reçû,
L'Ecriture & la Prophétie,
De contrariétés paroîtroit un tissu :
Mais elle est avec lui pleinement éclaircie.
Aux couleurs dont le Christ est peint dans Isaïe,
N'est-il pas d'abord aperçû
Du Ministre d'Ethiopie ?
Combien de sublimes Esprits
Ont sçû le reconnoître aux mêmes caractéres !

Au

Au sein du Paganisme engagés & nourris,
N'avoient-ils pas besoin des preuves les plus claires?
   Dieu fait concourir quelquefois
Des moïens naturels aux œuvres de la grace.
Si les Juifs du Messie ont rejetté la voix,
Leur incrédulité n'a rien qui m'embarrasse :
Je la trouve prédite, & leur illusion
N'est que l'ouvrage impur de leur ambition.
Dans le Libérateur ils désirent la pompe
   Et l'éclat des biens temporels.
Dans les Oracles saints leur préjugé les trompe,
Ils n'y découvrent pas les biens spirituels ;
Et leur attachement aux intérêts sensibles
   Est si vif & si déréglé,
Que les Textes précis où tout est dévoilé
   Sont pour eux inintelligibles.
Ciel! où suis-je? Est-ce un homme? Est-ce un Dieu que je voi?
   Il commande aux vents, à l'orage,
Et les flots irrités reconnoissent sa Loi.
De la naissance informe il répare l'outrage ;
Il ranime les morts ; il voit le fond des cœurs ;
   Tout ce qu'il opére est utile ;
Le malheureux chez lui trouve un accès facile
   Et le terme de ses malheurs.
   C'est encor lui dont la présence
Met les Démons en fuite & confond leur prudence.
Qui fait taire à la fois leurs Oracles divers,

Et qui se sert de leur silence
Pour étonner tout l'Univers.
Sera-t'il obéï des Peuples de la terre
Qu'il apelle de toutes parts ?
Il réprouve les Juifs, & prédit que la guerre
Va détruire à jamais leur Temple & leurs Remparts.
Il promet aux Elus qui fondent son Empire
Des succès grands, mais périlleux,
Qui seront soutenus par des dons merveilleux
Et couronnés par le Martyre.
Eh! quoi? Tout s'accomplit. A peine il est aux Cieux,
Qu'il répand sur les siens tous ces dons précieux :
Une troupe foible, timide,
Vil rebut d'un Peuple grossier,
Tout-à-coup devient intrépide,
Jusqu'à braver la flâme & l'homicide acier.
Ils font évanoüir la science des Sages,
Pénétrent dans les cœurs, distinguent les esprits,
Et le sombre avenir est pour eux sans nuages.
Ils se font écouter du monde entier, surpris
D'entendre en même-tems parler tous ses langages;
Ils tiennent sous le joug l'Enfer déconcerté;
Ils annoncent par tout le CHRIST ressuscité,
Qu'un si grand nombre de leurs fréres
A vu souvent, comme eux, sans ambiguité,
Et qui les a choisis pour témoins oculaires,
En retournant au sein de la Divinité.

Ils

Ils atteſtent la vérité
Des miracles publics, évidens & palpables,
Dont leurs Contemporains ont retiré le fruit.
Pour les perſuader, ils en font de ſemblables,
  Et leur ombre même en produit.
  A quel point s'étend leur puiſſance !
  Leur main libérale diſpenſe
Les Vertus que le Ciel fit deſcendre ſur eux.
Au milieu des Chrétiens ces riches dons brillérent
Autant qu'il fut beſoin d'éfets miraculeux,
  Pour aider les Saints qui poſérent,
De la Religion, les fondemens heureux.
Vous qui rendez au Chriſt de ſi grands témoignages,
N'y manquera-t'il point le ſceau de votre ſang ?
Mais, non.... Qu'ils ſoient livrés aux animaux
  ſauvages ;
Que le tigre, ou le fer leur déchire le flanc ;
Qu'un mortier les écraſe, un bucher les conſume ;
  Que tout leur corps ſoit en lambeaux,
  Couverts de cire & de bithume ;
Qu'en l'abſence du jour ils ſervent de flambeaux :
Le Chriſt plus vivement à leur foi ſe retrace ;
Leurs tourmens ſont pour lui des triomphes nou-
  veaux,
Et leurs derniers ſoupirs, des vœux pour leurs
  bourreaux ;
  Qui prennent auſſi-tôt leur place.

Le Camp de l'Eternel s'éloigne de Sion,

Et suit par tout les pas & la voix des Apôtres.
Pour un Peuple endurci dans sa rebellion,
  Il assujettit tous les autres.
De l'Aurore au Couchant, du Pôle à l'Equateur
  On offre une oblation pure;
Tout change: l'Idolâtre enfin de la Nature
  Adore le suprême Auteur;
Et déja de sa foi l'essor est si rapide
  Qu'il vole au plus cruel trépas.
  Mais le feu divin qui le guide
L'associe à des biens qui ne finiront pas.
Sainte Religion, tout se rend à vos charmes.
Est-il contre l'impie un plus fort argument,
Que l'Univers à Dieu soumis si promptement
Par la parole seule & sans l'éfort des armes?
O miracle éternel & si bien cimenté
Que nous croïons encore au Christ ressuscité!

  Quel autre objet frape ma vûë?
J'aperçois les Vainqueurs par le Ciel révélés:
  L'Aigle Romaine fend la nuë,
Elle fond sur les Juifs dans leur Ville assemblés.
L'aveugle Synagogue est prise dans le piége:
  Mais l'Eglise est en sûreté.
Une guerre intestine accroît l'horreur du siége.
Elle n'est plus enfin, cette fiére Cité.
Ses Murs sont démolis, son Temple est mis en
  cendre,
          Et

DE'FENDUE.

Et les soins du Vainqueur ne peuvent le sauver.
  Qu'un Empereur ose entreprendre
D'en rétablir la gloire & de le relever :
  De feux un déluge invincible
Dévore le Soldat au travail obstiné ;
  Le lieu devient inaccessible,
  Et l'ouvrage est abandonné.
  Titus affermit sa conquête
En dispersant les Juifs qu'a ménagés son bras.
  Un joug de fer est sur leur tête;
  Mais il ne les écrase pas.
Ils doivent subsister, pour preuve incontestable
  Du Christ qui leur étoit promis,
Et traîner une vie errante & misérable
  Pour le forfait qu'ils ont commis.

  Que nous objecte l'incrédule ?
Au vrai qui le poursuit pense-t'il échaper
  Par les subtilités d'un doute ridicule ?
Les Apôtres, dit-il, faciles à tromper,
  Ont admis des faits impossibles.
  Non. Je vois qu'ils n'ont déposé
  Que des faits publics & sensibles
  Où l'on ne peut être abusé.
S'ils n'ont pû se tromper, ils ont voulu séduire,
Eh! qui le pensera? Quels intérêts humains
A de si noirs complots auroient pû les conduire,
Eux qui se nourrissoient du travail de leurs mains?

      Seroient-

Seroient-ils devenus coupables,
Afin que la Vertu fût l'objet de nos vœux ?
Des imposteurs sont-ils capables
De braver des tourmens affreux,
Pour nous rendre doux, sociables,
Justes, modestes, purs, sages & vertueux ?
Des scélérats ont-ils de si hautes maximes ?
Et font-ils adorer Dieu qui venge les crimes ?
S'il fut un Jesus-Christ... Mais qui peut en douter ?
L'Histoire des Gentils admet son existence.
Tout prouve également qu'il a fait éclater
Ces merveilles de sa puissance,
Que par écrit les siens prirent soin d'attester.
Pourquoi, Synagogue ennemie,
Lors qu'à toi-même on les publie,
N'oses-tu pas les réfuter ?
Tes yeux en avoient vû produire une partie.
Du Juif & du Païen, jamais la rage impie
N'entreprit de les contester ;
Et pour les avilir, ne fit qu'en raporter
La cause à l'art de la Magie.
Mais l'Enfer livre-t'il contre soi des combats ?
Et pour le Dieu vivant forme-t'il des Soldats ?
Sans discuter ici le projet de Tibére,
On sait qu'Alexandre Sévére,
Honorant Jesus-Christ, pensa comme Adrien.
Frapé de sa doctrine, épris de ses exemples,
Il voulut lui bâtir des Temples.

Mais

Mais il ne falloit pas, que prophane & Chrétien,
L'Univers confondît le Dieu qui s'est fait homme,
Avec l'impureté des Idoles de Rome.

Ainsi le Paganisme à la Religion
   Prête une lumiére fidelle,
   Et malgré leur prévention
Ses plus grands Ennemis ont déposé pour elle.

   Que vois-je? Avec dérision
S'éleve contre moi le Déïste indocile,
Qui prétend foudroïer ma démonstration.
Un mot lui sufira. De suposition
Il va d'abord, sans preuve, accuser l'Evangile.
Arrêtez, grand Docteur... Eh! quoi? Vous ignorez
Que long-tems des écrits de la main des Apôtres
Servirent aux Chrétiens de guides assûrés?
   A des titres si révérés
Eût-il été permis d'en substituer d'autres?
Et ne les eût-on pas ensemble comparés?
Lorsque d'un Livre saint je connais l'origine,
   Tout le reste est certain pour moi:
   Mêmes faits & même doctrine
   Y sont proposés à ma foi;
Et leur parfait accord, malgré la différence
   Du stile, du tems, & des lieux,
   M'y fait connaître l'influence
De l'Esprit qui féconde & la Terre & les Cieux.

Fille des passions que Dieu permet dans l'homme,
    Toi dont l'audace & les complots
Ont toujours de l'Eglise attaqué le repos,
    Faut-il ici que je te nomme,
Détestable Hérésie ? Oui, tu nous serviras
        A triompher du Pyrrhonisme.
        L'Aurore du Christianisme
T'a vû naître, & sans cesse observer tous ses pas.
        Parle, quel intérêt t'oblige,
        D'aprouver nos Textes sacrés ?
C'est de la vérité la force qui l'exige ;
Tu les tiens, comme nous, des Auteurs inspirés.
Aussi dans les Ecrits faits par les Hérétiques
        Je les trouve par tout cités,
        Comme dans ceux des Catholiques.
Je les vois, comme vrais, d'âge en âge adoptés
        Par nos plus cruels Adversaires,
        Qui les ont mal interprétés.
Nous avons tous les tems, avec tous les sectaires,
Pour témoins non suspects de leur fidélité ;
Et l'Histoire prophane a moins de caractéres
        Pour fonder son authorité.

Par tout ma raison céde à l'éclat admirable
        Que répand la Religion.
L'homme ne faisoit plus qu'un abus déplorable
        De la secrette notion
        Qui lui peint son ame immortelle.
                                    Le

Le Juif même, aspirant à la possession
D'une félicité passagére & charnelle,
Permettoit rarement à son ambition
    D'en espérer une éternelle.
La Religion seule enseigne clairement
    Qu'à l'ame il faut un bien suprême
    Qui la remplisse constamment,
    Et que ce bien sera Dieu même.
Tout par elle est remis dans l'ordre naturel;
    La chair est à l'esprit soumise,
    Et l'esprit l'est à l'Eternel.
De l'amour le plus pur embrasant son Eglise,
Elle serre les nœuds de la société,
    Et rend l'homme à l'humanité.
Elle détruit l'orgueil & proscrit la vengeance;
Des Maîtres de la terre elle affermit les droits;
Mais aussi des sujets fixant l'obéïssance,
    Elle parle en maîtresse aux Rois,
Et veut que l'équité dirige leur puissance.
Dans les afflictions, son aide nous munit
    Des armes de la patience,
Et nous fait du Très-haut benir la Providence
    Qui nous éprouve ou nous punit.
Invincible, mais simple & de la paix suivie,
De nos sens révoltés elle brise l'éfort;
Et nous inspire enfin le mépris de la mort
    Par l'attente d'une autre vie.
Sa durée est égale au cours de tous les tems.

Sa lumiére dans Eden née,
Frape Seth & Noé par des traits éclatans
Qui conduisent de Sem la race fortunée.
  Sous Moïse & chez les Hébreux
  Je la vois briller & s'acroître.
  Mais dans la force de ses feux
  Jesus-Christ seul la fait paraître.
Sans altération, malgré leurs opresseurs,
  Les Apôtres l'ont maintenuë,
  Et par leurs zèlés Successeurs
Elle est jusqu'à nous sans tache parvenuë.
Dieu fut dans tous les tems connu pour Créateur,
  Et le Christ pour Libérateur.
O d'un Fils éternel, chére & fidèle Epouse,
Ta flâme est toûjours pure, & tes droits triomphans;
Tu sais, de ta candeur & de ta foi jalouse,
Arracher de ton sein tes rebelles enfans.
  Ils périssent loin de la tige
  Dont on les a vûs retranchés ;
  Et par un plus rare prodige,
Au lieu de ces rameaux qui sont bien-tôt séchés,
D'autres en plus grand nombre au tronc sont atta-
  chés.
L'Eglise ne fait point de perte irréparable;
Sur la pierre fondée elle est inébranlable.
  Son culte est le seul dont le cours
Embrasse le premier & le dernier des jours.
Des Tirans ennemis il a dompté la rage :

Le

Le tems, qui détruit tout, n'a respecté que lui.
Dieu s'est donc hautement déclaré son apui,
  Et notre culte est son ouvrage.
  Ainsi pour la Religion
Des faits les plus constans l'inaltérable chaîne
  Forme une démonstration,
La seule qui convienne à la raison humaine.
Je l'ai dit, Uranie, & j'ai sçû le prouver,
Dans toute la nature il n'est point de substance
  Que notre esprit puisse observer.
  Jusques au fond de son essence,
  Les principes en sont trop hauts
  Pour notre foible intelligence.
Nous avons des faits seuls reçû la connoissance
  Pour distinguer le vrai du faux.
L'évidence morale est une régle sûre
Qui nous fait de l'erreur éviter le poison;
  Il faut en suivre la mesure,
  Ou renoncer à la raison.
N'est-ce pas cette régle aux humains si propice
  Qui fixe tous leurs intérêts,
  Et qui dirige les arrêts
  Et le glaive de la Justice?
  Quoi! le bien, la vie & l'honneur
Seront, par notre aveu, soumis à son empire?
  Et nous oserons la proscrire
  Dans ce qu'il faut rendre au Seigneur?
Mais la Religion propose des mistéres
        Que

Que je ne saurois pénétrer.
Et la Religion a des preuves si claires
Que je ne puis, sans m'égarer,
Céder aux préjugés contraires.
Dès que je suis certain que Dieu même a parlé,
Je dois une pleine créance
A tout ce qu'il a révélé.
N'est-il pas juste qu'en science
L'Auteur de l'Univers ne puisse être égalé ?
De son être à la créature
L'immense éloignement n'admet point de mesure.
Comme l'astre du jour, dans toute sa splendeur,
Se peint à nous dans un nuage :
De même l'Eternel nous a de sa grandeur
Tracé dans l'Ecriture une parfaite image.
La preuve qu'il en est le Modèle & l'Auteur,
C'est qu'ardens à connoître autant que nous le sommes,
Nous n'en pouvons jamais ateindre la hauteur.
Si nous y parvenions, nous cesserions d'être hommes,
Et partageant l'infinité,
Nous dépouillerions Dieu de la Divinité.

De la Religion nous jugeons, Uranie,
Par les traits lumineux jusqu'à nous parvenus,
Et non par les côtés qui nous sont inconnus,
Comme fait ton Docteur impie.

Nous puifons dans le vrai des argumens certains,
  Et le menfonge dans fa bouche
  N'en fait aprêter que de vains.
  Il infecte tout ce qu'il touche,
Et du Dieu d'Abraham il fait un Dieu farouche
Qui fe rend le fleau des malheureux humains,
Et qui pourfuit encor, aveugle en fa colére,
Sur les derniers Enfans l'erreur du premier Pere;
Un Dieu que les mortels ne fauroient *trop haïr,*
Un Dieu qui les forma pour être miférables,
  Qui leur donna des cœurs coupables
  Pour avoir droit de les punir.
Tais-toi, blafphémateur: tu nous peins ta chimére,
  Et non pas le Dieu des Chrétiens.
Tu le crois un Tyran, & pour nous c'eft un Pere
Qui chérit tous fes fils & les comble de biens.
De fa bonté pour nous, toujours inépuifable,
Il ne faut que tracer un fidèle tableau,
Pour nous perfuader combien il eft aimable.
Puiffe la vérité, de fon divin flambeau,
Répandre dans mon fein une vive étincelle!
J'ai befoin de fecours dans un projet fi beau:
Sans le don du Très-haut ce n'eft rien que mon zèle.

  Sans doute l'homme au Créateur
  Dévroit de la reconnoiffance,
Quand fujet à la mort, il eût vû fon Auteur
  Le borner à la jouiffance

De l'être sensitif & des biens temporels.
  Mais Dieu par sa munificence
  Forma pour les biens éternels
Celui dont il créa l'ame à sa ressemblance,
Et lui distribua des dons surnaturels,
  Pour demeurer dans l'innocence
Librement, avec choix, plaisir & connoissance.
Un cœur droit, par contrainte ou par nécessité,
  N'eût fait qu'avilir son ouvrage :
  L'homme, pour être son image,
  Devoit agir en liberté.
Dieu dirige à leurs fins les Etres dissemblables
Par l'usage divers de leurs propriétés :
Les corps assujétis à ses loix immuables
  Sont aveuglément emportés ;
  Mais aux substances raisonnables
Il fait par la raison suivre ses volontés.
Adam vivoit heureux dans un lieu de délices ;
Les plantes à l'envi, les plus fiers animaux,
Tout prévenoit ses vœux : comme il étoit sans vices,
  Il étoit à l'abri des maux.
Soumis à son Auteur, ainsi qu'il devoit l'être,
La terre s'empressoit à l'honorer en maître.
Un éternel printems eût décoré ses jours ;
  Et s'il eût demeuré fidèle
  Dieu, sans en terminer le cours,
L'eût admis dans le sein de sa gloire immortelle.

Il n'exige de lui que les juftes éfets
　　　D'une facile obéïffance,
Et le fruit d'un feul arbre eft pour tant de bienfaits
Le tribut qu'il réferve à fa toute-puiffance.
　　　Mais par fon orgueil égaré,
L'homme, pour s'égaler à fon Créateur même,
　　　Viole le pacte facré
　　　Qu'il fit avec l'Etre fuprême.
Quel changement fubit ! Adam voit le Seigneur
　　　Armer contre lui fa Juftice.
　　　Ce qui fervoit à fon bonheur,
Par un trifte revers, lui devient un fuplice.
　　　Le Ciel pour lui n'eft plus ferain ;
La terre à fes befoins refufe fes largeffes ;
　　　Il faut de fon avare fein
A force de travail arracher fes richeffes.
　　　La nature n'obéït plus
　　　A la créature infidelle,
　　　Et le premier homme eft confus
De trouver fa chair même à fon efprit rebelle.
Il éprouve à la fois tout ce qu'il doit fouffrir :
　　　Son Dieu le condamne à mourir,
Et pour comble de maux le prive de fa vûë.
Toute fa race enfin dans le péché conçuë
　　　Subit le même châtiment,
Et la peine eft ainfi mefurée à l'offenfe.
Eh ! quoi ? C'en eft donc fait ?... O rigoureux mo-
　　ment !
　　　　　　　　　　　　　　　O mal-

O malheureux humains!... Mais prenons con-
fiance;
Jufque dans fon courroux le Seigneur eft clément:
Il fait d'Adam profcrit ranimer l'efpérance.
En prononçant l'arrêt fatal,
Il annonce le bien qu'il doit tirer du mal.
Dans l'ordre de fa Providence,
Il promet un Libérateur,
Qui de notre efclavage écrafera l'Auteur,
Et qui réparant nos miféres,
Brifera du péché les funeftes liens.
C'eft ainfi qu'héritiers du premier de nos Peres
Et n'aïant de droits que les fiens,
La Juftice exigeoit que dans notre origine,
Des biens qu'il a perdus nous fuffions dépouillés;
Et c'eft par la bonté divine
Que nous y fommes rapellés.
Je n'aperçois que trop à ma propre foibleffe
A quel point je fuis dégradé.
L'homme eft un Roi dépoffédé
Qui de fon premier rang fe reffouvient fans ceffe,
Et de qui le cœur combatu
Entre le vice & la vertu,
L'avertit qu'en lui dure encore,
Au milieu de l'abaiffement,
De fa grandeur paffée un fecret monument.
Or le mal que fans ceffe en moi je fens éclore,
Ne vient pas de Dieu qui l'abhorre

Et

Et le punit févérement :
Donc le vice a dans l'homme une fource funefte,
Et cette impreffion de vertu qui nous refte
Eft un don gratuit que, pour nous relever,
La clémence de Dieu nous daigna conferver.
Qui peut dans fon cœur méconnaître
Cette voix qui lui parle, & qui de l'Univers
Lui montre le fouverain Maître?
Qu'on parcoure les tems & les climats divers :
La nature jamais a-t'elle fait paraître
D'homme en qui la vertu ne fît quelques éforts
Pour détourner fes pas du vice ?
D'injufte, fans avoir des raïons de Juftice,
Et de coupable fans remords ?
C'eft la Providence éternelle,
Qui voulant par le CHRIST fauver tous les humains,
Leur a, par le fecours de la Loi naturelle,
Du bien qu'ils doivent fuivre, aplani les chemins.
Sa pratique exacte & conftante
Avec l'efpoir du Rédempteur,
Servit long-tems à l'homme & lui fut fufifante,
Pour fe rejoindre à fon Auteur.
Mais, hélas ! pour un cœur fragile
Et fans ceffe affailli par la cupidité,
Grand Dieu, qu'il étoit dificile
D'obferver cette loi fans infidélité !
On le pouvoit enfin : un raïon de la grace

Sur

Sur le premier coupable & sur toute sa race
  N'a-t'il pas toûjours éclaté ?
On le pouvoit, & Dieu l'a prononcé lui-même,
Pénétrant de Caïn la jalousie extrême
Et le barbare meurtre en son cœur médité.
  Ainsi par le péché blessée
La volonté de l'Homme incline vers le mal :
  Mais depuis ce revers fatal
La liberté du choix lui fut toûjours laissée.
En fera-t'il encore un usage honteux ?
Oui, les coupables fils d'un pere à Dieu rebelle,
  Pour les crimes les plus affreux
Puiseront dans leur nombre une audace nouvelle.
  Bien-tôt ils ont brisé les nœuds
Qui devoient les soumettre à la Loi naturelle,
Et le Tout-puissant même est oublié par eux.
  Une révolte universelle
  Fait naître son ressentiment.
D'un suplice effroïable il arme sa colére :
  Mais dans l'horreur du châtiment
  Il les punit encore en Pere.
Une seule famille avoit perséveré
  Dans le sentier de la Justice :
  Dieu la préserve du suplice
  Contre les autres préparé ;
Et le fils de Lamech, instruit de sa vengeance,
Durant un siécle entier la dénonce aux mortels,
  Afin que par la pénitence

Ils évitent l'horreur des tourmens éternels.
O Dieu plein debonté ! combien de criminels
    Eprouvérent votre indulgence !
    Et lorsque le Ciel & les Mers
De leurs eaux sur la terre étendoient le ravage,
Garantirent du moins par des regrets amers
    Leur ame du commun naufrage !
En vain de l'Ecriture on nous objecte un trait,
Dont l'expression simple enferme un sens sublime;
Que Dieu, lorsqu'il vit l'homme abîmé dans le crime,
    Se repentit de l'avoir fait.
    Ce n'est pas que sa prescience
N'eût connu du péché les énormes progrès :
Son amour paternel à notre délivrance
    Avoit pourvû par ses décrets.
    Mais l'Esprit-Saint qui veut nous rendre
    Vertueux & non pas savans,
Nous donne des leçons que nous puissions entendre,
Et les inculque en nous par l'organe des sens.
Pour toucher notre cœur il prend notre langage,
    Et daigne tempérer l'image
    De ses profondes vérités.
    S'il nous les montroit sans nuage,
Nous serions ébloüis de leurs vives clartés,
Et n'est-ce pas ainsi qu'à l'homme inaccessibles
Les mistéres pour nous sont incompréhensibles ?
    Le passage que j'ai cité

Marque donc feulemeut l'horrible iniquité
   Où la terre s'étoit livrée ;
Et peint du Créateur l'exceffive bonté,
Qui, lorfqu'il nous punit, n'eft pas même altérée.
Si de fon propre ouvrage il s'étoit repenti,
Arrêtant auffi-tôt fa volonté féconde,
Sans autre châtiment il fe vengeoit du monde,
   Et l'homme étoit anéanti.
Mais fur tous les pécheurs fon bras apefanti,
   Epargne la Nature-humaine,
Et pour en réparer la ruine prochaine,
Du péril par fes foins le Jufte eft garanti.
Le terme contefté n'eft donc qu'une figure
Que Dieu par fa conduite explique évidemment,
Et le fens litéral que faifit l'Impofture
   N'a pas le moindre fondement.
Dieu n'a donc pas auffi *tiré de la pouffiére*,
Comme le dit l'Impie en fes vers féduifans,
  Une autre race de Titans
  Plus coupable que la premiére.
C'eft la poftérité du Pere des humains
Que le Seigneur conferve & qui fe multiplie.
Par quelle aveugle erreur fe peut-il qu'elle oublie
Ce qu'il a fait pour elle & fes droits fouverains ?
   Un penchant vicieux l'emporte
   Aux plus honteux égaremens ;
   La chair qui fe rend la plus forte
Fait fervir l'Efprit même à fes déréglemens.

Bien-

Bien-tôt l'Homme en qui reste encore
Un foible souvenir de la Divinité,
Ne voit rien de puissant, rien dans l'activité
  Qu'il ne redoute & qu'il n'adore.
Les Astres, le Soleil & l'Aube du matin,
Le Feu, les Elémens & ses Passions mêmes
Partagent à leur tour ses hommages suprêmes,
Qu'il ose rendre ensuite aux œuvres de sa main.
  Le Monde est un Temple d'Idoles,
  Son Auteur seul est négligé.
Hélas ! qu'il s'en faut peu que tout ne soit plongé
  Dans l'erreur de ces Dieux frivoles !
Cependant Abraham gardoit la pureté
  De la lumiére naturelle :
Dieu le choisit, l'éprouve & le trouvant fidèle,
  Récompense sa piété.
  Par son alliance éternelle ;
Promettant qu'il naîtra de sa postérité
Celui qui triomphant de la Terre rebelle,
  Doit seul trouver grace pour elle
  Devant le Seigneur irrité.

  Et qu'importe à la Providence
Que le sang d'Abraham honoré de son choix,
Forme un Peuple indocile, & qui par inconstance
  Se lasse d'observer ses Loix ?
  Que séduit par son ignorance
Il se laisse entraîner aux superstitions ;

Et qu'il soit le mépris des autres Nations ?
Dieu n'en a fait que mieux éclater sa puissance.
   Impénétrable en ses desseins,
Pour les exécuter, il s'ouvre des chemins
Où s'égareroit l'homme & sa fausse prudence.

   Quel évenement fortuné !
   Le moment salutaire arrive :
Le Verbe, Fils de Dieu, Dieu même est incarné
   Dans le sein d'une Vierge Juive.
Il naît dans la faiblesse & dans l'adversité.
   Quel exemple d'humilité !
   Mais à travers ces voiles sombres
Percent tant de raïons de son divin pouvoir,
Que les Justes en lui savent apercevoir
Celui qui de l'Enfer vient dissiper les ombres.
   Les Chœurs des Esprits Bienheureux,
Répandus dans les airs, célébrent sa naissance,
Divers Sages guidés par de célestes feux
Viennent de l'Orient adorer sa puissance.
Hérode sur son Trône en pâlit de fraïeur ;
   Il connoît la Prophétie
Et le tems & le lieu marqués par le Seigneur
   Pour l'avénement du Messie.
Il craint pour sa Couronne, & ses ordres sanglans
   Volent pour guérir ses chiméres ;
Et Bethléem en pleurs voit périr ses enfans
Que l'on ose égorger dans le sein de leurs meres.
                                        Vaine

DÉFENDUE.

Vaine illusion des mortels
Qui pense éluder des decrets éternels !

Jesus-Christ sauvé du carnage,
A remplir les devoirs d'un Fils
Respectueux, tendre & soumis,
Pour notre instruction, passe tout son jeune âge.
Il travaille pour nous montrer
A porter du péché la peine.
Bien-tôt d'un vol rapide on le voit pénétrer
Dans l'épineuse lice où son amour l'entraîne.
Il prêche les humains, & découvre à leurs yeux
Tous les trésors voilés dans l'ancienne Ecriture ;
Par ses nouveaux secours on peut observer mieux,
Dans la loi qu'il prescrit, celle de la nature ;
Purgeant nos passions, il comble tous nos vœux ;
Et ses œuvres enfin sont autant de miracles.
Il consomme les saints Oracles,
Et meurt d'un suplice honteux ;
Pour l'homme criminel, victime volontaire,
Qui du Pere offensé désarme la colere.
Tout manifeste un Dieu mourant :
Du Soleil dans son cours la lumiere est troublée ;
Et dans ses fondemens la nature ébranlée
Est atteinte des maux de son Maître expirant.
L'invisible effort qui déchire
Le voile du Temple sacré,
Laisse un témoignage assuré
Que frapé dans son Fils, l'Eternel se retire.
Les Justes relevés de leurs Tombeaux ouverts]
Paroissent dans la Ville Sainte ;
Et les Signes affreux imprimés dans les airs
Font naître dans les cœurs la surprise & la crainte.
O coupable, mais heureux jour !
Une source en vertus féconde,
Avec le sang du Christ, se répand dans le monde.
Sa mort nous rend la vie. Ah ! quel excès d'amour,

Tome XIII.   D   Mais

Mais ici l'on m'objecte un discours illusoire.
» Dieu ne pouvoit-il pas (dit-on) nous secourir
» En prenant des moyens plus dignes de sa gloire,
» Et sans se ravaler jusqu'à naître & mourir?
   Sans doute que Dieu peut tout faire :
Mais dans ce qu'il a fait nous devons l'adorer.
  Ce ne seroit plus un myſtére
  Si nous pouvions le pénétrer.
Gardons-nous d'y porter un regard téméraire,
Contens d'apercevoir ce point de vérité,
  Que Dieu seul pouvoit satisfaire
  A Dieu justement irrité.
Puisque le fait est sûr, l'objection est vaine;
  Et nous méprisons l'Insensé
Qui veut qu'en s'unissant à la nature humaine,
  Le Verbe se soit abaissé.
Lorsque par sa presence à nos maux secourable
  Il honore l'humanité,
  Indépendant, inaltérable,
Il domine toujours par sa Divinité,
Et comme sa grandeur, sa gloire est immuable.
  Ces ouvrages d'iniquité
  Que l'esprit ténébreux suscite,
Et qui font notre Dieu volage en sa conduite,
L'accusent donc en vain de contrariété.
  Par sa Justice ou sa clémence,
A lui-même semblable, il agit constamment,
  Et par elles également
  Il manifeste sa puissance.
  Loin de nous ces faux argumens
Que pare l'ironie au défaut du bon sens,
  Pour travestir nos saints Myſteres.
L'Imposteur dit en vain qu'*aïant noié les Peres,*
  Dieu veut mourir pour les Enfans.
Rejetons de Noé, de ce langage impie
  Nous connoissons la fausseté ;
  Nous savons qu'il n'est rien resté
De ceux que le Déluge a privés de la vie.

DÉFENDUE.

Nous savons que le Christ n'a pas borné l'effet
   De son immense Sacrifice,
Et que depuis sa chûte, admis à ce bienfait,
L'homme dans tous les tems a trouvé Dieu propice.
      Oui, le sang d'un Dieu mort pour nous
Fut sans doute assez noble & d'un prix assez rare,
      Pour suffire au salut de tous.
Nul n'en est excepté : malheur à qui s'égare !
Il périt par sa faute, & les secours divins
Ne manquerent jamais aux coupables humains.
      Il est des graces générales
Que Dieu par sa bonté dispense aux Nations,
      Que l'orage des passions
      Plongea dans les ombres fatales
      Des plus folles Religions.
Muni de ce bienfait, il n'est point d'Infidelle
Qui ne puisse observer, mais difficilement,
Les sensibles devoirs de la loi naturelle,
      Dissiper son aveuglement,
S'arracher aux horreurs d'un culte abominable,
      Et dans le secret de son cœur
      Adorer le Dieu véritable.
Qui pourroit affirmer qu'avec tant de candeur
      Un homme éprouvât la rigueur
      D'un Dieu qui chérit l'innocence ?
      Non. Mais en lui sa Providence
Eût mis, pour le sauver, la foi du Rédempteur.
      Vous, Nations hiperborées,
      Vous, Peuples des autres Contrées,
Où le Sauveur du monde est encore inconnu,
De l'éternelle mort vous n'êtes tributaires
      Que pour vos crimes volontaires,
Et non faute d'un bien qui ne vous est pas dû.
Pour vous que le trépas, dès l'âge le plus tendre,
      Est venu fraper & surprendre
      Dans la masse d'iniquité,
      Vous en qui du premier rebelle
Dieu ne trouve à punir que l'infidélité,

D'un juste châtiment, la bonté paternelle
    Adoucit la sévérité ;
    Et ses Jugemens adorables,
    Comme lui-même impénétrables,
Tiennent de sa clémence & sont pleins d'équité.
Pour nous, qu'avec largesse il prévient de sa grace,
    Sans rien ôter aux Nations,
    Des plus grands maux il nous menace,
Si nous lui préférons l'attrait des passions.
    N'est-il pas juste qu'à bien faire
Les Chrétiens par le Ciel aidés si puissamment,
    Lorsqu'ils ont fait un choix contraire,
    Soient punis plus sévérement ?
    Nous pouvons par nos propres forces
    Nous perdre & jamais nous sauver.
    Dieu seul par ses douces amorces
    Sait jusqu'à lui nous élever.
Mais nous devons alors suivre sans résistance.
Le jour luiroit en vain si nous fermions les yeux.
Nous suivons seulement, & Dieu nous récompense
D'avoir su correspondre à ses dons précieux.
    A son Tribunal redoutable
    Le pécheur ne peut s'excuser :
Il avoit eu la grace, & son cœur trop coupable
    N'a pas craint de s'y refuser.
    Le juste aussi de sa Justice
    Ne sauroit se glorifier :
C'est la grace employée à le fortifier
    Qui l'a fait triompher du vice.
Que l'homme soit docile, ou désobéissant,
Le Créateur sur lui n'en a pas moins d'empire
Et plaçant comme il veut le charme qui l'attire,
Il laisse l'homme libre, & reste tout-puissant.

    A ces fideles traits, reconnois Uranie,
    Le Dieu qu'adorent les Chrétiens.
N n, ce n'est point ce Dieu qui dans sa tyrannie,
Des vertus qu'il prescrit nous ôtant les moyens,

NATURELLE.

Nous punit de sa barbarie ;
Ce Dieu plein de fureur en son aveuglement,
Ce Dieu ridicule & volage
Qui n'agit qu'au hazard & toujours se dément,
Tel enfin que l'Impie en a tracé l'image.
Notre Dieu, juste, égal, & rempli de bonté,
N'ordonne rien qu'il n'aide à faire,
Ne punit que l'iniquité,
Se donne à la vertu lui-même pour salaire,
Et sa Sagesse éclate en tout ce qu'il opére.
Pour un Dieu qui n'a pas limité ses bienfaits
Oserions-nous borner notre reconnoissance ?
Soyons de son amour embrâsez à jamais !
Qu'il soit toute notre espérance.
Si nous devons l'aimer, nous devons le servir
Dans la Religion qu'il établit lui-même,
Afin que nous puissions ravir
La palme du bonheur suprême.
Sans doute que de l'homme un si juste retour
N'accroîtra point de Dieu la gloire ou la puissance :
Mais il a mis sa complaisance
Dans ce tribut de notre amour.
Tout autre culte est un outrage
Qui le rend contre nous un Juge rigoureux,
Et la forme de notre hommage
Lui fait seule adopter nos vertus & nos vœux.

ODE A MONSIEUR ***,

AU SUJET DE L'EPITRE A URANIE.

PLEIN d'une sainte vengeance,
Je t'invoque, Dieu des Dieux,
Pour confondre l'arrogance
D'un impie ingénieux.
Ah ! toujours fougueux ***,
Par un effor téméraire

Attaqueras-tu le Ciel ?
Ingrat, le Dieu que tu bleſſes
T'a comblé de ſes largeſſes
Plus qu'aucun autre mortel.

Déjà je me fais entendre ;
Tes remords parlent pour moi :
Réponds, tâche de m'apprendre
Pourquoi tu détruis ma Foi.
Dans la divine parole,
Que trouve-tu de frivole ?
Quel bandeau pour t'aveugler ?
Sois mon Oedipe toi-même :
Eſt-ce ton cœur qui blaſphême ?
Ton eſprit veut-il briller ?

Du ſentiment populaire
Adverſaire trop outré,
Avec le nombreux vulgaire
Tu rougis de penſer vrai.
Que je vois d'eſprits ſublimes
Suivre en enfans les maximes
Que me dicte Jeſus-Chriſt !
Maximes vraiment divines,
Les Corneilles, les Racines
Vous ont ſoumis leur eſprit.

Qu'à leur exemple plus ſage
Un Peuple d'adorateurs
Ceſſe enfin de rendre hommage
A tes talens enchanteurs.
Que t'importent des Théâtres
Les louanges idolâtres ?
Tu n'en es point honoré :
C'eſt combattre ton ſiſtême,
Tu connois un Dieu ſuprême,
L'as-tu jamais adoré ?

On te croiroit, à t'entendre,
Le fleau du préjugé ;
C'en eſt un de le prétendre,

Tu

Tu n'en es point dégagé.
Se fuir, se vouloir séduire,
Juger sans oser s'instruire,
Te voilà, tu le sens bien,
Peut-être encor plus étrange;
Qu'aujourd'hui le culte change,
Demain tu seras Chrétien.

* * * rends-toi justice,
Je te peins par ce seul trait;
Tu reconnois ton caprice
A ce fidèle portrait.
Orgueilleux, de ton génie,
Tu n'aveugles Uranie,
Que pour te distinguer mieux;
Nouvel Ange de lumiere,
Tu retraces sur la terre
L'orgueil qu'il eut dans les Cieux.

Tu prétens, nouveau Lucrece,
Et tu le prétens en vain,
Du culte que je professe
Rompre le bandeau divin.
Ah! consultes mieux ta gloire,
Tu diffames ta mémoire,
Par tes sistêmes Anglois.
De Pekin, Bisance & Rome
Penses-tu détourner l'homme,
Pour le fixer sous tes Loix;

Par certains tours énergiques
Dont on aime les beautés,
Chez toi des erreurs antiques
Ont un air de vérités.
Tu sais, séducteur insigne,
Ne nous laisser aucun signe
Que les Docteurs ont écrit.
Ton art fait tout ton solide;
Ton Déïsme est insipide,
Sans le Sel qu'y met l'esprit.

A

ODE A M. *** SUR L'EP. A URANIE.

A tes qualités sublimes
J'éléverois des Autels,
Mais tes sacriléges rimes
Les rendroient trop criminels.
Par quelle bizarrerie
De ta brillante Patrie
Es-tu l'oprobre & l'honneur ?
Des vertueux & des sages
Pascal a tous les suffrages ;
Est-il moins illustre Auteur ?

Plus un rare esprit pénetre,
Je le confesse avec toi,
Plus il a peine à soumettre
Ses sentimens à la Foi :
Mais sans elle il ne lui reste
Que la ressource funeste
De demeurer incertain.
Sous la sagesse infinie
D'où part son rare génie
S'il pense, il pliera soudain.

J'apperçois sous le tonnerre,
S'il y jette un œil savant,
Tous les cultes de la terre,
Se former, changer souvent ;
Tout à coup sous son empire,
J'en vois un seul les réduire ;
Il est stable, c'est le mien.
Numa, ta Loi politique
Céde au Dogme Evangélique,
Et l'Univers est Chrétien.

Tout prouve que mon hommage
N'est point l'œuvre d'un humain,
J'en croirai le témoignage
De tout l'empire Romain.
Dois-je à mon culte infidele
En croire Socin & Bayle
Qui me laissent dans la nuit ?
Que ton Roi te soit, ***
Un exemple salutaire ;
La mort vient, le remords suit.

Fin du Tome XIII.

www.ingramcontent.com/pod-product-compliance
Lightning Source LLC
Chambersburg PA
CBHW050432170426
43201CB00008B/645